ホントに出る問題集

編著

リクルートメント・リサーチ&
アナライシス

ナツメ社

忙しい就活生にぴったり!! サクサク習得!

本当に出る最新の1073題

❶ SPI3を高い精度で再現!!

- **テストセンター**、**ペーパーテスティング**、**WEBテスティング**に完全に対応。**最新の再現問題と解法を掲載**しています！
- 受検者からの情報提供、アンケート調査＆面談調査、及び独自調査によって確認できた問題を収録。超頻出「推論」をはじめ、**本当に出題される最新問題を高い精度で再現**しました！

❷ ダントツの問題数1073題!!

- SPI合格のノウハウは、非言語問題では問題解法を、言語問題では出題語句を、**できるだけ数多く覚えること**です。
- 再現性の高い**頻出問題が1073題**。他書を圧倒するダントツの問題数で、あなたを内定へと導きます！

❸ サクサク覚えられるコンパクト設計!

- **一問一答のクイズ形式**で、問題解法をらくらくインプット！外出先や車内でも**サクサク覚えられるコンパクト設計**です。
- 実際のSPIに即して、できるだけ計算がしやすい数値で問題を作ってあるため、**計算に時間を取られず習得に集中**できます。

❹ 構造的把握力検査を再現掲載!

- SPI3から始まった「構造的把握力検査」の出題問題を再現。解答のコツを身につけましょう。

本書の特長

●最新のSPIを紙上で再現!!

入試問題や資格試験などと異なり、SPIの問題は公開されていません。本書には、受検者からの情報提供、アンケート・面談調査にもとづいた、**SPIの最新問題が掲載**されています。

●「推論」分野が充実!!

「推論」は他の就職試験ではあまり見られない、SPI独自ともいえる頻出ジャンルです。通常の算数・数学とは違う発想や解法が必要で、初見では難しい問題も多いため、毎年のように推論でつまずいて点数が取れない受検者が続出します。本書の推論分野は、**最新の【整数の推理】を含む8ジャンル**。しかも**「推論だけで151問」**というダントツの問題数を収録。本書だけで推論問題への万全な対策ができます！

●非言語が苦手な人も飛躍的に実力アップ!!

非言語分野は、「例題で解法手順を覚える→簡単な問題で基本をマスター→難問で実力養成」という展開になっています。SPIが苦手な私立文系の学生でも、**高レベルの問題を解く力**が無理なく身についていきます。

●類書最多の掲載語句数で【言語】得点アップ!!

言語分野の得点は、SPIに出題される語句を知っているかいないかで大きく違ってきます。**本書掲載の出題語句数は類書最多**。言語分野で飛躍的な得点アップが期待できます。

CONTENTS

1章 SPI3【非言語】再現問題演習

2章 SPI3【言語】再現問題演習

3章【WEBテスティング】再現問題演習

4章【構造的把握力検査】再現問題演習

5章 SPI3【性格検査】完全対策

SPI概説

SPIは最もメジャーな適性検査

就職試験（採用テスト）は、多くの企業が適性検査の販売会社に外注しており、「SPI」「CAB（キャブ）」「GAB（ギャブ）」「玉手箱」「SCOA（スコア）」など、様々な種類があります。SPIは、その中で最もよく利用されている適性検査で、リクルート社が提供しています。**SPIは就職試験で最も対策を講じておくべき適性検査**といえます。

現在の**最新バージョンはSPI3**で、**SPI3-U（大卒採用向け）**・**SPI3-G（中途採用向け）**・SPI3-H（高卒採用向け）の3種類があります。本書を活用することで、**SPI3-UとSPI3-Gの大幅な得点アップ**が望めます。

SPI能力検査と性格検査の内容

SPIの検査内容には次のようなものがあります。

●能力検査

非言語▶「推論」「割合と比」「損益算」「料金割引」「速度算」「集合」「順列・組み合わせ」「確率」「表の解釈」など。非言語では、他の試験ではあまり見られない**「推論」分野の対策が最重要**です。

言語▶「二語の関係」「語句の意味」「複数の意味」「文の並べ替え」「長文読解」など。言語分野では、**出題語句の意味を覚えておくことがいちばんの対策**になります。

●性格検査

自己申告の性格テストです。行動、意欲、情緒的、社会関係的な側面から、性格特徴、及び、職務や組織への適応力はあるか、ストレスに弱くないかなどを判定します。

試験準備はいつ頃すればよいか

テストセンターで行われるSPIは、卒業・修了年度に入る直前の3月1日（広報活動解禁日）以降、すぐに実施されることがあります。従って、企業と接触し始める頃には、本書の問題を一通り終えておくことをお勧めします。**受検前に集中して勉強する**と、最も効率よく対策できます。

実施スタイルによる違い

SPIの実施スタイルには次の４種類があります。中でもテストセンターが約７割を占めていて、その比率は年々大きくなっています。就職活動中に必ず出会うといってもよいテストなので、就職活動では、**必ずSPIテストセンターの対策をしておくべき**です。

テスト センター	自宅などで性格検査を受検してから、能力検査の会場を予約します。能力検査は専用会場または自宅などのパソコンで受検します。**本書で十分な対策が可能**です。
WEB テスティング	自宅などのパソコンで、企業が指定する期間内に受検します。インターンシップの参加者選考で実施されることもあります。**本書で十分な対策が可能**です。
ペーパー テスティング	マークシートのペーパーテストです。原則として、卒業・修了年度の6月1日（選考活動解禁日）以降に実施されます。**本書で十分な対策が可能**です。
インハウス CBT	企業のパソコンで受検。電卓が使用できるテストで、内容的にはWEBテスティングに似ています。本書では触れませんが、シェアが低いので対策は不要です。

※ SPI3には、U（大卒採用）、G（中途採用）、H（高卒採用）の3つがあります。
本書ではSPI3-U（大卒採用）と、SPI3-G（中途採用）の対策ができます。

テストセンター対策

リアル会場とオンライン会場を選択できる

❶ 受検依頼企業から、受検者に【受検依頼メール】が届きます。

❷ メールの指示に従って、自分のパソコンやスマートフォンなどで、能力検査を行う会場の予約と性格検査を行います。性格検査の**検査時間は約30分**です。性格検査が終了すると、受検票の発行と「予約完了メール」の送信が行われ、受検予約が確定します。能力検査を行う会場は、**リアル会場/オンライン会場の選択**ができます。

❸ 予約完了メールの指示に従って、予約日時に受検します。

- **リアル会場**は、**専用会場に出向いて受検**する方法です。会場の受付で受検票と身分証明書（学生証、免許証、パスポートなど、顔写真付き）を提示して入場します。試験会場では、仕切られたテーブルの上にパソコン、筆記用具、メモ用紙が用意されています。監督者の説明を受けてから検査開始。言語問題から非言語問題へと途切れなく続く**能力検査が約35分**です（英語能力検査※20分や構造的把握力検査20分が一緒に実施される場合もあります）。
- **オンライン会場**は、**自宅などのパソコンで受検**する方法です。テストセンターのマイページからログインをし、監督者と接続して受付をします。本人確認、受検エリア、着用物、環境の確認を行ってから、WEBカメラを通じた有人監督のもとで能力検査を受検します。**テストの内容・検査時間などはオンライン会場と同様**です。また、パソコン以外では**筆記用具とA4のメモ用紙2枚**が使用できます。スマホや電卓は使用できません。受検が終了したら、監督者と終了受付を行って完了です。

❹ 受検依頼企業が、検査結果をダウンロードします。

※ SPIの英語能力検査であるSPI3-UE・SPI3-GE、およびENGの対策には、『史上最強 SPI&テストセンター超実戦問題集』（ナツメ社）をお使いください。

テスト結果は使い回しできる

一度テストセンター受検をすると、**2社目の企業からは前回の結果を送信して済ませる**か、または、**もう一度テストセンターで受検する**かを選ぶことができます。

ただし、自分で成績を知ることはできないので、前回の結果が良かったか悪かったかは自分で判断するしかありません。また、使い回せるのは前回の結果だけです。

もう一度受検をすると、前回の結果は消えて最新の成績に上書きされます。忙しい時期ですから、「前回結果送信」を利用する人が多数派になっています。

なお、前回の結果を使い回したのか、新たに受検し直したのかは、企業からはわかりません。

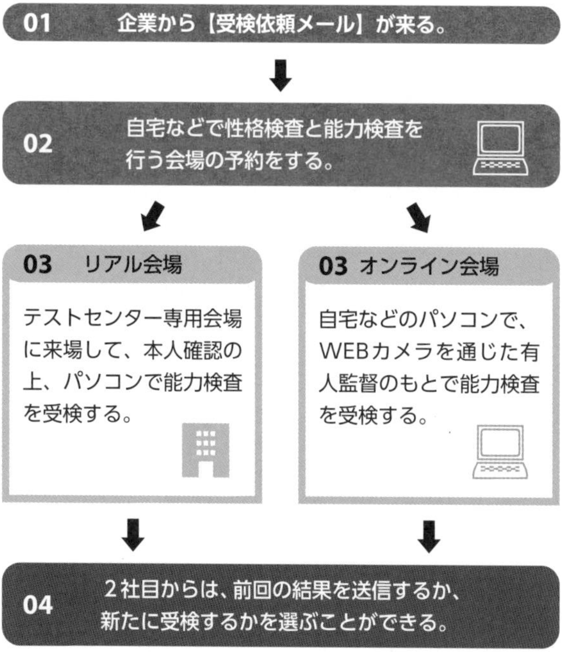

01 企業から【受検依頼メール】が来る。

↓

02 自宅などで性格検査と能力検査を行う会場の予約をする。

↙ ↘

03 リアル会場

テストセンター専用会場に来場して、本人確認の上、パソコンで能力検査を受検する。

03 オンライン会場

自宅などのパソコンで、WEBカメラを通じた有人監督のもとで能力検査を受検する。

↓ ↓

04 2社目からは、前回の結果を送信するか、新たに受検するかを選ぶことができる。

テストセンターの受検画面はこうなっている

全設問数に対する回答数の割合
時計回りに色が変化する

全体の制限時間に対する経過時間の割合
時計回りに色が変化する

つぎの説明を読んで、各問いに答えなさい。

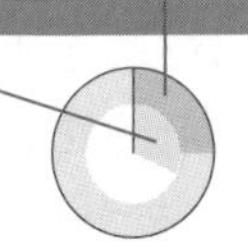

この問題は2問組です。

総務部6人のうちから社員旅行の幹事2人をくじで決めることにした。くじは6本あり、1度引いたくじは戻さないものとする。

1番目にP、2番目にQがくじを引くとき、PとQのうちどちらか1人だけが当たりを引く確率はどれだけか。

- A　2/15
- B　2/9
- C　4/15
- D　4/9
- E　8/15
- F　AからEのいずれでもない

1 2

回答時間

次へ

組問題の移動タブ
クリックで組問題の中を移動できる

1問(組問題では1組)ごとの制限時間
緑→黄色→オレンジ→赤の順に変化し、赤になると未回答でも次の問題に進む

次の問題に進むボタン
次の問題に進んだ後は、前の問題には戻れない

問題ごとに制限時間がある

能力検査の出題画面は左ページの通りです。画面に１問ずつ表示され、組問題の場合は、移動タブによって組問題の中を移動できます。「次へ」ボタンをクリックして次の問題（次の組問題）に移ると、前の問題には戻れません。また問題ごとの制限時間が過ぎると次の問題に移ってしまいます。誤謬(ごびゅう)率は計測されません。

当てずっぽうでもいいので、**制限時間前に選択肢を選んでおくことが非常に大切**です。

右上に表示される全体の時間経過と回答割合にあせらされる人が多いようですが、それは気にする必要はありません。左下にある問題ごとの回答時間を意識して、できるだけ緑色のうちに落ち着いて回答していくことがポイントです。

人によって出る問題が違う

テストセンターでは、IRT（Item Response Theory：項目応答理論）を使用しているため、受検者によって出題される問題が違います。IRT は、ざっくり簡単に言うと、受検者のレベルにあわせて問題難易度を変化させるもので、たとえば難易度５の問題に正解したらより難しい６の問題へ、５の問題を間違えたらより簡単な４の問題へ移るということを繰り返して、正解レベルが安定（受検者のレベルを判定）したところで検査を終了するというものです。

受検者それぞれで、出題される問題分野、難易度、問題数までが異なります。ただし、本書に掲載されている問題が解けるレベルになっておけば、心配する必要はありません。

WEBテスティング対策

自宅や大学のパソコンで受検

SPI3のWEBテスト「WEBテスティング」は、自宅や大学のパソコンを使って、WEB上で受検するものです。

能力検査（言語約40問と非言語約20問）と性格検査があり、能力検査に約35分、性格検査に約30分かかります。

SPI3-U（大卒用）・SPI3-G（中途用）・SPI3-H（高卒用）の3種類がありますが、本書では、SPI3-UとSPI3-Gの対策が可能です。**3章に、WEBテスティング独自の問題が多数収録**してあります。

非言語では、数値だけ変えた同じパターンの問題が出題されることが多いので、本書で解法をマスターしておくことが非常に有効な対策になります。

受検時の注意点

企業から、受検期間を明示した【受検依頼メール】が届きます。受検期間の開始直後と終了直前はアクセスが集中してトラブルが起きることもあるので、できればその期間は避けるようにします。全部で1時間30分はかかるものと考え、落ち着いて回答できるときを見計らって受検することが大切です。

受検時には、手元に**メモ用紙**、**筆記用具**、**電卓**を用意してアクセスします。「環境設定の条件」、「質問集」、「トラブル発生時の連絡先」などを十分に確認してから、テスト画面に移りましょう。

なお、サーバメンテナンス時間は受検ができません。メンテナンス開始の前からログインできなくなる場合がありますので、途中で受検が中断されないよう、受検時間に注意しましょう。

WEBテスティングの受検画面はこうなっている

全設問数に対する回答数の割合
時計回りに色が変化する

全体の制限時間に対する経過時間の割合
時計回りに色が変化する

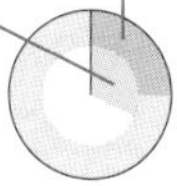

空欄に当てはまる数値を求めなさい。

3つの整数X、Y、Zがある。X、Y、Zについて、次のことがわかっている。

ア　Y＝X+Z
イ　Z＝X+Y

X、Y、Zが0以上9以下であるとき、Xの値は［　］である。

回答欄

回答欄
回答を入力する問題と、選択肢から選ぶ問題がある。数字の解答は「半角数字」で入力する。

回答時間

次へ

問題ごとの制限時間
緑→黄色→オレンジ→赤の順に変化し、赤になると未回答でも次の問題に進む

次の問題に進むボタン
次の問題に進んだ後は、前の問題には戻れない

ペーパーテスティング対策

予告なしで実施されることも

ペーパーテスティングは、マークシート式のペーパーテストです。ペーパーテスティングのシェアは年々下がっていますが、「物の流れ」「グラフの領域」など、テストセンターとは違う問題ジャンルがありますから、独自の対策が必要です。

試験日をあらかじめ通知される場合と、セミナーや説明会で予告なしで実施される場合があり、いずれも企業の会議室などを使って行われます。

性格検査がセットになっているものと、性格検査がない能力検査だけのものがあります。

ペーパーテスティングの内容

ペーパーテスティングの検査内容には次のようなものがあります。

●能力検査

非言語▶「推論」「割合と比」「料金割引」「損益算」「速度算」「集合」「順列・組み合わせ」「確率」など、テストセンターと同じ分野の問題のほか、「物の流れ」「グラフの領域」など、ペーパーテスティング独自の問題もあります。

言語▶「二語の関係」「語句の意味」「長文読解」など。言語分野では、**出題語句の意味を覚えておくことがいちばんの対策**になります。

●性格検査

自己申告の性格テストです。行動、意欲、情緒的、社会関係的な側面から、性格特徴、及び、職務や組織への適応力はあるか、ストレスに弱くないかなどを判定します。

構造的把握力検査

SPI3から始まった新検査

SPI3から「構造的把握力検査」という新検査が始まりました。

各企業がオプションで選択する検査ですから、人によっては一度も受検しないですむこともあります。

実施形式はテストセンターのみで、検査時間は約20分です。

構造的把握力検査の内容

非言語（数学）系の問題と言語（国語）系の問題があります。

非言語▶SPIの非言語問題で見受けられるような文章題が４つ提示されます。その中で、問題構造が似ている２つを選ぶ形式です。和や差で計算するのか、全体を１として割合を出すのか、比率を計算するのかなど、解法手順や計算方法が似たもの同士を選びます。計算結果まで出す必要はありません。

言語▶５つの文章が提示されます。その中で、文の構造によって、２つのグループと３つのグループに分けたとき、２つのグループに入るものを選ぶ形式です。内容がどんな要素になっているか、前半と後半がどのようなつながりになっているかなどを見分けて、似たもの同士を選びます。

４章に非言語と言語の再現問題を掲載してあります。

本書には、受検者からの情報提供、アンケート調査&面談調査、及び独自調査によって、出題確認ができた問題を収録しております。

・１つだけを選ぶ選択肢には○がついています（○**A**）。複数を選べる選択肢には□がついています（□**A**）。

・問題文中の分数は、テストセンターなどパソコン上の表記に準じており、原則として（$\frac{1}{2}$ではなく）1/2のように表記しております。

1章

SPI3【非言語】再現問題演習

◉テストセンター、ペーパーテスティング、WEBテスティングに出題される非言語分野の問題です。

◉解答＆解説を見ないで自分で解けるようにしておくことが大切です。

◉最重要、最頻出である【推論】の解法は、必ず身につけておきましょう。

01 推論【内訳】

◉ SPI3頻出の推論問題。ある範囲内での内訳を推測するパターン。

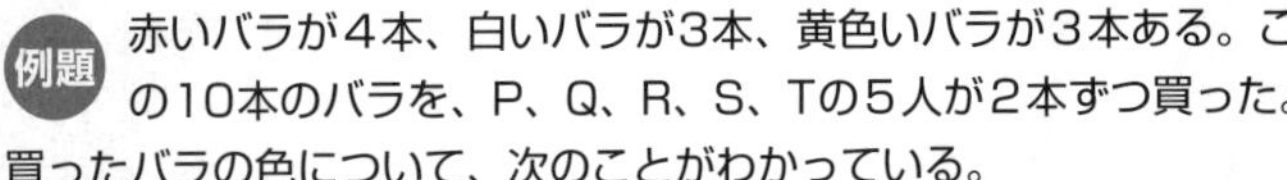

例題 赤いバラが4本、白いバラが3本、黄色いバラが3本ある。この10本のバラを、P、Q、R、S、Tの5人が2本ずつ買った。買ったバラの色について、次のことがわかっている。

Ⅰ　Pが買ったバラの色の組み合わせはQと同じだった

Ⅱ　Rが買ったバラは2本とも同じ色だった

❶　Rのほか、Sが買ったバラも2本とも同じ色だったとき、Tが買ったバラは何色と何色か。

❷　2本とも同じ色の人は1人で、その人が買ったのが白だったとき、Tが必ず買った色は何か。

いちばん速く解ける解法

❶　PとQは同じなので、P赤白・Q赤白なら「赤赤・白白」など、同じ色のペアが2組になる。また、RとSは2本とも同じ色なので、こちらも同じ色のペアが2組になる。つまり、同じ色のペア4組が決まっていることがわかる。

全10本から8本（同じ色のペア4組）が決まっているので、残った色（白と黄色）がTの組み合わせになる。全パターンをいちいち図にしても解けるが、時間がかかるので避けたい。

赤 赤 赤 赤 白 白 白 黄 黄 黄

正解 白と黄色

❷　Ⅱより2本とも同じ色の1人はRなので、Rが白白。PとQは2本とも同じ色の赤赤ではなく、P赤黄・Q赤黄に決定できる。

赤 赤 赤 赤 白 白 白 黄 黄 黄

Sは2本とも同じ赤赤ではないため、赤白か赤黄。同じく、Tも赤白か赤黄なので、Tが必ず買ったのは赤。

正解 赤

重要

- 前提条件は、式や記号にして考える。
- セットにできる組み合わせをさがして、ひとくくりで考える。
- 図をかくのは時間がかかるため、最小限の手間ですむようにする。

1 赤、黄、緑のボールペンがそれぞれ1本以上、合わせて8本ある。赤は黄の3倍の本数であるとき、緑の本数は何本か。

○A 3本　○B 4本　○C 5本
○D A～Cのいずれでもない

●黄1本のとき、赤3本、緑4本で適。黄2本になると、赤6本、緑が0本になるので不適。緑は4本に決定。

正解 B

2 図書館で文庫本と雑誌を合わせて8点借りた。借りた文庫本の数は、雑誌の数の3倍である。雑誌は何点借りたか。

○A 1点　○B 2点　○C 3点
○D A～Cのいずれでもない

●文庫本:雑誌=3:1。雑誌は全体(3+1=4)のうち1なので、8×1/4=2
別解 雑誌1点…文庫本3点、合わせて4点で不適。雑誌2点…文庫本6点、合わせて8点で適。

正解 B

3 犬、猫、小鳥のどれを一番飼いたいかを9人に聞いたところ、多い順に犬、猫、小鳥だった。無回答がなかったとき、小鳥の回答人数としてありえないものはどれか。

○A 1人　○B 2人　○C 3人
○D A～Cのいずれでもない

●犬、猫、小鳥の回答数は、平均すると9÷3で3人。
よって最も少ない小鳥の回答数が3人であることはありえない。
(犬4人、猫3人、小鳥2人)や(犬5人、猫3人、小鳥1人)はありえる。

正解 C

4 野球選手のファン投票で、20人にP、Q、Rの3選手から1人を選んでもらったところ、投票数が多い順にP、Q、Rで、投票数が同じものはなかった。無投票がなかったとき、Pへの投票数としてありえるものはどれか。

○A 6票　○B 7票　○C 8票
○D A～Cのいずれでもない

●平均は、20÷3≒6.7票
A　最も多いPは、6.7票より多いはずなので×
B　Pが7票なら、最大で、Q=6、R=5。
7+6+5=18で、総数20票に届かないので×。
C　Pが8票なら、最大で、Q=7、R=6。
P+Q+R=8+7+6=21
Q=7、R=5のとき総数が20票となるので、Pの8票はありえる。

正解 C

5 6個の玉を箱P、Q、Rに入れた。Pの玉はQより2個少なかった。どの箱にも最低1個入っているとき、Rの玉は何個か。

○A 1個　○B 2個　○C 3個
○D A～Cのいずれでもない

●Pが2個だとQが4個となり、合計6個でRに入る玉がなくなるので、Pは1個、Qは3個、Rには残った2個。

正解 B

6 ある作業所では、毎日P、Q、Rの3人のうち少なくとも1人は出勤する。この作業所で月曜日から土曜日までの1週間の間、1人が3日ずつ出勤し、次の条件を満たすスケジュールを作りたい。

Ⅰ　Pは3日連続で出勤する
Ⅱ　Qは1日おきに出勤する
Ⅲ　Rは月曜日には休む

PとQが出勤する日が2日重なるとき、Rが必ず出勤する曜日をすべて選びなさい。

□A 月曜日　□B 火曜日　□C 水曜日
□D 木曜日　□E 金曜日　□F 土曜日

解答&解説

●Pは3日連続、Qは1日おき。PとQは3日のうち2日は同じ出勤日になる。
①Qが月水金の場合、Pは月火水か水木金。PもQも出ないのは土曜日。

	月	火	水	木	金	土
Q	●	×	●	×	●	×
P	○	○	○	×	×	×
P	×	×	○	○	○	×

Rは必ず土曜日に出勤する。
②Qが火木土の場合、Pは火水木か木金土。PもQも出ないのは月曜日。

	月	火	水	木	金	土
Q	×	●	×	●	×	●
P	×	○	○	○	×	×
P	×	×	×	○	○	○

Rは月曜日には休むので②は不適。

正解　F

7 P、Q、R、S、T、Uという6人がいる。このうち3人は男性、もう3人は女性である。このとき、次のことがわかっている。
Ⅰ　PとQは異性である
Ⅱ　RとSは同性である

❶　Tと同性である可能性のある人をすべて選びなさい。

□A P　□B Q　□C R
□D S　□E U

❶男性を●、女性を●とする。
●●●　●●●
PQは異性なので、男女になる。
P●●　Q●●　または
Q●●　P●●
RSは同性(●●または●●)なので、残るTUは同性(●●または●●)で、RSとは異性。従って、PQUの3人がTと同性の可能性がある。

正解　ABE

❷　Rが男性であるとき、Tの性別を選びなさい。

○A 男性
○B 女性
○C 性別は確定しない

❷❶より、TUはRSの異性なので、Rが男性ならTは女性。

正解　B

8 P、Q、R、S、Tの5人がレストランに行き、各人がランチを注文した。全員の注文はAランチが2つ、Bランチが2つ、Cランチが1つだった。PとQは違うものを注文した。また、QとRも違うものを注文した。

❶ PとRが違うものを注文したとき、Cランチを注文した可能性のある人をすべて選びなさい。

□A P　□B Q　□C R
□D S　□E T

❷ QがBランチを注文し、TがBランチではないものを注文したとき、Cランチを注文した可能性のある人をすべて選びなさい。

□A P　□B R　□C S
□D T

解答&解説

❶条件をまとめると、注文は、AA BB C。仮にSかTがCランチなら、AAとBBが残るが、P≠Q、Q≠R、P≠Rなので、PQRの3人が違う3種類(ABC)を頼むことができなくなってしまう。従って、Cランチを注文した可能性があるのは、PQR。

正解 ABC

❷Q=Bランチなので、残った注文は、AA B C。
P=B(Q)以外→AまたはC
R=B(Q)以外→AまたはC
T=B以外→AまたはC
従って、SがBに決定。Cランチを注文した可能性があるのは、PRT。

正解 ABD

---

9 P、Q、R、Sの4人で、赤1本、青2本、黄色3本、計6本の色鉛筆を買った。これについて、次のことがわかっている。

Ⅰ 各自が買った本数は1本または2本
Ⅱ 1人で同じ色を2本買った人はいない
Ⅲ PとQは少なくとも1本は同じ色を買った
Ⅳ RとSは同じ色を買わなかった

❶ Pが少なくとも青1本を買ったとき、Qが買った可能性がある色をすべて選びなさい。

□A 赤だけ　□B 青だけ　□C 黄色だけ
□D 赤と青　□E 赤と黄色　□F 青と黄色

❷ Rが2本買ったとき、Qが買った可能性がある色をすべて選びなさい。

□A 赤だけ　□B 青だけ　□C 黄色だけ
□D 赤と青　□E 赤と黄色　□F 青と黄色

❶Pは青を買った。またⅣより、RとSは同じ色を買わなかったので、3本ある黄色のうち、2本はPとQが買っている(Ⅲは満たされる)。青、黄、黄の3本が確定し、残りは赤、青、黄。
赤 青(P) 青 黄(P) 黄(Q) 黄
従って、Qは、黄色だけ、赤と黄色、青と黄色のいずれか。

正解 CEF

❷Rが2本(3色のうち2色)を買った。Ⅳより、RとSは同じ色を買わなかったので、Sが買ったのは、Rが買っていない色。R(2色)とS(1色)で3色1本ずつが確定。また3本ある黄色のうち、1本はRかSなので、残り2本はPとQが買っている。
赤 青 青 黄(P) 黄(Q) 黄
従って、Qは、黄色だけ、または青と黄色。

正解 CF

解答&解説

10 ある空港で40人にアンケート調査を行ったところ、英語を話せる人は32人、ドイツ語を話せる人は30人、中国語を話せる人は20人、日本語を話せる人は18人という結果が出た。ア、イ、ウのうち、必ず正しいといえる推論はどれか。AからHの中で1つ選びなさい。

ア　ドイツ語と日本語の2か国語を話せる人は、少なくとも8人いる

イ　英語と中国語と日本語の3か国語を話せる人は、少なくとも1人いる

ウ　英語とドイツ語と中国語の3か国語を話せる人は、少なくとも2人いる

○**A** アだけ　○**B** イだけ　○**C** ウだけ
○**D** アとイ　○**E** アとウ　○**F** イとウ
○**G** アとイとウ　○**H** 正しい推論はない

●数式で考える。
ア　40人のうち、ドイツ語と日本語の2か国語を話せる人は最少で
30＋18－40＝8人
アは、必ず正しいといえる。
イ　英語と中国語の2か国語を話せる人は最少で
32＋20－40＝12人
さらに日本語も話せる人は、最少で
12＋18－40＝－10
0以下なので、英語と中国語と日本語を話せる人は0人の場合もあるということ。イは、必ず正しいとはいえない。
ウ　英語とドイツ語の2か国語を話せる人は、最少で
32＋30－40＝22人
中国語も話せる人は、最少で
22＋20－40＝2人
ウは、必ず正しいといえる。

正解　E

11 ある町の映画館では、P、Q、R、S、T、Uという6本の映画を上映している。ジャンルは、恋愛映画が2本、アクション映画が2本、SF映画が1本、ホラー映画が1本で、次のことがわかっている。

Ⅰ　PとRは同じジャンルの映画である

Ⅱ　RかTはアクション映画である

Ⅲ　TかUはSF映画である

❶　Qがアクション映画の場合、ホラー映画はどれか。当てはまるものをすべて選びなさい。

□**A** P　□**B** R　□**C** S　□**D** T　□**E** U

❷　Qが恋愛映画の場合、他の恋愛映画はどれか。当てはまるものをすべて選びなさい。

□**A** P　□**B** R　□**C** S　□**D** T　□**E** U

❶Qがアクション映画の場合、アクション映画はあと1本。Ⅱよりかだが、RとするとⅠよりPもアクション映画となり、全部で3本になってしまう。よって、Tがアクション映画。PとRは同じジャンルなので恋愛映画。Ⅲより、UはSF映画。よって残ったSがホラー映画。

正解 C

❷Qが恋愛映画の場合、残り5本のうちPとRは同じジャンルなのでアクション映画に決定。TかUの一方がSF映画で、もう一方とSがそれぞれ恋愛映画かホラー映画になる。よってQ以外の恋愛映画として可能性があるのはS、T、U。

正解　CDE

12 P、Q、R、S、Tの5人が教室、廊下、階段の3か所を手分けして掃除した。このとき、次のことがわかっている。

Ⅰ　PとQは同じ1か所を掃除した
Ⅱ　Rは1人で1か所を掃除した
Ⅲ　階段を掃除したのは2人だけだった

上の条件以外に、少なくともどの条件が加われば、全員の掃除場所が決まるか。必要な条件をすべて選びなさい。

□A Rは廊下を掃除した
□B Sは教室を掃除した
□C Tは階段を掃除した

解答&解説

●5人で3か所を掃除するので内訳は3/1/1か2/2/1だが、Ⅲより、3/1/1ではなく2/2/1に決定。Rは1人で1か所なので、2/2/1は、PQ/ST/Rに決定。またⅢより、Rは階段ではない。
A Rは廊下を掃除した。
　教室2人、廊下R、階段2人となり、PQとSTが不明。
B Sは教室を掃除した。
　教室ST、廊下R、階段PQに決定。
C Tは階段を掃除した。
　教室、廊下、階段STとなり、PQとRが不明。

正解　B

---

13 ある教育センターでは、4月から9月にかけて毎月1回は講義がある。このとき、次のことがわかっている。

Ⅰ　5月は2回だけ講義がある
Ⅱ　講義は1か月に3回までしか行われない

❶　講義が12回あるとき、5回目の講義があると考えられるのは何月か。当てはまるものをすべて選びなさい。

□A 4月　□B 5月　□C 6月
□D 7月　□E 8月　□F 9月

❷　講義が15回あるとき、12回目の講義があるのは何月か。当てはまるものをすべて選びなさい。

□A 4月　□B 5月　□C 6月
□D 7月　□E 8月　□F 9月

❶全12回、6か月間の内訳。
①4月3回→5月2回のとき、5回目は5月になる。
②4月2回→5月2回のとき、5回目は6月になる。
③4月1回→5月2回のとき、5回目は6月か7月。
いずれもあと7回講義があるが、残りの月で行うことが可能。

正解　BCD

❷5月以外の5か月間で講義は13回あって、最後の15回目は9月に決まっている。
①9月1回なら、残りの4か月は3回ずつで12回分あり、12回目は必ず8月になる。

4月	5月	6月	7月	8月	9月
3	2	3	3	3	1

②9月2回(14、15回目)なら、残りの4か月で11回分あり、1か月に2回か3回あるので、12回目は必ず8月になる。
③9月3回(13、14、15回目)なら、その前の12回目は8月。
従って、12回目は8月。

正解　E

02 推論【整数の推理】

◉ SPI3頻出の推論問題。カードの数字や人数を推理する。

1組のトランプからダイヤの1～9のカードを取り出して、P、Q、Rの3人に3枚ずつ配った。配られたカードについて次のことがわかっている。

Ⅰ　8のカードはQに配られた
Ⅱ　Pのカードの3つの数字をすべてたすと20になる
Ⅲ　Rのカードの3つの数字をすべてかけると12になる

❶ Pに確実に配られた数字をすべて答えなさい。

❷ Qが8以外に配られた可能性のある数字をすべて答えなさい。

いちばん速く解ける解法

❶　3つの数字をたすと20になるPの数字の組み合わせを考える。1～9のうちで、Qに配られた8を除いて、7以下の数字だけでは、7＋6＋5=18で20に満たないので、必ず9が入る。20になる3つの数字は、974か965。

正解　9

❷　❶のPの組み合わせから考える。
①9＋7＋4=20(残りは65321で、Rは6×2×1=12)
　→Pが974、Rが621のとき、残りのQは853
②9＋6＋5=20(残りは74321で、Rは4×3×1=12)
　→Pが965、Rが431のとき、残りのQは872
Qが8以外に配られた可能性のある数字は、2、3、5、7。

正解 2,3,5,7

●複数の条件をいっぺんに考えないで、1つの条件設定から考える。
●数字の組み合わせを手早くメモしていく。

1 ある会社の営業部では、P、Q、R、Sの4人で、15件の契約を取った。これについて次のことがわかっている。

Ⅰ Qの契約数の2倍の人と1/2倍の人がいる
Ⅱ Sの契約数の2倍の人と1/2倍の人がいる

このとき、Pの契約数は何件か。可能性のあるものをすべて選びなさい。

□A 1件　□B 2件　□C 3件
□D 4件　□E 5件　□F 6件
□G 7件　□H 8件

●契約数について、QとSの2分の1の人がいる。2分の1にすると整数になる数は偶数なので、QとSは偶数。6件では2倍の12件と合わせて総件数の15件を超えてしまうので、QとSは2件と4件に確定できる(2人とも2件、2人とも4件は数が合わない)。2件の1/2倍は1件、4件の2倍は8件。
全部で、
1+2+4+8=15件
従って、Pは1件または8件である。

正解 AH

---

2 6で割ると3余り、10で割ると7余る正の整数のうち、最も小さい数は何か。

○A 17　○B 27
○C 37　○D 47

●この整数に3を足すと、6でも10でも割り切れる数になる。6と10の最小公倍数は30なので30から3を引いて27。
別解 17、27、37…のうち、6で割ると3余るのは27。

正解 B

---

3 3つの連続する整数があり、最も小さい数を2乗したものは残りの2つの数の積より23小さい。最も小さい数は何か。

○A 3　○B 5
○C 7　○D 9

●最も小さい数をxとする。

$x^2=(x+1)(x+2)-23$
$x^2=x^2+3x+2-23$
$3x-21=0$
$x=7$

正解 C

---

4 X社とY社が合同で清掃ボランティアをしたところ、X社とY社を合わせて127人が参加した。参加した男性と女性の人数について、次のことがわかっている。

Ⅰ　男性と女性の参加者数の差は15人
Ⅱ　女性の参加者はX社がY社より11人多い

このとき、参加した男性の人数は何人か。

○A 34人　○B 45人　○C 56人
○D A~Cのいずれでもない

●合計127人から男女の差15人を引いて2で割れば、少ない方の数が出る。
(127−15)÷2=56人
多い方は、56+15=71人
女性が56人だと、11人少ないY社の女性人数が(56−11)÷2=22.5人となってわり切れない。女性71人、男性56人とすれば計算が合う。

正解 C

解答&解説

5 ある高校の合唱部員は3年生が8人、2年生が14人、1年生が11人いる。また、男子は15人、女子は18人いる。3年生の男子が3人だったとき、2年生の女子は最も多くて何人か。

○A 12人　○B 13人　○C 14人
○D A～Cのいずれでもない

●3年生が8人で3年生の男子が3人なので、3年生の女子は、8－3＝5人。女子18人から3年生の女子5人を引いた13人が1年生の女子と2年生の女子の合計。2年生は男女で14人なので、2年生の女子は最も多くて13人。

正解　B

6 P、Q、R、Sの4人が買い物に行き、1人1個以上、4人合わせて8個の商品を購入した。PとQは合わせて4個、QとRは合わせて3個購入した。このとき、購入した商品の数が1個だった可能性のある人をすべて選びなさい。

□A P　□B Q　□C R　□D S

●全員1個以上買った。
①PとQは合わせて4個 →
P3＋Q1、P2＋Q2、
P1＋Q3(不適)
②QとRは合わせて3個 →
Q2＋R1、Q1＋R2、
(Q3はR0になるので不適)
①と②より、P＋Q＋Rは5個か6個で、Sは3個か2個。
従って、1個の可能性があるのは、QとR。

正解　BC

7 a、b、c、d、eの5人で、イチゴを38個食べた。5人の食べた個数はそれぞれ異なっており、次のことがわかっている。

Ⅰ　最も少ない人でも5個以上は食べた
Ⅱ　aはbより3個多く食べた
Ⅲ　cはdより3個多く食べた

このときeは何個食べたか。当てはまるものをすべて選びなさい。

□A 5個　□B 6個　□C 7個
□D 8個　□E 9個　□F 10個
□G 11個　□H 12個

●最少の人が6個だと、合計が6+7+8+9+10=40個になるので、最少の人は5個に決定。2番目に少ない人が7個の場合、合計5+7+8+9+10=39個になるので、2番目に少ない人は6個に決定。残り3人の合計個数は38－5－6=27個で、1人7個以上。この組み合わせは、
①(5、6、7、8、12)
②(5、6、7、9、11)
③(5、6、8、9、10)
①と②では、ⅡとⅢの条件に当てはまるようにa～eを決めることができないので、不適。
③は、3個差(aとd)(cとd)が、「5と8」と「6と9」の2組あるので、適。
eは、残った10個。

正解　F

解答&解説

8 P、Q、Rの3人でサイコロをふった。その結果、次のことがわかった。

Ⅰ　2人が同じ目を出した

Ⅱ　PはQより大きい目を出した

❶ Rが4のとき、Pの目は何か。可能性があるものをすべて選びなさい。

□A 1　□B 2　□C 3
□D 4　□E 5　□F 6

❶2人が同じ目で、PはQより大きい（同じ目ではない）ので、P＝RかQ＝R。
①PとR（=4）が同じ目なら、Pは4。
②QとR（=4）が同じ目なら、Qは4。PはQより大きい5か6。

正解　DEF

❷ Rが3のとき、Qの目は何か。可能性があるものをすべて選びなさい。

□A 1　□B 2　□C 3
□D 4　□E 5　□F 6

❷P＝RかQ＝Rで、R＝3。PはQより大きい（同じ目ではない）。
①P＝R＝3のとき、Q＝1か2
②Q＝R＝3
従って、Qは1か2か3。

正解　ABC

9 1本120円のコーラと1本150円のお茶を何本か買った。なお、どちらか一方だけを買う場合もありえるものとする。

❶ 購入金額が960円だったとき、コーラは何本買ったか。可能性のあるものをすべて選びなさい。

□A 1本　□B 2本　□C 3本
□D 4本　□E 5本　□F 6本
□G 7本　□H 8本

❶十の位が60円なので、120円のコーラ3本で360円。960－360=600円で、150円のお茶は4本。
または、
120円のコーラ8本で960円で、お茶は0本。

正解　CH

❷ 購入金額が1140円だったとき、お茶は何本買ったか。可能性のあるものをすべて選びなさい。

□A 1本　□B 2本　□C 3本
□D 4本　□E 5本　□F 6本
□G 7本　□H 8本

❷十の位が40円なので、120円のコーラ2本で240円。1140－240=900円で、150円のお茶は6本。
または、
120円のコーラ7本で840円。1140－840=300円で、150円のお茶は2本。

正解　BF

解答&解説

10 ある会社の社員500人について以下のことがわかっている。

Ⅰ　身長170cm以上の社員は150人いる
Ⅱ　身長160cm以上の男性は270人いる
Ⅲ　身長170cm未満の女性は190人いる

❶　身長170cm未満の男性は何人いるか。

○A 105人　○B 120人　○C 135人
○D 160人

❶Ⅰより、170cm未満は、
500－150＝350人
Ⅲより、170cm未満の女性は190人。170cm未満の男性は、
350－190＝160人

正解　D

❷　身長170cm以上の男性が140人以下ならば、身長160cm未満の男性は最も多くて何人か。

○A 29人　○B 30人　○C 99人
○D 129人

❷Ⅱより、160cm以上の男性は270人なので、170cm以上の男性が140人以下ならば、160cm以上170cm未満の男性は、
(270－140)＝130人以上
❶より、170cm未満の男性は160人。従って、160cm未満の男性は、
(160－130)＝30人以下
最も多くて30人。

正解　B

11 1組のトランプから、ハートの1～9のカードを取り出して、そこからP、Q、R、S、Tの5人に1枚ずつ配る。

❶　Rのカードの数字がわかるためには、少なくとも次のどの情報があればよいか。必要な情報をすべて選びなさい。

ア　TはRより4だけ小さい
イ　Rの数は最大
ウ　Sは7
エ　PとSだけ奇数

□A ア　□B イ　□C ウ　□D エ
□E ア～エの条件だけではわからない

❶ア　T＝R－4を満たすRとTの組み合わせは、次の5通り。
(5、1)(6、2)(7、3)
(8、4)(9、5)
イ　Rが最大
ウ　S=7
エ　PとSだけ奇数
アの情報は不要。イ、ウ、エの情報があれば、Rの数が8に決定する。

正解　BCD

❷　ア～エに加えて、次のカ、キの情報が加わったとき、カードの数字が確定しない人をすべて選びなさい。

カ　Qは最小
キ　PはTより小さい

□A P　□B Q　□C R　□D S
□E T　□F すべて確定できる

❷ア～エで決定した人は、
・Rは8、Sは7、Tは4
エとカより、Qは偶数で最小なので2。
キより、Pは1か3。Qが最小なのでPは3に確定。

正解　F

12 ある街には10店の店舗があり、そのうち8店では米、6店では茶、9店では酒を売っている。

❶ この街の中で、米と茶の両方を売っている店舗は少なくとも何店あるか。

○A 0店　○B 1店　○C 2店
○D 3店　○E 4店　○F 5店

❷ この街の中で、米、茶、酒のすべてを売っている店舗は少なくとも何店あるか。

○A 0店　○B 1店　○C 2店
○D 3店　○E 4店　○F 5店

❶米8＋茶6＝14店
店の数は全部で10店なので、米も茶も売っている店の数は、少なくとも14－10＝4店。

正解　E

❷❶より、米と茶を売っている店は、少なくとも4店。この4店舗のうち、酒を売っている店の数で考える。
(米茶)＋酒＝4＋9＝13店
全部で10店あるので、
少なくとも13－10=3店

正解　D

13 子供のいる家庭P、Q、R、Sについて、次のことがわかっている。

Ⅰ　Sの子供の数は他の３つの家庭の子供の数よりも少ない

Ⅱ　Pの子供の数は他の３つの家庭の子供の数よりも多く、４人である

Ⅲ　４つの家庭の子供を合わせたとき、子供の男女の数は同じ

❶ ４つの家庭の子供の合計人数として考えられるのは何人か。当てはまるものをすべて選びなさい。

□A 8人　□B 9人　□C 10人
□D 11人　□E 12人　□F 14人

❷ Qの子供がすべて男子であるとき、Pの子供のうち男子は何人か。あてはまるものをすべて選びなさい。

□A 0人　□B 1人　□C 2人
□D 3人　□E 4人　□F 5人

❶ⅠとⅡ　P(4)>QR>S
Ⅲ　男女同数なので、男女を合計した子供の数は偶数になる。
①S＝１人の場合
ＰＱＲＳ…子供の数の合計
４３３1…11人で奇数×
４３２1…10人で偶数○
４２３1…10人で偶数○
４２２1…9人で奇数×
②S＝２人の場合
ＰＱＲＳ…合計
４３３2…12人で偶数○
子供の合計は、10人か12人。

正解　CE

❷子供の人数は次の通り。
ＰＱＲＳ…合計（半分が男子）
４３２1…10人（5人）
▲男子５人中Q3人で残り２人
４２３1…10人（5人）
▲男子５人中Q2人で残り３人
４３３2…12人（6人）
▲男子６人中Q3人で残り３人
従って、Pの男子の数は、
0～３人。

正解 ABCD

解答&解説

14

P、Q、R、Sの4人が好きな数字は、0、1、2、3、4、5のうちのいずれか1つで、次のことがわかっている。

Ⅰ　4人の数字をすべてたすと8になる
Ⅱ　Pと同じ数字がもう1人だけいる
Ⅲ　Qと同じ数字がもう1人だけいる

❶　Rが4のとき、Sはいくつか。可能性のあるものをすべて選びなさい。

□A 0　□B 1　□C 2
□D 3　□E 4　□F 5

❷　Sと同じ数字がもう1人だけいるとき、Sはいくつか。可能性のあるものをすべて選びなさい。

□A 0　□B 1　□C 2
□D 3　□E 4　□F 5

●P+Q+R+S=8
❶R(4)+P+Q+S=8
P+Q+S=4
Ⅱ、Ⅲの条件を満たす組み合わせは下表の通り。

R	P	Q	S	計
4	0	0	4	8
4	1	1	2	8
4	2	2	0	8
4	4	0	0	8
4	0	4	0	8

正解　ACE

❷PQRSのうち、PQSが他の「1人だけ」と同じ数字で、合計が8になる組み合わせは、(0044)か(1133)だけ。
従って、Sの数字は、0134のいずれかになる。

正解 ABDE

15

1組のトランプから、ハートの3、ダイヤとスペードの4、ダイヤとクローバーの5という合計5枚のカードを取り出して、横一列に並べる作業を2回行った。

❶　1回目は、左から1番目と3番目のカードの数字の和が8、3番目と5番目の差が2だった。このとき、スペードの位置として考えられる場所は左から何番目か。すべて選びなさい。

□A 1番目　□B 2番目　□C 3番目
□D 4番目　□E 5番目

❷　2回目は、左端がスペード、左から2番目と4番目の数の平均が4だった。このとき、ハートの位置として考えられる場所は左から何番目か。すべて選びなさい。

□A 1番目　□B 2番目　□C 3番目
□D 4番目　□E 5番目

❶左から順に、①②③④⑤とする。①と③の和が8なので、①と③は(3と5)か(4と4)。
③と⑤の差が2で、差が2の組み合わせは3と5だけなので、③と⑤は(3と5)、従って、①と③は(4と4)ではなく、(3と5)。
3はハート1枚だけなので、ダブっている③が3に決定。
また、①は5、⑤も5に決定。
スペードの4は、②と④。

正解　BD

❷②と④の平均4になる組み合わせは(4と4)か(3と5)だが、①がスペードの4なので、②と④が(4と4)はありえない。②と④は(3と5)に決定。
従って、ハートの3は②か④。

正解　BD

16 1～7の7つの整数を、次の条件を満たすように横1列に並べる。

Ⅰ　左から3つの数字の和は12
Ⅱ　右から3つの数字の和は11

❶　左端の数字が4のとき、3の場所としてありえるのは左から何番目か。当てはまるものをすべて選びなさい。

□A　1番目
□B　2番目
□C　3番目
□D　4番目
□E　5番目
□F　6番目
□G　7番目

❷　右端の数字を左端の数字より1つ大きい数になるように並べるとき、2の場所としてありえるのは左から何番目か。当てはまるものをすべて選びなさい。

□A　1番目
□B　2番目
□C　3番目
□D　4番目
□E　5番目
□F　6番目
□G　7番目

解答&解説

●1、2、3、4、5、6、7の和は28。

○○○　●　○○○
12　　　　11

左3つの和が12、右3つの和が11なので、真ん中●は、28－(12＋11)＝5とわかる。

❶左端が④、真ん中は⑤なので、

④○○　⑤　○○○
12　　　　11

左から2番目と3番目の和は、12－4=8となる。
1～7の数で合計が8になる組み合わせは、(1と7)(2と6)(3と5)。しかし5は真ん中なので、左から2番目と3番目は(1と7)か(2と6)。3の場所としてありえるのは、左から5番目、6番目、7番目。

正解　EFG

❷真ん中が⑤で、条件に合う組み合わせは、次のとおり。

• 左端①→　右端②
①④⑦　⑤　③⑥②
12　　　　11
▲②の場所は7番目。

• 左端②→　右端③
②④⑥　⑤　①⑦③
12　　　　11
▲②の場所は1番目。

• 左端③→　右端④
③②⑦　⑤　①⑥④
12　　　　11
▲②の場所は、2番目か3番目。

• 左端⑥→　右端⑦
⑥②④　⑤　①③⑦
12　　　　11
▲②の場所は、2番目か3番目。

正解 ABCG

03 推論【順序】

◉ SPI3頻出の推論問題。前提条件から大小や順序を推理する。

P、Q、R、Sという4つの支店の先月の売上額について、次のことがわかっている。

Ⅰ　同じ売上額の店はない

Ⅱ　PはRの次に売上額が多い

Ⅲ　売上額が最も少ないのはQではない

最も少ない情報で4店の売上額の順位を確定するには、Ⅰ～Ⅲのほか、次のどの情報が加わればよいか。

○A　Sの売上額はPより多い

○B　Qの売上額はRより多い

○C　Rの売上額はQより多い

いちばん速く解ける解法

Ⅰ　同じ売上額の店はないので、売上額の多い順に左から並べてA、B、Cの条件を考えていく。

Ⅱ　【RP】をワンセットで並べる

Ⅲ　Qは4位(右端)ではない

A　Sの売上額はPより多い → Sを【RP】の左にメモする。
SQ【RP】　QS【RP】　に決定

B　Qの売上額はRより多い → Qを【RP】の左にメモする。
SQ【RP】　QS【RP】　Q【RP】S　に決定

C　Rの売上額はQより多い → Qを【RP】の右にメモする。
【RP】QS　【RP】SQ

Ⅲより、Qは4位(右端)にこないので、RPQSに決定できる。

正解　C

●左から1位、2位、3位…（多い順、大きい順）の順でメモする。
●Qの次にPなら【QP】、Qの2つ下にPなら【Q□P】。

解答&解説

1 明るさが違う5つの電球 P、Q、R、S、Tについて、次のことがわかった。

Ⅰ　PはQより明るい
Ⅱ　QはRより明るい
Ⅲ　Sの次にTが明るい

Qの可能性がある□をすべて選びなさい。

明るい← A B C D E →暗い

●「PはQより明るい」をP>Qで表す。P>Q、Q>Rなので、P>Q>Rとまとめられる。
Sの次にTが明るいので、【ST】の順でワンセットにできる。
【ST】P>Q>R、P【ST】Q>R、P>Q【ST】R、P>Q>R【ST】のいずれかになる。

正解　BD

2 P、Q、R、Sという4人で行った徒競走の順位について、次のことがわかった。このときQの順位は何位か。

Ⅰ　PはQより早くゴールした
Ⅱ　Rの後に2人がゴールした
Ⅲ　SはQより遅くゴールした

○A 1位　○B 2位　○C 3位

●PとQの間に何人が入るかは不明だが、「PはQより早い」をP>Qで表す。
P>Q、Q>Sなので、
P>Q>Sとまとめられる。
Rの後に2人いるので、
P>R>Q>Sの順になる。

正解　C

3 P、Q、R、Sの4人がテストを受けて次の結果になった。Sは何位か。なお、同じ順位の者はいなかった。

Ⅰ　Pは1位だった
Ⅱ　QとSの点の平均点に等しい者がいた
Ⅲ　RはQより上の順位だった

○A 2位　○B 3位　○C 4位

●Ⅰ　Pは1位 → P○○○
Ⅱ　QとSの間に1人入るので、
Q○S または S○Q →
PQ○S または PS○Q
Ⅲ　RはQより上(左)に入る
→ PSRQ
従って、Sは2位。

正解　A

4 J、K、L、M、Nの5校は毎年サッカーのリーグ戦を行っている。今年は次のような結果になった。昨年のNは何位か。なお、複数校が同じ順位に入ることはない。

Ⅰ　Jは昨年から3つ順位が下がった
Ⅱ　昨年も今年も、MはNより1つ下だった
Ⅲ　Kの今年の順位は2位だった
Ⅳ　昨年と今年が同じ順位のチームはない

○A 2位　○B 3位　○C 4位

●今年の順位から考える。
Ⅰ　Jは④位か⑤位
Ⅱ　【NM】の順でワンセット
Ⅲ　①K③④⑤
【NM】は③④、Jは⑤に確定。
Lは今年①で、「LKNMJ」。
昨年は、Jの順位が今年より3つ上の②。NMが入る場所は③④か④⑤だが、ⅣよりNMは③④ではないので「①J③NM」。
また、LはⅣより①ではないので、昨年は「KJLNM」。

正解　C

5 夏男、秋彦、冬子、春美の４人がいる。夏男と春美の年齢をたすと、冬子の年齢になる。夏男の年齢は、秋彦よりも高い。次の推論の正誤について、必ず正しいものをAからHの中で１つ選びなさい。

ア　冬子は秋彦よりも年齢が高い
イ　冬子は春美よりも年齢が低い
ウ　夏男と春美は同じ年齢である

○A アだけ　○B イだけ　○C ウだけ
○D アとイ　○E アとウ　○F イとウ
○G アとイとウ
○H どれも必ず正しいとはいえない

●夏男＝夏、秋彦＝秋、冬子＝冬、春美＝春とする。
夏＋春＝冬…①
夏＞秋…②
ア　冬＞秋…冬＝夏＋春で、夏は秋より高いので、冬は秋より高い。→必ず正しい
イ　春＞冬…冬＝夏＋春なので、冬は春より高い。「冬子は春美よりも年齢が低い」は誤り。
ウ　夏＝春…夏と春の大小関係は不明。「夏男と晴美は同じ年齢である」は必ず正しいとはいえない。

正解　A

6 100m競走の決勝戦に、赤組と白組から計４人が出場し、１位に４点、２位に３点、３位に２点、４位に１点の点数が与えられた。この結果について、次のことがわかっている。

Ⅰ　同順位はいなかった
Ⅱ　白組のランナーが４位であった
Ⅲ　合計点数は赤組が多かった

最も少ない情報で、赤組と白組の出場人数と順位を明確にするには、Ⅰ～Ⅲの条件のほか、次のA、B、Cのうちどれが加わればよいか。

○A １位は赤組である
○B 赤組と白組の出場人数は同数である
○C 同じ組は続けてゴールしていない

●Ⅱより、白組が４位なので、
○○○白
Ⅲより、合計点数は赤組が多いので、
赤赤赤白
赤赤白白
赤白赤白
のうちのいずれか。
これに「C 同じ組は続けてゴールしていない」が加われば、赤組と白組の出場人数と順位が、「赤白赤白」に確定する。

正解　C

7 P、Q、R、Sの4社が保有するコピー機の台数について、次のことがわかっている。

Ⅰ Qと4台以上の差がある社はない
Ⅱ PとSは5台の差がある
Ⅲ QはRより1台多い
Ⅳ PとQの差はRとSの差よりも大きい
Ⅴ 同じ台数を保有する社はない

Sの台数は多い方から何番目か。可能性がある順位をすべて選びなさい。

□A 1番目 □B 2番目 □C 3番目
□D 4番目

●PとSは5台差なので、4台以上の差がある社がないQは、必ずPとSの間に入る。
QはRより1台多いので、QRでワンセット。従って、次の順番だけが当てはまる。
台数（例） 654321
順番 P●●QRS
なお、SQR●●Pは条件Ⅰに適さない。
S●●QRP、P●QR●S、
P●QR●S
は、条件Ⅳに適さない。

正解 D

8 P、Q、R、Sの4人は、1週間に1日ずつ家庭教師をする。家庭教師をする日について、次のことがわかっている。

Ⅰ Sは水曜に家庭教師をする
Ⅱ Pの4日後にRが家庭教師をする
Ⅲ 4人はそれぞれ、別の曜日に家庭教師をする

❶ Pの翌日にQが家庭教師をするとき、Pが家庭教師をする可能性のある曜日をすべて選びなさい。

□A 月曜日 □B 火曜日 □C 水曜日
□D 木曜日 □E 金曜日 □F 土曜日
□G 日曜日

❷ Pの2日後にQが家庭教師をするとき、Rが家庭教師をする可能性のある曜日をすべて選びなさい。

□A 月曜日 □B 火曜日 □C 水曜日
□D 木曜日 □E 金曜日 □F 土曜日
□G 日曜日

❶Pの翌日にQなのでPQ。Pの4日後にRで、PQ□□R
ここに2日たせば一週間になる。
□□PQ□□R
（□□は左でも右でもよい）
Sが水曜なので、□に水曜を当てはめると、
□□PQ□□R
水木金
　水木金土
　　月火水
　　日月火水
Pが家庭教師をする可能性のある曜日は、金、木、月、日。

正解 ADEG

❷Pの2日後にQなのでP□Q。Pの4日後にRで、
P□Q□R
ここに2日の□□をたして、Sの水曜を□に当てはめると、
P□Q□R□□
　水木金土
　　　水木
　　　　火水
　　　　月火水
Rが家庭教師をする可能性のある曜日は、土、木、火、月。

正解 ABDF

1章 推論【順序】

テストセンター　ペーパーテスティング　WEBテスティング

9 A、B、C、D、Eの5人のテストの点数について、次のことがわかっている。

Ⅰ　AとBは2点差、AとDは1点差である

Ⅱ　BとCは4点差、BとEは1点差である

❶　一番点数が高いのが10点のAであった場合、Eが取った可能性のある点数をすべて選びなさい。

□A 3点　□B 4点　□C 5点　□D 6点
□E 7点　□F 8点　□G 9点

❷　一番点数が低い人が3点、一番点数が高い人が10点であった場合、Aが取った可能性のある点数をすべて選びなさい。

□A 3点　□B 4点　□C 5点　□D 6点
□E 7点　□F 8点　□G 9点

解答&解説

❶一番点数が高いAが10点。
Ⅰ　A10点とBは2点差。
従って、Bは8点。
Ⅱ　B8点とEは1点差
従って、Eは7点か9点。

正解　EG

❷10－3＝7点差を満たすパターンを考える。
Ⅰ　AとBは2点差、AとDは1点差なので、
D―1―A―2―B（3点)→DA□B
Ⅱ　BとCは4点差
B―4―C（4点)→B□□□C
(Eは無視できる)
これを組み合わせて、
DA□B□□□C　で7点差。
Dが10点ならばAは9点。
Cが10点ならばAは4点。

正解　BG

---

10 P、Q、R、Sの4人が、第1、第2、第3、第4コースまでの、隣り合った4コースを使って競泳をした。同着はなく、以下のことがわかっている。

Ⅰ　Qは第1コースの泳者の次の次にゴールした

Ⅱ　Rの隣のコースの泳者は1位だった

Ⅲ　Sは第4コースを泳いだ

❶　Rが第1コースを泳いだとき、Pの順位としてありえるものをすべて選びなさい。

□A 1位　□B 2位　□C 3位
□D 4位

❷　Qが3位のとき、Pの順位としてありえるものをすべて選びなさい。

□A 1位　□B 2位　□C 3位
□D 4位

❶Rが第1コースなので、隣の第2コースが❶位。Qは第1コースのRの次の次の順位で、Rは❶位ではないので、R❷位、Q❹位に決定。
第4コースのSは❸位。
第2コースが残ったPで、❶位。

正解　A

❷Qが❸位なので、条件Ⅰより、第1コースが❶位。条件Ⅱより、Rの隣のコースが❶位なので、Rは第2コース。条件Ⅲより、Sが第4コースなので、残った第1コースの❶位はP。

❶P 第1コース	R 第2コース	❸Q 第3コース	S 第4コース

正解　A

解答&解説

11 青が3本、赤と白が2本ずつ、色を塗った計7本のポールがある。これを次の条件に従って横1列に並べる。

Ⅰ 同じ色が隣り合わない
Ⅱ 白同士は3本以上空ける

❶ 青が両端のとき、赤の位置としてありえるのは左から何番目か。すべて選びなさい。

□A 2番目 □B 3番目 □C 4番目
□D 5番目 □E 6番目

❷ 白が左から3番目のとき、赤の位置としてありえるのは左から何番目か。すべて選びなさい。

□A 1番目 □B 2番目 □C 3番目
□D 4番目 □E 5番目 □F 6番目
□G 7番目

❶両端が青のとき、白同士が3本以上空くパターンは次の通り。
青 白 赤 青 赤 白 青
従って、赤の位置は、左から3、5番目。

正解 BD

❷白が左から3番目で、もう1本の白はそこから3本以上空けるパターンは次の通り。
○ ○ 白 ○ ○ ○ 白
残りの青3、赤2をⅠの条件に従って○の5箇所に配置する。次の2通りのパターンになる。
青 赤 白 青 赤 青 白
赤 青 白 青 赤 青 白
従って、赤の位置としてありえるのは左から1、2、5番目。

正解 ABE

12 P、Q、R、S、Tの靴のサイズについて、次のことがわかっている。

Ⅰ 5人は1cmずつサイズが異なり、同じサイズの人はいない
Ⅱ RとSの差は1cmである
Ⅲ PとQの差は2cmである

❶ P、Q、R、S、Tをサイズの大きい順に並べたとき、Tは何番目になり得るか。当てはまるものをすべて選びなさい。

□A 1番目 □B 2番目 □C 3番目
□D 4番目 □E 5番目

❷ Pのサイズが25cmでRより大きいとき、Sの大きさでありえるものはどれか。当てはまるものをすべて選びなさい。

□A 20cm □B 21cm □C 22cm
□D 23cm □E 24cm □F 25cm
□G 26cm □H 27cm □I 28cm

❶RとSの差は1cmなので、RS（またはSR）は間に誰も入らないワンセットになる。
PとQの差は2cmなので、間に誰か1人入る。ワンセットのRSはPとQの間には入らないので、PTQ（またはQTP）がワンセットになる。
従って、大きい順にRSPTQ、またはPTQRS（T以外は入れ替わることがある）。

正解 BD

❷PがRより大きいパターンは、PTQRS、PTQSR、QTPRS、QTPSRの4パターン。
P＝25cmを入れると、
PTQRS=25 24 23 22 21
PTQSR=25 24 23 22 21
QTPRS=27 26 25 24 23
QTPSR=27 26 25 24 23
のいずれか。

正解 BCDE

解答&解説

13 ある通りには、P、Q、R、S、T、Uの順で6軒の家が間を空けずに並んでいる。このうちの5軒に1つずつ荷物を配達した。このとき、次のことがわかっている。

Ⅰ　1番目に配達した家と2番目に配達した家の間には1軒ある

Ⅱ　2番目に配達した家と3番目に配達した家は隣同士である

Ⅲ　3番目に配達した家と4番目に配達した家の間には1軒ある

Ⅳ　4番目に配達した家と5番目に配達した家は隣同士である

❶　1番目にPに配達したとき、配達されなかった家はどれか。すべて選びなさい。

□A Q　□B R　□C S　□D T　□E U

❷　最後にQに配達したとき、1軒目に配達した家はどれか。すべて選びなさい。

□A P　□B R　□C S　□D T　□E U

❶1番目のPから順番にⅠ～Ⅳの条件に従って考えていくと、配達の順序は次の2通り。
□は配達されない家を表す。

P Q R S T U
1 3 2 4 5 □
1 □ 2 3 5 4

従って、配達されなかった可能性がある家は、QとU。

正解　AE

❷条件をⅣから逆に考えていく。配達の順序は次の3通り。
□は配達されない家を表す。

P Q R S T U
4 5 3 2 □ 1
□ 5 4 1 3 2
□ 5 4 2 3 1

従って、1軒目に配達した可能性がある家は、SとU。

正解　CE

---

14 P、Q、R、Sの4人は、身長も年齢も異なっており、次のことがわかっている。

Ⅰ　PはSよりも身長が高い

Ⅱ　SはRよりも年上で、RはQよりも年上である

Ⅲ　4人の中で最年少者の身長が最も高い

❶　PがRより年上のとき、身長が最も低い人は誰か。すべて選びなさい。

□A P　□B Q　□C R　□D S

❷　最年長者の身長が最も低いとき、上から2番目の身長の人は誰か。すべて選びなさい。

□A P　□B Q　□C R　□D S

❶条件を整理すると次の通り。
身長…P>S
年齢…P・S>R>Q
最年少者のQの身長が最も高い。
身長…Q>P>S(Rは不明)
従って、身長が最も低いのは、RかS。

正解　CD

❷条件を整理すると次の通り。
身長…P>S
年齢…S>R>Q
PはSより身長が高いので最年長者ではない。Sが最年長者で、身長が最も低い。身長が最も高い最年少者はPまたはQだが、P、Q、Rは確定できない。従って、上から2番目の身長の可能性があるのはP、Q、R。

正解　ABC

15 V、W、X、Y、Zが徒競走をした。1位のVと最下位の差は21秒だった。また、XとYは4秒差、XとZは4秒差、VとWは12秒差、WとYは9秒差だった。

❶ 次の推論の正誤について、正しいものをA～Iの中から1つ選びなさい。

ア Xは2位である
イ YとZは同着である

○A アもイも正しい
○B アは正しいがイはどちらともいえない
○C アは正しいがイは誤り
○D アはどちらともいえないがイは正しい
○E アもイもどちらともいえない
○F アはどちらともいえないがイは誤り
○G アは誤りだがイは正しい
○H アは誤りだがイはどちらともいえない
○I アもイも誤り

❷ WとZが1秒差であったとき、次の推論の正誤について、正しいものをA～Iの中から1つ選びなさい。

カ VとXの差は15秒以上である
キ VとZの差は15秒以内である

○A カもキも正しい
○B カは正しいがキはどちらともいえない
○C カは正しいがキは誤り
○D カはどちらともいえないがキは正しい
○E カもキもどちらともいえない
○F カはどちらともいえないがキは誤り
○G カは誤りだがキは正しい
○H カは誤りだがキはどちらともいえない
○I カもキも誤り

解答&解説

●最初に条件をメモする。
①V―21秒→最下位
②X―4秒→Y　または、
　Y―4秒→X
③X―4秒→Z　または、
　Z―4秒→X
④V―12秒→W
⑤W―9秒→Y　または、
　Y―9秒→W
ここで、
④の12秒と⑤の9秒の和が①の21秒になるので、
⑥V―12秒→W―9秒→Yで、Yが最下位に決定
（V―3秒→Y―9秒→Wのパターンは、①の条件「Vから最下位までが21秒差」を満たさないので検討不要。）
また②より、最下位のYがXと4秒差なので、WとXは（9－4＝）5秒差で、
⑦V―12秒→W―5秒→X―4秒→Y
さらに③より、
XとZは4秒差なので、ZがXより速いか遅いかで、次の2通りが考えられる。
⑧V―12秒→W―1秒→Z―4秒→X―4秒→Y
⑨V―12秒→W―5秒→X―4秒→YとZは同着
以上をもとに推論を始める。

❶
ア ⑧⑨より、Xは4位か3位なので誤り。
イ ⑧⑨より、どちらともいえない。

正解 H

❷WとZが1秒差なので、着順は上の⑧に決まる。
カ VとXは17秒差なので、正しい。
キ VとZは13秒差なので、正しい。

正解 A

04 推論【位置関係】

◉ 配置、方角、順番などの位置関係を推論する問題。

例題 カップ7個を横1列に並べてから、そのうちの1つにサイコロを入れ、ア、イ、ウの手順で順番を並び替えた。

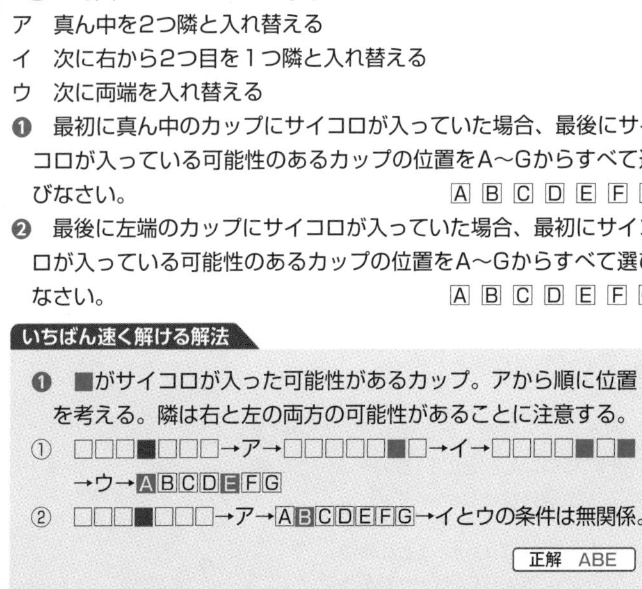

ア　真ん中を2つ隣と入れ替える

イ　次に右から2つ目を1つ隣と入れ替える

ウ　次に両端を入れ替える

❶　最初に真ん中のカップにサイコロが入っていた場合、最後にサイコロが入っている可能性のあるカップの位置をA～Gからすべて選びなさい。　A B C D E F G

❷　最後に左端のカップにサイコロが入っていた場合、最初にサイコロが入っている可能性のあるカップの位置をA～Gからすべて選びなさい。　A B C D E F G

いちばん速く解ける解法

❶　■がサイコロが入った可能性があるカップ。アから順に位置を考える。隣は右と左の両方の可能性があることに注意する。

①　□□□■□□□→ア→□□□□□■□→イ→□□□□■□■→ウ→**A**BCD**E**FG

②　□□□■□□□→ア→A**B**CDEFG→イとウの条件は無関係。

正解　ABE

❷　ウ、イ、アの順に位置を考える。

■□□□□□□→ウ→□□□□□□■→イ→□□□□□■■→ア→ABC**D**E**FG**

正解　DFG

重要

- 上(北)、または左(西)から、順にメモする。
- Qの右(東)にPなら【QP】、Qの2つ右(東)にPなら【Q□P】。

1 駅から車で友人の家の方向に直進する道を進んだ。はるか遠く北西方向にある山がずっと左手に見えていた。駅から見て友人の家はどちらの方角にあるか。

○A 北東　○B 南西　○C 南東

解答&解説

●左北西にある山が左に見えたので、南西から北東に向かっていたことになる。友人の家は北東。

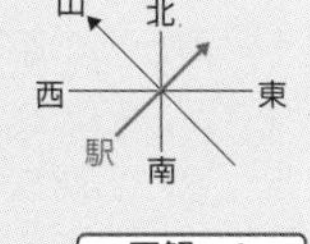

正解　A

---

2 横一列に7個並んでいるロッカーの中を調べた。一番最初に真ん中のロッカーを調べた。

ア　次に、4つ隣を調べた
イ　次に、1つ隣を調べた
ウ　次に、2つ右を調べた

ただし、調べる順番はア、イ、ウの順番とは限らない。このとき、最後に調べる可能性がある場所をA～Gからすべて選びなさい。

A B C D E F G

●最初に真ん中を調べるので、次に4つ隣を調べることはできない。従って、次に調べるのは1つ隣か、2つ右。場合分けして最後の場所を考える。

●1つ隣□□■□■□□ →
①2つ右□□□□■□■ →
　4つ隣■□■□□□□
②4つ隣■□□□□□■ →
　2つ右□□■□□□□
●2つ右□□□□□■□ →
①1つ隣□□□□■□■ →
　4つ隣■□■□□□□
②4つ隣□■□□□□□ →
　1つ隣■□■□□□□

正解　AC

---

3 P、Q、R、S、T、Uの6人が、5階建てのアパートに住んでいる。次のことがわかっているとき、Uは何階に住んでいるか。

Ⅰ　Pの2階上にはTだけが住んでいる
Ⅱ　QとUは同じ階に住んでいる
Ⅲ　3階にはSだけが住んでいて、それより下の階には2人が住んでいる。

○A 1階　○B 2階　○C 3階
○D 4階　○E 5階

●5階建てのマスを書き、位置が確定できる人物から順にメモしていく。
①3階にはS1人だけが入る。
②(3階にSが入ると)Pと2階上のTは、2階と4階に確定。

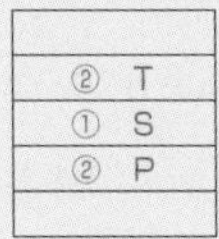

③1階か2階に同じ階の「QU」が入ると、「Sより下の階には2人」ではなくなるので、「QU」は5階に確定できる。

正解　E

解答&解説

4 家から駅まで続く道の片側に、等間隔で商店P、Q、R、S、Tがある。5店の位置について、次のことがわかっている。

Ⅰ　家からの距離はPの方がSより近い
Ⅱ　駅からの距離はQの方がTより遠い
Ⅲ　家から駅に行く途中、Pの次にRがある

このとき、考えられるQの位置は、家から近い順に何番目か。すべて選びなさい。

□A 1番目　□B 2番目　□C 3番目
□D 4番目　□F 5番目

●ⅠとⅢより、家から近い順に、PR→S。PRでワンセット。
Ⅱより、家から近い順に、Q→T。
従って、並び順は、家から近い順に次の6通り。
①Q→T→PR→S
②Q→PR→T→S
③Q→PR→S→T
④PR→Q→T→S
⑤PR→Q→S→T
⑥PR→S→Q→T
Qの場所は、1、3、4番目。
Qの2番目と5番目はありえないことから考えてもよい。

正解　ACD

5 P、Q、R、Sの4人が次の図のような2階建てのアパートに住んでいる。1階、2階とも3部屋ずつで、空き部屋が2部屋ある。また、次のことがわかっている。

201	202	203
101	102	103

Ⅰ　PとQは隣り同士である
Ⅱ　Pの部屋の真上にSの部屋がある
Ⅲ　SとRは隣り同士ではない

次の推論の正誤について、正しいものを1つ選びなさい。

❶　空き部屋がない階がある

○A 正しい　○B 誤り
○C どちらともいえない

❷　Rは角部屋に住んでいる

○A 正しい　○B 誤り
○C どちらともいえない

●PとQは隣り同士なので、PQまたはQPでワンセット。
以下PQとするがQPでも同じ。
Pの真上にSなので、Sは2階。
S/P で、PQは1階。
SとRは隣り同士ではないので、Rが2階なら、S□R、R□S。
Rが1階なら、2階はS□□。

❶Rが1階なら、1階はRPQまたはPQRで、空き部屋のない階があることになる。
Rが2階なら、1階は□PQまたはPQ□、2階はS□Rまたは R□Sで1階も2階も空き部屋があるので、空き部屋がない階はないことになる。

正解　C

❷PQとRが1階なら、PQRかRPQなので、Rは1階の角部屋となる。
SとRが2階なら、S□R、またはR□Sなので、Rは2階の角部屋。いずれにしてもRは角部屋となる。

正解　A

6 A、B、C、D、E、Fの6人が、5mおきに横1列で並んでいる。並び方はAからFの順とは限らない。

Ⅰ　AとBの距離は5mである
Ⅱ　CとDの距離は10mである
Ⅲ　EはDより東にいる

AとCの距離が20mのとき、Dの位置としてありえるのは西から何番目か。すべて選びなさい。

□A 1番目　□B 2番目　□C 3番目
□D 4番目　□E 5番目　□F 6番目

●AとCの距離が20mなので、5mが4つ分で、AC（CA）の間には3人□が入ることになる。
A-5-□-5-□-5-□-5-C
「Ⅱ CとDの距離は10m」なので、CD（DC）の間には1人入ることになる。下の①②③で、Cの2つ隣にDが入り、EがDより東に入ることができる。
・図は、左が西、右が東。
①A-5-B-5-D-5-□-5-C-5-□
②C-5-F-5-D-5-□-5-A-5-□
③□-5-A-5-□-5-D-5-E-5-C
④のパターンは、■の位置にBとEが来てしまうので不適。
④□-5-C-5-□-5-D-5-■-5-A

正解 CD

7 P、Q、R、S、Tの5人の客が、カウンターに向かって一列に並んだ6つの席のいずれかに座っている。その位置について次のことがわかっている。

Ⅰ　Pの隣には空席があった
Ⅱ　Qの隣はRだった
Ⅲ　両端は空席ではなかった

❶ Sの隣がTのとき、Pの席としてありえるのは左から何番目か。すべて選びなさい。

□A 1番目　□B 2番目　□C 3番目
□D 4番目　□E 5番目　□F 6番目

❶P□（空席）、QR、STという3つのセットで考える。
両端は□ではないので、P□が端のとき、必ずPが端になる。
→Pは1、6番目。
P□が3セットの真ん中のとき、P□、□Pのどちらもありえる。QRP□ST、QR□PSTなど。
→Pは3、4番目。

正解 ACDF

❷ Sの隣がTで、Rの隣に空席があったとき、Tの席としてありえるのは左から何番目か。すべて選びなさい。

□A 1番目　□B 2番目　□C 3番目
□D 4番目　□E 5番目　□F 6番目

❷Pの隣もRの隣も□なので、
QR□P
P□RQ
のいずれかに決定する。
この4席を4としてまとめると、ありえる並び方は次の4通り。
①TS4
②ST4
③4TS
④4ST
Tの席は、1、2、5、6番目。

正解 ABEF

解答&解説

8 P、Q、R、S、Tの5団体が、1号車から8号車までの8つの車両に乗車している。これについて、次のことがわかっている。

Ⅰ　3、4号車のみ喫煙車である
Ⅱ　喫煙車を使用している団体は2団体で、2団体はそれぞれ連続して隣り合っている2車両以上に乗車している
Ⅲ　4号車はRが乗車している
Ⅳ　7号車はQが乗車している

なお、空き車両はなく、複数の団体が同じ車両に乗車していることもない。

1号車	2号車	3号車	4号車	5号車	6号車	7号車	8号車

❶　次のうち、必ずしも誤りとはいえない推論はどれか。

ア　Qは6号車に乗車している
イ　Pは5号車に乗車している
ウ　Rは6号車に乗車している

○A アだけ　○B イだけ　○C ウだけ
○D アとイ　○E アとウ　○F イとウ
○G アとイとウ

❷　最も少ない情報で5団体とその乗車車両がわかるためには、ⅠからⅣまでの情報のほかに、次のカ、キ、クのうち、どれが加わればよいか。

カ　Tは8号車に乗車している
キ　Rは2つの車両に乗車している
ク　Sは3つの車両に乗車している

○A カだけ　○B キだけ　○C クだけ
○D カとキ　○E カとク　○F キとク
○G カとキとク

●条件を簡単な図にする。4号車(喫煙車)にRが入るので、隣の5号車もRが確定する。
また、2・3号車(喫煙車)は同じ団体○が使用する。

1	2	3	4	5	6	7	8
		喫煙	喫煙				
	○	○	R	R		Q	

❶アイウを個別に検討する。
ア　7号車のQが6号車にも乗車していると、残りは「1」、「2・3」、「8」。これらには、それぞれP、S、Tが乗車していると考えれば成り立つので必ずしも誤りとはいえない。
イ　5号車はRが乗車しているので誤り。
ウ　Rが連続した「4・5・6」だと、残りは「1」、「2・3」、「8」。これらには、それぞれP、S、Tが乗車していると考えれば成り立つので必ずしも誤りとはいえない。

正解　E

❷一番多い数の車両が確定する情報クから見ていく。
ク「Sは3つの車両に乗車している」のならば、Sの入る車両は連続した「1・2・3」以外にない。

1	2	3	4	5	6	7	8
		喫煙	喫煙				
S	S	S	R	R		Q	

ここに、
カ「Tは8号車に乗車」が加われば、残ったPが6号車に確定できる。

1	2	3	4	5	6	7	8
		喫煙	喫煙				
S	S	S	R	R	P	Q	T

キ「Rは2車両」の情報は不要。

正解　E

解答&解説

9 バサレア駅から北東に進むとサンモゲイル大聖堂がある。サンモゲイル大聖堂の尖塔に上がって、そこから北東に向かって立つと、真正面にビクトール教会、右手にアレクサンドロ美術館が見える。バサレア駅とサンモゲイル大聖堂の直線距離と、サンモゲイル大聖堂とアレクサンドロ美術館の直線距離は等しい。

❶ アレクサンドロ美術館は、バサレア駅から見てどの方角にあたるか。

○A 東	○B 西
○C 南	○D 北
○E 南東	○F 南西
○G 北東	○H 北西

●ざっと読んだだけで、考えるのが嫌になりそうな問題だが、略図を書けば簡単に解ける。

❶サンモゲイル大聖堂(●)を中心に東西南北の十字をかき、条件の通りにビクトール教会(ビ)、アレクサンドロ美術館(ア)、バサレア駅(駅)をメモする。バサレア駅とアレクサンドロ美術館はサンモゲイル大聖堂から等距離にする。図の通り、駅から見てアレクサンドロ美術館は東にある。

正解 A

❷ サンモゲイル大聖堂から真西に300m行くと南北に走るアンダル川に突き当たる。その突き当たりを右に曲がって、川沿いに300m行ったところにセントファリシア大聖堂がある。このセントファリシア大聖堂とビクトール教会は、サンモゲイル大聖堂から見て等距離にある。ビクトール教会から見て、セントファリシア大聖堂はどの方角にあたるか。

○A 東	○B 西
○C 南	○D 北
○E 南東	○F 南西
○G 北東	○H 北西

❷ビクトール教会(ビ)とセントファリシア大聖堂(セ)がサンモゲイル大聖堂(●)から等距離になればよい。図の通り、ビクトール教会から見てセントファリシア大聖堂は西にある。

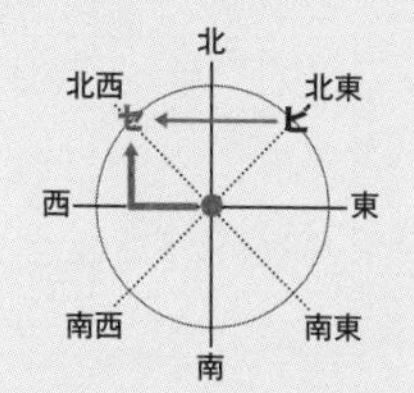

正解 B

05 推論【対戦】

◉ 勝負、面識の有無（会ったことがあるか）、通行に関する推論問題。

例題 PとQが、それぞれ1、2、3、4、5と書かれた5枚のカードを持っている。お互いに1枚ずつカードを出し合い、カードがなくなるまで5回の勝負をする。数字が大きい方が勝ち、同じ数字は引き分けとする。その結果について、次のことがわかっている。

Ⅰ　Pは4勝1敗だった

Ⅱ　Qは2回目に勝った

Ⅲ　Pは1回目に4を出した

次の推論の正誤について、正しいものを1つ選びなさい。

・Qは1回目に「3」を出した

○A 正しい　○B 誤り　○C どちらともいえない

いちばん速く解ける解法

1を出したときは負けか引き分けだが、引き分けはないので、Pの1敗（Qの1勝の2回目）は、Pが1を出したときだと考えられる。また、5を出したときは勝ちか引き分けだが、引き分けはないので、Qの1勝（Pの1敗）は、Qが5を出したときだと考えられる。Pが残り4回をすべて勝つためには残ったカードすべて（2、3、4、5）で勝つ必要があるので、カードの組み合わせは次のパターンとなる。

	Pのカード	Qのカード
1回目	4	3
2回目	1	5
3,4,5回目	2	1
	3	2
	5	4

正解　A

●勝敗…PがQに勝った場合は、QはPに負けている。

●面識の有無…PがQと面識がある場合は、QもPと面識がある。

1 P、Q、R、Sの4人について、互いが顔見知りかどうかを確認したところ、次のことがわかった。

Ⅰ　PはR以外と面識がある
Ⅱ　QとSは面識がある

次のうち、必ず正しいといえる推論はどれか。A～Fの中で1つ選びなさい。

ア　Sが全員と面識があれば、RはSとだけ面識がある
イ　QがRと面識がなければ、全員と面識があるのはSだけである
ウ　Rが2人と面識があれば、全員と面識がある人は2人である

○A アだけ　○B イだけ　○C ウだけ
○D アとイ　○E アとウ　○F イとウ

解答&解説

●条件Ⅰ、Ⅱを図にすると、次の通り。黒い実線が面識がある。赤線×は面識がない。点線①、②が不明。

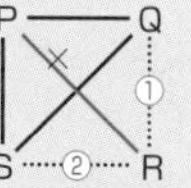

ア　Sが全員と面識があれば、②が実線になるが、①は不明なので、RはSとだけ面識がある(Qとない)のかは不明。
イ　QがRと面識がなければ、①が赤線×になるが、②は不明のままなので、Sが全員と面識があるのは不明。
ウ　Rが2人と面識があれば、①②が実線になる。このとき全員と面識がある人はQとSの2人となって正しい。

正解　C

2 L、M、N、Oの4チームがサッカーで総当たり戦をした。勝敗について、次のことがわかっている。

Ⅰ　LはNとOに勝って2勝1敗だった
Ⅱ　NはMに勝って1勝2敗だった
Ⅲ　引き分けはなかった

次のうち、必ず正しいといえる推論をすべて選びなさい。

□A OはNに勝った
□B Mは2勝1敗だった
□C 1勝2敗のチームは2チームあった

●条件を対戦表に書き込むと次の通り。

＼	L	M	N	O
L	＼	×	○	○
M	○	＼	×	
N	×	○	＼	×
O	×		○	＼

A　OはNに勝った。
→正しい
B　M対Oの勝敗が不明。
→どちらともいえない。
C　M対Oの勝敗が、Mの勝ちだとすると、1勝2敗のチームはNとO。Oの勝ちだとすると、1勝2敗のチームはMとN。
→正しい

正解　AC

3 W、X、Y、Zの4人で将棋のトーナメント戦を行った。勝敗について、次のことがわかった。

甲　XはYに勝った
乙　WはXに勝った

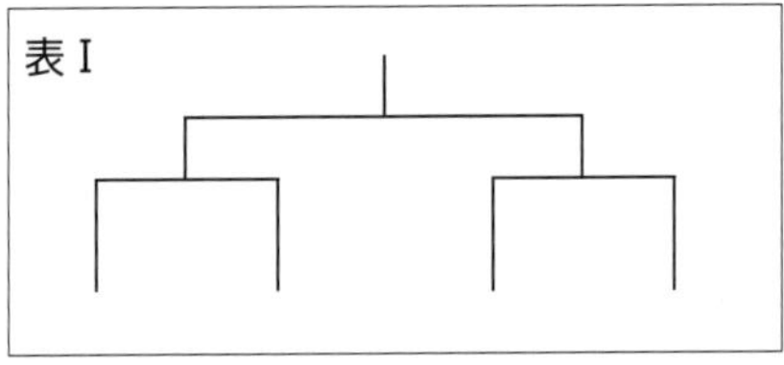

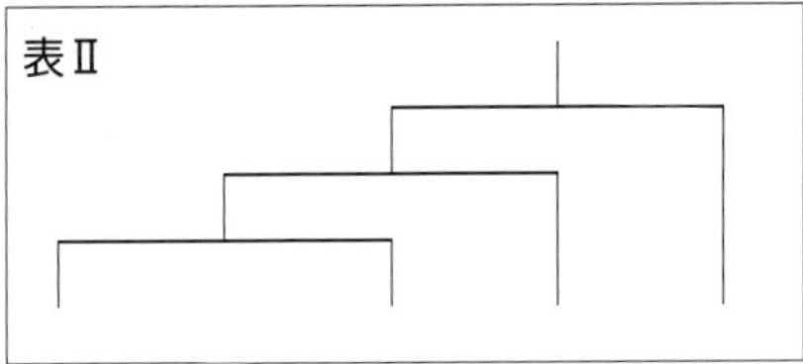

ⅠまたはⅡのトーナメント表で戦ったとき、次のアイウのうち、必ず正しいといえる推論はどれか。A～Hの中で1つ選びなさい。

ア　優勝したのはWである
イ　Zは一度しか戦っていない
ウ　トーナメント表Ⅱのとき、Wは2回戦以降の出場である

○A アだけ　○B イだけ　○C ウだけ
○D アとイ　○E アとウ　○F イとウ
○G アとイとウ　○H 正しい推論はない

●甲と乙より、XはYに勝ってWに負けるので、XとYはWと戦う前に対戦するはずである。これは、表Ⅰでは①の1通り、表Ⅱでは②～⑤の4通りが考えられる。

表Ⅰの場合

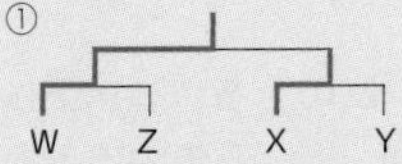

表Ⅱの場合

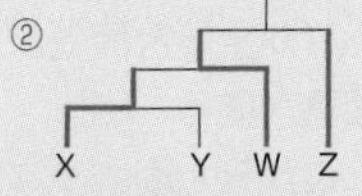

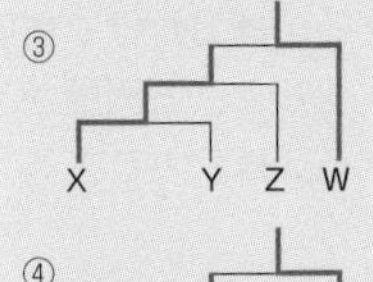

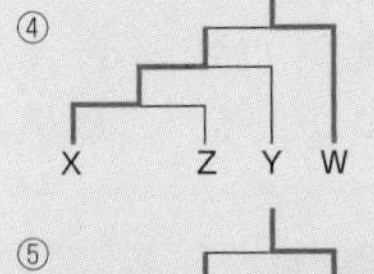

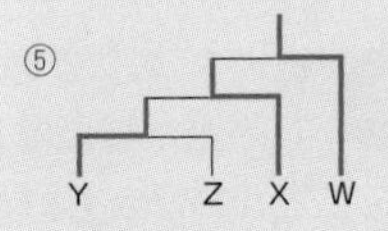

ア　②では、WではなくZが優勝する可能性があるので、必ず正しいとはいえない。
イ　Zはどの場合も1回しか戦わない。必ず正しい。
ウ　②～⑤の通り、Wは必ず2回戦以降の出場になっている。必ず正しい。

正解　F

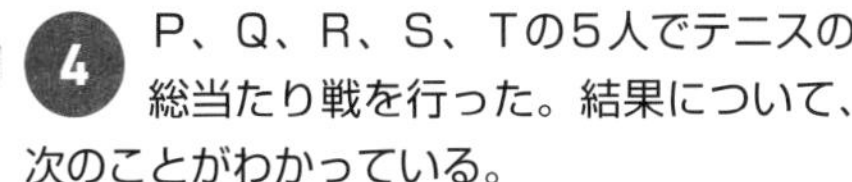

4 P、Q、R、S、Tの5人でテニスの総当たり戦を行った。結果について、次のことがわかっている。

Ⅰ　RはP、S、Tに勝った
Ⅱ　SはPとTに勝った
Ⅲ　全勝と全敗の人はいなかった
Ⅳ　引き分けはなかった

次のうち、必ず正しいといえる推論をすべて選びなさい。

□A　Sが3勝1敗なら、Qは2勝2敗
□B　Tが2勝2敗なら、Pは1勝3敗
□C　Qが1勝3敗なら、Tは2勝2敗

●対戦表に書き込むと次の通り。全勝がいないので、RはQに負けている。

＼	P	Q	R	S	T
P	＼	①	×	×	②
Q	③	＼	○	④	⑤
R	○	×	＼	○	○
S	○	⑥	×	＼	○
T	⑦	⑧	×	×	＼

A　⑥が○、④が×になるが、Qが2勝2敗（③○、⑤×、または、③×、⑤○）は、必ず正しいとはいえない。
B　⑦⑧が○、②⑤が×になる。全敗がいないので、①は○で、Pの1勝3敗は必ず正しい。
C　③④⑤が×、①⑥⑧が○になるが、Tが2勝2敗（⑦○）は必ず正しいとはいえない。

正解　B

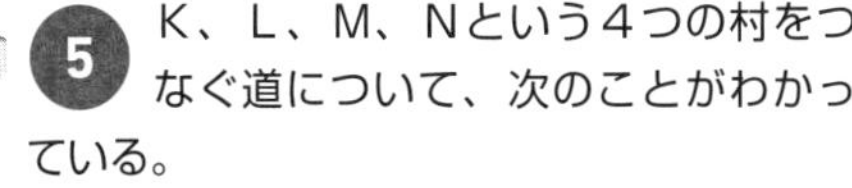

5 K、L、M、Nという4つの村をつなぐ道について、次のことがわかっている。

Ⅰ　KとMを直接つなぐ道がある
Ⅱ　KとNを直接つなぐ道はない
Ⅲ　LとMを直接つなぐ道はない
Ⅳ　MとNを直接つなぐ道がある

次のうち、少なくともどの情報が加われば、4つの村を結ぶ道の様子がすべてわかるか。必要な情報をすべて選びなさい。

□A　KからNを経由してMへ行くことはできない
□B　LとNを直接つなぐ道はない
□C　1つの村からは、他の村へ直接つながる道が最低1本はある。

●面識の問題❶と同様。実線○が道がある。赤線×は道がない。点線？は道があるかないか不明。

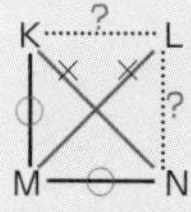

A　KからNを経由してMへ行くことはできない。→KLかLN（または両方）が×の必要がある。
B　LとNを直接つなぐ道はない→LNを×に確定できる
C　1つの村からは、他の村へ直接つながる道が最低1本はある→LKまたはLNの道があることが確定できる。
BとCの情報があれば、次のように確定できる。

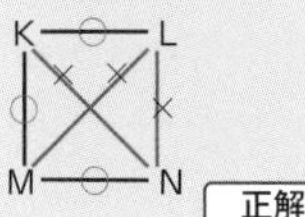

正解　BC

6 Pは白いカードを5枚、Qは赤いカードを5枚持っている。互いに1枚以上の任意の枚数を相手に渡したうえで、次のように点数を集計するとき、以下の問いに答えなさい。

Ⅰ　Pが持っている赤いカードは2点、白いカードは1点とする
Ⅱ　Qが持っている赤いカードは1点、白いカードは2点とする

❶　Pが3枚のカードを渡し、Qが3枚以上のカードを渡したとき、Pの点数としてありえるものをすべて選びなさい。

□A 5点　□B 6点
□C 7点　□D 8点
□E 9点　□F 10点
□G 11点　□H 12点
□I 13点

❷　どちらも相手に1枚以上渡した結果、Pの点数が11点になった。Qの点数としてありえるものをすべて選びなさい。

□A 5点　□B 6点
□C 7点　□D 8点
□E 9点　□F 10点
□G 11点　□H 12点
□I 13点

解答&解説

❶Pの点数についての質問なので、Pについて考える。
①Pが白3枚を渡すので、残りは白2枚で2点
②Qから赤3枚以上を渡される
→赤カード3枚のとき＝6点
　赤カード4枚のとき＝8点
　赤カード5枚のとき＝10点
①+②＝8、10、12点

正解　DFH

❷Pが11点になるパターンから、Qの点数を考える。
P…白3枚3点+赤4枚8点
Q…白2枚4点+赤1枚1点
P…白1枚1点+赤5枚10点
Q…白4枚8点+赤0枚0点
Qは、5点か8点。

別解 最初は、2人ともカードを5枚（5点）ずつ持っている。渡しあった結果、Pの赤カードをx枚、Qの白カードをy枚とする。交換した後のPの点数は11点。

$2x+(5-y)=11$
$2x-y=6$
この解は$1 \leqq x \leqq 5$、$1 \leqq y \leqq 5$を満たす整数で、
$2x-y=6$（←偶数）なので、yは必ず偶数（2か4）になる。
$x=4$、$y=2$
$x=5$、$y=4$
従って、
・$x=4$、$y=2$の場合
Pは赤4枚、Qは白2枚で、
Qは赤1+白2で5点。
・$x=5$、$y=4$の場合
Pは赤5枚、Qは白4枚で、
Qは赤0+白4で8点。

正解　AD

7 P、Q、Rの3人がじゃんけんをした。1回目がアイコだったため、2回目を行ったところ、Pだけが勝った。なお、アイコとは、3人が同じものを出したか、それぞれグー、チョキ、パーを出した場合をいう。

❶ Pは1回目にグーを、Qは2回目にグーを出した。この場合、1回目と2回目に同じものを出した可能性のある人をすべて選びなさい。

□A P
□B Q
□C R
□D 2回とも同じものを出した人はいない

❶1回目は、アイコでPがグーなので、
①3人ともグー
②Pはグー、ほかの2人はチョキとパー
の2通りとなる。
2回目は、QがグーでPの1人勝ちなので、Pはパー、Rはグーとなる。1回目が①のとき、2回とも同じ人は、QとR。
1回目が②のとき、2回とも同じものを出した人はいない。

正解 BC

❷ Qは1回目にチョキを、Rは2回目にパーを出した。この場合、1回目と2回目に同じものを出した可能性のある人をすべて選びなさい。

□A P
□B Q
□C R
□D 2回とも同じものを出した人はいない

❷1回目は、アイコでQがチョキなので、
①3人ともチョキ
②Qはチョキ、ほかの2人はグーとパー
の2通りとなる。
2回目は、RがパーでPの1人勝ちなので、Pはチョキ、Qはパー。
1回目が①のとき、2回とも同じ人はP。
1回目が②でRがパーのとき、2回とも同じ人はR。

正解 AC

06 推論【正誤】

◉ 一方が正しいときに、もう一方が正しいかどうかを判定する問題。

ある気体について、次のような3通りの発言があった。

P　この気体は酸素を含んでいる
Q　この気体は水素10%を含んでいる
R　この気体は酸素か水素の少なくともどちらか一方を含んでいる

以上の発言は、必ずしもすべてが信頼できるとは限らない。そこで、さまざまな場合を想定して推論がなされた。推論ア、イ、ウについて正しいものはどれか。AからHの中で1つ選びなさい。

ア　Pが正しければQも必ず正しい
イ　Qが正しければRも必ず正しい
ウ　Rが正しければPも必ず正しい

○A アだけ　○B イだけ　○C ウだけ
○D アとイ　○E アとウ　○F イとウ
○G アとイとウ　○H 正しい推論はない

いちばん速く解ける解法

ア　P→Q…× 酸素を含んでいても、水素10%を含んでいるとは限らない。
イ　Q→R…○ 水素10%を含んでいれば、酸素か水素のどちらかを含んでいることになる。
ウ　R→P…× 酸素か水素のどちらかを含んでいても、それが酸素とは限らない。

正解　B

●右のように発言者の記号をメモして矢印で正しい論理の方向を書き入れる。それを選択肢と比べていけばすぐに解答できる。

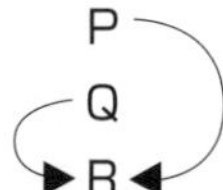

1 PとQの2人について、次のような3通りの発言があった。

甲　PとQは同期でN大学を卒業した
乙　PとQは同期で大学を卒業した
丙　PとQは大学を卒業した

次のうち正しいものを1つ選びなさい。

○A 甲が正しければ丙も必ず正しい
○B 乙が正しければ甲も必ず正しい
○C 丙が正しければ乙も必ず正しい

解答&解説

●A　PとQが同期でN大学を卒業したのなら、PとQは大学を卒業した←必ず正しい。
B　PとQが同期で大学を卒業したのなら、PとQは同期でN大学を卒業した←N大学かどうかは不明。
C　PとQが大学を卒業したのなら、PとQは同期で大学を卒業した←PとQが同期かどうかは不明。

正解　A

2 山頂へ向かう道について、次のような3通りの発言があった。

甲　右の道は山頂へ続いている
乙　左の道は山頂へ続く近道である
丙　右か左の道の少なくとも一方は山頂へ続いている

次のうち正しいものを1つ選びなさい。

○A 甲が正しければ乙も必ず正しい
○B 乙が正しければ丙も必ず正しい
○C 丙が正しければ甲も必ず正しい

●A　甲と乙に論理的な関係はない。
B　左の道が山頂に続いていれば、右か左の道の少なくとも一方は山頂へ続いている←必ず正しい。
C　右か左の道の少なくとも一方は山頂へ続いているのなら、右の道は山頂へ続いている←左の道だけが山頂へ続いていて、右の道は続いていない場合があるので必ず正しいとはいえない。

正解　B

3 6階建てのビルにあるトイレについて、次のような3通りの発言があった。ただし、このビルに地下階はないものとする。

P　偶数階にはすべてトイレがある
Q　1階と3階以外にトイレがある
R　2階と4階にトイレがある

次のうち正しいものを1つ選びなさい。

○A Pが正しければQも必ず正しい
○B Qが正しければPも必ず正しい
○C Rが正しければQも必ず正しい

●A　偶数階にすべてトイレがあれば、1階と3階以外にはトイレがある←5階にトイレがない場合があるので必ず正しいとはいえない。
B　1階と3階以外にトイレがあれば、2階、4階、6階という偶数階にはトイレがある←必ず正しい。
C　2階と4階にトイレがあれば、1階と3階以外にトイレがある←5、6階にトイレがない場合があるので必ず正しいとはいえない。

正解　B

解答&解説

4 XとYがジャンケンを1回した。その結果について、次のような3通りの発言があった。

P　XがYに勝った
Q　Xがグーを出し、Yがチョキを出した
R　XもYもパーを出していない

次のうち正しいものを1つ選びなさい。

○A　Pが正しければQも必ず正しい
○B　Qが正しければRも必ず正しい
○C　Rが正しければPも必ず正しい

●A　XがYに勝つとき、Xがグー、Yがチョキ以外のパターンもあるので、必ず正しいとはいえない。
B　Xがグー、Yがチョキなら、XもYもパーを出していないので、必ず正しい。
C　XもYもパーを出していなくても、XがYに勝つ以外の結果がありえるので、必ず正しいとはいえない。

正解　B

5 2桁の整数Xについて、次のような3通りの発言があった。

P　Xは3の倍数
Q　Xは6で割り切れる
R　Xは2で割ると1余る

次のうち正しいものを1つ選びなさい。

○A　Pが正しければRも必ず正しい
○B　Qが正しければPも必ず正しい
○C　Rが正しければQも必ず正しい

●A　3の倍数には12のように2で割り切れるものもある。15のように1余るものもある。必ず正しいとはいえない。
B　6で割り切れるとき、Xは6の倍数、すなわち2の倍数かつ3の倍数なので、必ず正しい。
C　2で割ると1余るとき、Xは2の倍数にならず、従って6の倍数にならないので、正しくない。

正解　B

6 5個の製品のすべてに、1点、または2点の点数をつけた。これについて次のような3通りの情報があった。

P　1点がついた製品が1個以上あった
Q　2点がついた製品が奇数個あった
R　5個の製品の点数の合計は偶数だった

次のうち正しいものを1つ選びなさい。

○A　Pが正しければQも必ず正しい
○B　Qが正しければRも必ず正しい
○C　Rが正しければPも必ず正しい

●A　1点の製品が1個以上でも、偶数個か奇数個かはわからないので、必ず正しいとはいえない。
B　2点の製品が奇数個（1、3、5個）なら1点の製品は偶数個（4、2、0個）になる。このとき、合計は必ず偶数になる。
(21111）で合計6点
(22211）で合計8点
(22222）で合計10点
C　上の通り、5個の製品の点数の合計が偶数でも、1点の製品の数が0個の場合があるので、必ず正しいとはいえない。

正解　B

7 Xは4人兄弟の末っ子で、女性である。この4人兄弟について、次のような3通りの発言があった。

P　Xは三女である
Q　Xには兄が2人いる
R　次男は上から3番目の年長者である

P、Q、Rの情報は、必ずしもすべてが信頼できるとはいえない。そこで、さまざまな場合を想定して推論がなされた。

❶　次の推論ア、イ、ウのうち、正しいものはどれか。

ア　Pが正しければQも必ず正しい
イ　Qが正しければRも必ず正しい
ウ　Rが正しければPも必ず正しい

○A アだけ　○B イだけ　○C ウだけ
○D アとイ　○E アとウ　○F イとウ
○G アとイとウ　○H 正しい推論はない

❷　次の推論カ、キ、クのうち、正しいものはどれか。

カ　Pが正しければRも必ず正しい
キ　Qが正しければPも必ず正しい
ク　Rが正しければQも必ず正しい

○A カだけ　○B キだけ　○C クだけ
○D カとキ　○E カとク　○F キとク
○G カとキとク　○H 正しい推論はない

解答&解説

1つでも例外があれば、「必ず正しい」とはいえない。

❶
ア　Xが三女であるなら、Xには兄が2人いる。
Xが三女なら、男女女X、女男女Xなど、Xの兄は1人になるので誤り。
イ　Xに兄が2人いるなら、次男は上から3番目の年長者である。
男男女X(次男は上から2番目)などの場合があるので、必ず正しいとはいえない。
ウ　次男が上から3番目の年長者であるなら、Xは三女である。
女男男X(Xは次女)などの場合があるので、必ず正しいとはいえない。

正解　H

❷
カ　Xが三女であるなら、次男は上から3番目の年長者である。
男女女X(男性は長男のみ)などの場合があるので、必ず正しいとはいえない。
キ　Xに兄が2人いるなら、Xは三女である。
末っ子のXに兄が2人いる(男男女X)なら、姉は1人でXは三女ではなく次女となる。
ク　次男が上から3番目の年長者であるなら、Xには兄が2人いる。
次男が上から3番目の年長者のケースは、
・男女男X
・女男男X
のどちらかに限られる。どちらの場合でも、Xには兄が2人いるので必ず正しい。

正解　C

07 推論【平均】

◉ 平均という言葉が出たら、平均×個数＝合計が使えないかを考える。

例題 P、Q、R、Sの４人が50点満点のテストを受けた。この結果、QとRの得点は同じで、PとQの平均はRとSの平均より５点高かった。次の推論の正誤について、正しいものをAからＩの中で１つ選びなさい。

ア　PとSの点差は10点である
イ　RとSの得点は等しい

○A アもイも正しい
○B アは正しいがイはどちらともいえない
○C アは正しいがイは誤り
○D アはどちらともいえないがイは正しい
○E アもイもどちらともいえない
○F アはどちらともいえないがイは誤り
○G アは誤りだがイは正しい
○H アは誤りだがイはどちらともいえない
○I アもイも誤り

いちばん速く解ける解法

QとRの得点は同じ ➡ Q＝R
PとQの平均はRとSの平均より５点多い
➡ (P＋Q)÷2＝(R＋S)÷2＋5
この両辺に2をかけて、P＋Q＝R＋S＋10…①
ここで、Q＝Rなので、P＝S＋10…②
②より、アは正しい。①②は、Q＝R＝SでもQ＝R≠Sでも成り立つので、イはどちらともいえない。

正解　B

- 平均×個数＝合計（4人の平均40点→合計は40×4＝160点）
- 合計÷個数＝平均（4人の合計160点→平均は160÷4＝40点）
- 合計÷平均＝個数（平均40点で計160点→人数は160÷40＝4人）

解答&解説

1 P、Q、R、Sの4人が100点満点のテストを受けた。その結果、次のことがわかっている。

Ⅰ　4人の平均点は80点だった
Ⅱ　PとQの平均点は85点だった
Ⅲ　RはSより10点低い点数だった

必ず正しいといえる推論をすべて選びなさい。

□A Rの得点は70点である
□B RとSの平均点は75点である
□C Sは3番目に高い点数である

●4人合計は80×4＝320
Ⅰ　P+Q+R+S＝320点
Ⅱ　P+Q＝85×2＝170点
Ⅲ　S＝R+10点
R+S＝320－170＝150点
S＝R+10点なので、
R+R+10＝150点
R＝70点
S＝70+10＝80点
A　R＝70点で、正しい。
B　(70+80)÷2＝75点で、正しい。
C　Pが100点、Qが70点の場合、Sは2番目になるので、正しいとはいえない。

正解　AB

2 ある製品の販売価格を調べたところ、P町にある9店舗の平均価格は1028円、Q町にある15店舗の平均価格は948円だった。P町とQ町を合わせた24店舗の平均価格は何円か。

○A 968
○B 978
○C 988

●P町の9店舗の価格の合計は、
1028×9＝9252円
Q町の15店舗の価格の合計は、
948×15＝14220円
P町とQ町の合計24店舗の価格の合計は、
9252＋14220＝23472円
よって24店舗の平均は、
23472÷24＝978円

正解　B

3 PとQがバスケットボールのフリースローを10投ずつ、3回戦行って成功回数を競った結果、下表のようになった。

	1回戦	2回戦	3回戦
P	6回成功	不明	9回成功
Q	4回成功	2回成功	不明

必ず正しいといえる推論をすべて選びなさい。

□A Pは3回の平均でQに負けない。
□B Qが3回戦で1回でも失敗すれば、3回の平均でPに勝てない。

●Pが成功したフリースローの回数は不明を除いて15回、Qは6回。
A　1回戦につき10投なので、Pが2回戦で0回、Qが3回戦で10回成功するとPは負ける。
→必ず正しいとはいえない
B　Qが3回戦で1回失敗すると、最高でも6＋9＝15回の成功で引き分け。Pに勝てない。
→必ず正しい
平均＝合計÷個数(3回)なので、わざわざ平均を求めなくても成功の合計回数がわかれば解ける。

正解　B

解答&解説

4 P、Q、Rの3か所のゴルフ練習場の平日のボール使用料（1球あたり）の平均は20円で、P、Qの2か所の平日のボール使用料の平均は19円である。P、Q、Rの3か所とも平日より日曜日のほうがボール使用料が高く、3か所の日曜日のボール使用料の平均は24円である。
必ず正しいといえる推論をすべて選びなさい。

□A 平日のRのボール使用料は21円である。
□B 3か所のうち、平日より日曜日のボール使用料が12円以上高い練習場はない。
□C QとRの2か所の平日のボール使用料の平均が23円であったとすると、Pの平日のボール使用料は14円である。

●式にして考える。
A 平日合計→20×3=60円
平日PQ合計→19×2=38円
平日のR→60－38=22円
B 平日20円より日曜日24円のほうが平均で4円高いので、3か所合計では3×4＝12円高い。1か所で12円以上高いところがあると、上がり幅が0円以下の練習場が必要だが、「3か所とも平日より日曜日のほうがボール使用料が高く」とあるので、12円以上高い練習場はない。
C Q+R=23×2=46円
平日の合計は60円なので、
P=60－46=14円

正解 BC

5 ある会社で若手の社員を対象に貯蓄額の調査をしたところ、表のような結果になった。ただし、男性の人数は本社より支社の方が少なく、女性の人数は本社より支社の方が多いものとする。

〈平均貯蓄額〉 （万円）

	全社	本社	支社
男性	90	□	80
女性	80	□	70

必ず正しいといえる推論をすべて選びなさい。

□A 支社の男女を合わせた平均貯蓄額は75万円である。
□B 本社の男性の平均貯蓄額は100万円よりも少ない。
□C 本社の男女を合わせた平均貯蓄額は90万円と100万円の間にある。

●男性と女性の人数が同数とは限らないことに注意。
A 70万円と80万円の間であることは間違いないが、男女それぞれの人数がわからないので、どちらともいえない。
B 本社と支社の男性の人数が同数なら、本社の男性平均xのとき（x＋80）÷2＝90で、x＝100万円となるが、男性は本社より支社の方が少ないので、本社男性の平均は100万円より少なくなる。
C 男性の本社平均は100万円より少ない。女性の人数は本社より支社の方が多いので、本社平均は90万円より多い。これによって「本社の男女を合わせた平均貯蓄額は90万円と100万円の間にある」とすると間違い。男女それぞれの人数がわからないし、女性の本社平均が100万円以上の場合も考えられるので、どちらともいえない。

正解 B

6 1問1点、5問5点満点で、国語、数学、英語の3科目のテストを行ったところ、次の表のような結果になった。

得点 科目(人)	0点	1点	2点	3点	4点	5点	平均(点)
国語(20)	0人	1人	3人	10人	1人	5人	3.3
数学(15)	2人	0人	4人	6人	2人	1人	2.6
英語(20)	5人	8人	3人	1人	2人	1人	1.5

❶ 国語と数学の平均点は何点か(必要なときは、最後に小数点以下第3位を四捨五入すること)。

○A 2.85
○B 2.90
○C 2.95
○D 3.00
○E 3.10
○F AからEのいずれでもない

❷ 英語の平均点を2点以上にするために、英語を受けた20人に同じ点数を上乗せしたが、最高点が6点になってしまった。そこで、最高点が5点になるよう、上乗せした点数にさらに数値xをかけて補正を行った。補正後の平均点はいくつになったか(必要なときは、最後に小数点以下第3位を四捨五入すること)。

○A 2.00
○B 2.05
○C 2.08
○D 2.10
○E 2.50
○F AからEのいずれでもない

解答&解説

●単純に平均せず、それぞれの個数の差を加味して加重平均することがポイント。

❶(3.3+2.6)÷2=2.95とするのは、国語と数学の人数が違うので間違い。国語と数学の全員の総得点を国語と数学をあわせた合計人数35人でわる。

(3.3×20+2.6×15)÷35
=(66+39)÷35=3

別解 国語の平均点が数学より0.7点高いので、国語と数学を合わせた人数(35)に対する国語の人数(20)の比率20/35=4/7を0.7点にかけて、数学の平均点2.6に上乗せすると、平均が出る。

$0.7\times\frac{4}{7}+2.6=0.4+2.6=3$

正解 D

❷20人に同じ点数を上乗せして、最高点が5点から6点になったということは、1点ずつ上乗せしたためと考えられる。その時の平均点は、

1.5+1=2.5点

そこから最高点6点を5点にするために、全員の点数に数値xをかけたとあるので、数値xとは、6点を5点にする

$\frac{5}{6}$に決定できる。

従って補正後の平均点は、

$2.5\times\frac{5}{6}=2.5\times5\div6$
$=2.08333\cdots$

正解 C

08 推論【比率】

◉ 売上の伸び率、食塩の濃度、人口密度など、比率に関する問題。

例題 ❶〜❸の推論について、正しいものをAからCの中で1つ選びなさい。

❶ 製品Pの売上が前年に比べて毎年10%ずつ増加しているとき、この3年間で当初よりちょうど30%増加したといえる。

○A 正しい ○B どちらともいえない ○C 誤り

❷ 甲、乙という2つの食塩水の濃度は、甲20%、乙30%である。甲の食塩水の重さが乙の2倍であるとき、甲に含まれる食塩の量は乙に含まれる食塩の量より多いといえる。

○A 正しい ○B どちらともいえない ○C 誤り

❸ 甲、乙という2つの町の人口密度（面積1㎢あたりの人口）は、甲が360、乙が190である。甲の面積が乙の面積の半分の大きさであるとき、乙の人口は甲の人口より多いといえる。

○A 正しい ○B どちらともいえない ○C 誤り

いちばん速く解ける解法

❶ 当初を100とおくと、1年後は100×1.1＝110、2年後は、110×1.1＝121、3年後は121×1.1＝133.1で、3年間では最初より33.1%増加したことになる。 正解 C

❷ 甲の重さを200、乙の重さを100とおくと、食塩の量は、甲が200×20%＝40、乙が100×30%＝30となり、甲の食塩の方が多い。 正解 A

❸ 甲の面積を1、乙の面積を2とおくと、それぞれの人口は、甲が1×360＝360、乙が2×190＝380となり、乙の人口の方が多い。 正解 A

重要

- 100が1年に10%増加すると、2年で110×1.1＝121になる
- 食塩水の重さ×濃度＝食塩の重さ
- 面積×人口密度＝人口

解答&解説

1 あるチェーン店の1店あたりの年間平均売上額は、この3年間前年に比べて毎年20%ずつ増加している。店舗数はこの3年間変わっていない。次の推論について、正しいものをAからCの中で1つ選びなさい。

❶ このチェーン店の全店舗の年間の総売上額は、3年前に比べて60%増加した。
○A 正しい
○B どちらともいえない
○C 誤り

❷ このチェーン店の全店舗の年間の総売上額は、この3年間、前年に比べて毎年20%ずつ増加している。
○A 正しい
○B どちらともいえない
○C 誤り

●「毎年20%増加」は、1.2をかければ求められる。
3年前（当初）…100
2年前…100×1.2＝120
1年前…120×1.2＝144
現　在…144×1.2＝172.8

❶3年前に100だった売上が、現在は172.8になったので、72.8%増加している。60%増加は誤り。

正解　C

❷平均売上額の増加率と総売上額の増加率は一致する。
増加率20%のとき、
全10店舗なら、
総売上額100→翌年120
売上額は20%増加するので、正しい。

正解　A

2 下表は、甲、乙、丙3つの容器に入れた食塩水の濃度を示したものである。甲と乙は同じ重さであり、丙は甲の2倍の重さである。次の推論について、正しいものをAからCの中で1つ選びなさい。

	濃度
甲	10%
乙	30%
丙	20%

❶ 甲と乙の食塩水を混ぜると、丙と同じ濃度になる。
○A 正しい
○B どちらともいえない
○C 誤り

❷ 甲の食塩水から水を蒸発させて全体で半分の重さにすると、丙と同じ濃度になる。
○A 正しい
○B どちらともいえない
○C 誤り

●甲と乙の重さを100g、丙の重さを200gとおく。
食塩の重さ＝食塩水の重さ×濃度

	食塩水	濃度	食塩
甲	100	10%	10
乙	100	30%	30
丙	200	20%	40

❶同じ重さの食塩水ならば、混ぜたときの濃度は元の濃度の平均値になる。
(甲10＋乙30)÷2＝20%
丙20%と同じ濃度になる。

正解　A

❷食塩は同じ重さのまま、食塩水が半分の重さになると、濃度は2倍になる。甲は重さが50で食塩10なので、
濃度＝10÷50＝0.2
丙20%と同じ濃度になる。

正解　A

3 下表は、P市、Q市、R市という3つの市の人口密度(面積1㎢あたりの人口)を示したものである。P市とR市の面積は等しく、いずれもQ市の半分の大きさである。

	人口密度
P	340
Q	160
R	300

次の推論について、正しいものをAからCの中で1つ選びなさい。

❶ P市の人口はQ市の人口よりも多い。
○A 正しい
○B どちらともいえない
○C 誤り

❷ Q市とR市を合わせた地域の人口密度は200である。
○A 正しい
○B どちらともいえない
○C 誤り

❸ P市とR市を合わせた地域の人口密度はQ市の人口密度と等しい。
○A 正しい
○B どちらともいえない
○C 誤り

❹ P市の人口とR市の人口の和はQ市の人口の2倍である。
○A 正しい
○B どちらともいえない
○C 誤り

●P市とR市の面積を1、Q市の面積を2とおく。
人口=人口密度×面積

	人口密度	面積	人口
P	340	1	340人
Q	160	2	320人
R	300	1	300人

❶上表の通り、P市の人口はQ市の人口よりも多い。

正解　A

❷人口密度=人口÷面積。
Q市とR市を合わせた地域の人口密度は、
(320人+300人)÷(2+1)
=620÷3=206.666…

正解　C

❸人口密度=人口÷面積。
P市とR市を合わせた地域の人口密度は、
(340人+300人)÷(1+1)
=640÷2=320
Q市の人口密度は160なので、誤り。

正解　C

❹P市の人口とR市の人口の和と、Q市の人口の2倍を比べると、上表より、
P+R=340+300=640
Q×2=320×2=640
となり、正しい。

正解　A

4 物質Kを溶かした赤い水溶液の濃度を次の2つの式で調べた。

Ⅰ　濃度＝物質の質量÷水の質量×100
Ⅱ　濃度＝物質の質量÷(水の質量＋物質の質量)×100

❶　下表は、Ⅰで調べたときの赤い水溶液P、Q、Rの濃度を示したものである。P、Q、Rの質量は等しいとは限らない。次の推論の正誤について、正しいものを1つ選びなさい。

	濃度
P	10%
Q	20%
R	30%

○A　Ⅰで調べるとき、PとRを混ぜるとQと同じ濃度になる。
○B　Ⅱで調べるとき、PとRを混ぜるとQと同じ濃度になる。
○C　Ⅰで調べてもⅡで調べても、PとRを混ぜたときにQと同じ濃度になるとは限らない。

❶P、Q、Rの重さは等しいとは限らないとあるので、仮に水の質量をP1000g、R0.1gと仮定する。これではPとRを混ぜても、Pの濃度からほとんど変化しないので、AもBも正しいとはいえないことがわかる。

正解　C

❷　容器甲の中に物質Kをxg溶かした水溶液Sがある。甲にさらに物質Kをxg溶かして、Kの量がSの2倍である水溶液Tを作った。次の推論の正誤について、必ず正しくなるものをすべて選びなさい。

□A　Ⅰで調べるとき、Tの濃度はSの濃度の2倍になる。
□B　Ⅱで調べるとき、Tの濃度はSの濃度の2倍になる。
□C　Ⅰで調べてもⅡで調べても、Tの濃度はSの濃度の2倍になるとは限らない。

❷Sの水の質量を100g、物質Kの質量を10gとすれば、
Ⅰの式　濃度10%
Ⅱの式　濃度9.09…%
A　20÷100×100=20%
で濃度は必ず2倍になる。
B　20÷(100+20)×100
＝16.6…%となり、
濃度は2倍にならない。

正解　A

09 割合と比

◉ SPIはもちろん、就職試験で最も マスターしておくべき頻出分野！

例題 【%と分数】ある高校では、全校生徒の30%がP中学校出身で、その数は240人である。このとき、全校生徒の５分の１の人数であるQ中学校出身者は何人か。

いちばん速く解ける解法

240人が全体の30%に相当するとき、全体の数は240÷30%。

全校生徒＝ 240÷0.3＝2400÷3＝800人

Q中学校出身者は、全校生徒800人の1/5。

$800\times\frac{1}{5}=800\div5=160$人

別解 Pは30%で240人、Qは1/5(＝20%)なので、

PとQ を比で表すと、30：20 ＝ 240：Q

「内積＝外積」なので、20×240＝30×Q

Q＝20×240÷30＝160人

正解 160人

例題 【比】薬品PとQを１:2で混ぜた混合液Xと、３:4で混ぜた混合液Yを同量混ぜて薬品Rを作った。Rに含まれるPの割合は何%か。解答の%は小数点第１位を四捨五入すること。

いちばん速く解ける解法

1＋2

混合液X… P：Q＝1：2なので、X全体を3とするとPは1/3。

混合液Y… P：Q＝3：4なので、Y全体を7とするとPは3/7。

3＋4

RはXとYを同量混ぜているので、Rに含まれるPの割合は、

$(\frac{1}{3}+\frac{3}{7})\div2=\frac{16}{21}\div2=\frac{8}{21}=0.38095\cdots$

正解 38%

1 ある会社では全社員の40%が40代で、その数は60人であるとき、全社員の10%である20代の社員は何人か。

○A 10人　○B 15人　○C 24人
○D A〜Cのいずれでもない

●全社員…60÷0.4=150人
10%である20代社員の数は、
150×0.1=15人
別解 40%が60人なので、
10%は60÷4=15人

正解　B

2 P高校の武道場は、体育館より40%狭く、講堂は武道場より50%狭い。このとき、講堂は体育館より何%狭いか。

○A 30%　○B 70%　○C 80%
○D A〜Cのいずれでもない

●「武道場が体育館より40%狭い」とは「武道場は体育館の60%の広さ」ということ。武道場の50%の広さの講堂は、0.6×0.5=0.3で体育館の30%の広さなので、講堂は体育館より70%狭い。

正解　B

3 ある遊園地で3連休の客数を調べたところ、2日目は1日目の客数の1.4倍で、3日間合計の49%に相当した。3日目の客数は、3日間合計の何%になるか。

○A 12%　○B 16%　○C 18%
○D A〜Cのいずれでもない

●2日目(=49%)が1日目の客数の1.4倍なので、1日目の客数は、
49%÷1.4=35%
3日目の客数は、
100−35−49=16%

正解　B

4 ある会社の今年の従業員数は、昨年より15%減って、510人になった。女性は昨年より20%減り、男性は昨年より10%減った。今年の女性従業員は何人か。

○A 200人　○B 210人　○C 240人
○D A〜Cのいずれでもない

●女性20%減、男性10%減で、全体15%減(20と10の平均)なので、昨年の男女の人数は等しい。昨年の女性は、
510÷0.85÷2=300人
今年の女性は、
300×0.8=240人

正解　C

5 100点満点のテストを3回受けた。2回目の点数は3回のテストの合計点の30%に相当し、1回目の点数の0.6倍だった。最も点数が低かったのは何回目のテストか。

○A 1回目　○B 2回目　○C 3回目

●2回目は合計点の30%で、1回目の0.6にあたるので、合計点に対する1回目の割合は、
0.3÷0.6=0.5
3回目の割合は、
1−0.3−0.5=0.2
最も点数が低いのは3回目。

正解　C

解答&解説

6 サークルYの男性の割合は60%、サークルZの男性の割合は40%である。YとZが合体すると男の割合が54%になるとき、Y全体の人数はZ全体の人数の何倍にあたるか。

○A 3/7倍　○B 2/3倍　○C 7/3倍
○D A～Cのいずれでもない

●Yの人数をy人、Zの人数をz人とする。
男性の人数を式に表すと、
0.6y+0.4z＝0.54(y+z)
60y+40z＝54(y+z)
6y＝14z
y＝7/3×z
よって、Y全体の人数はZ全体の人数の7/3倍となる。

正解　C

---

7 P店で購入している牛肉50kgのうち80%は国産で、国産のうち30%が北海道産だった。追加で北海道産の牛肉30kgを仕入れると、北海道産の牛肉が全体に占める割合はどれだけになるか。

○A 24.0%　○B 37.5%　○C 52.5%
○D A～Cのいずれでもない

●北海道産の牛肉は、
50×0.8×0.3＝12kg
ここに北海道産を30kg追加するので、
全体…50＋30＝80kg
北海道産…12＋30＝42kg
42÷80＝0.525

正解　C

---

8 昨年、P社の社員数は500人であった。今年は昨年から男性が20%増えて女性が10%減ったので、全体で13人増えた。今年のP社の男性社員は何人か。

○A 210人　○B 252人　○C 261人
○D A～Cのいずれでもない

●昨年の男性社員数をx人とすれば、昨年の女性社員数は、(500－x)人。男性が20%増え、女性が10%減って、全体で13人増えたので、
0.2x−0.1(500−x)＝13人
x＝210人
今年の男性社員の数は、
210×1.2＝252人

正解　B

---

9 X高校の生徒数はY高校の50%である。また、Y高校の生徒数からZ高校の生徒数をひいた人数は、X高校の20%にあたる。このとき、X高校の生徒数は、Z高校の生徒数の何倍か。

○A 5/11倍　○B 5/9倍　○C 7/10倍
○D A～Cのいずれでもない

●Xの生徒数を50人とおけば、Yの生徒数は100人。
Xの20%は、
50×0.2＝10人
この10人が「Y－Z」にあたるので、Zの生徒数は、
100－10＝90人
従って、50人のXは90人のZの5/9倍となる。

正解　B

10 ある博物館では今年度から入場料金を20%下げることにした。今年度の入場者数が前年度より何%増えれば、前年度と同じ売上額を維持できるか。

○A 20%
○B 25%
○C 50%
○D 125%
○E A～Dのいずれでもない

●20%下げたので0.8になる。
1÷0.8＝1.25で、
入場者数が前年度より25%増えれば維持できる。
別解 前年度の入場者数を100人、今年度の入場者数をｘ人とすれば、前年度の売上は1×100で、今年度の売上は0.8ｘ。前年度と今年度を等しくなるようにすると、
1×100＝0.8ｘ
ｘ＝125人なので25%増。

正解　B

11 今年、P市で登録されている飼い犬の数は、昨年より20%増えて480匹となった。小型犬は昨年より50%増えて、小型犬以外の飼い犬は昨年の6分の5に減った。今年、P市で登録されている小型犬は何匹か。

○A 200匹
○B 220匹
○C 250匹
○D 300匹
○E A～Dのいずれでもない

●昨年は480÷1.2=400匹。
昨年の小型犬をx匹とすると、50%増えた今年は1.5x匹。
昨年の小型犬以外の飼い犬は(400－x)匹で、今年は{(400－x)×5/6}匹。今年の飼い犬は480匹なので、

$$1.5x+(400-x)\times\frac{5}{6}=480$$

〈両辺に6をかけて〉
9x+5(400－x)＝2880
x=220
今年の小型犬は、
220×1.5=330匹

正解　E

12 甲店では売上額の15%を商品Pが占めている。乙店では売上額の35%を商品Pが占めている。また、2店の売上額の比は、甲：乙＝2：3である。2店合計のPの売上額は、2店合計の売上額の何%か。

○A 12%
○B 15%
○C 21%
○D 27%
○E A～Dのいずれでもない

●甲：乙＝2：3なので、2店合計(2＋3)のうち、甲は2/5、乙は3/5の売上となる。
甲…Pは15%なので、

$$\frac{2}{5}\times\frac{15}{100}=\frac{6}{100}$$

乙…Pは35%なので、

$$\frac{3}{5}\times\frac{35}{100}=\frac{21}{100}$$

甲と乙のPの合計は、

$$\frac{6}{100}+\frac{21}{100}=\frac{27}{100}$$

正解　D

13 劇団PはPの倍の人数の劇団Qと合併して劇団Rとなった。劇団Pのときには48%だった男性の割合は、劇団Rになって42%に減った。

❶ 劇団Qの男性の割合は何%か。

○A 36%　○B 39%　○C 45%
○D A～Cのいずれでもない

❷ 5人の男性が劇団Rをやめたため、男性の割合が40%に減った。合併前のPの人数は何人だったか。

○A 40人　○B 50人　○C 83人
○D A～Cのいずれでもない

解答&解説

❶Pを100人とすれば、48%の男性は48人。倍の人数のQは200人。300人のRの42%の男性は300×0.42=126人。126人から48人を引いた78人がQの男性の人数なので、Qの男性の割合は、
78÷200=0.39 → 39%

正解　B

❷Rの人数をxとする。42%だった男性が、5人減ったために40%になったことを式にする。
0.42x−5=0.4×(x−5)
x=150
R150人はPの3倍の人数なので、Pは150÷3=50人

正解　B

---

14 だしPとだしQを3：1で混ぜた調味液Xと、1：2で混ぜた調味液Yがある。

❶ 調味液Xと調味液Yを同量混ぜて調味液Zを作った。Zに含まれるだしPの割合はどれだけか。

○A 11/24　○B 4/7　○C 13/24
○D 5/8　○E A～Dのいずれでもない

❷ 調味液Zを5等分して、5人で分けることにしていたが、1人来なかったので4等分して、4人で分けることになった。このため、1人分が5等分するときより60cc多くなった。調味液Zは全部で何ccあったか。

○A 240cc
○B 850cc
○C 1200cc
○D 1500cc
○E A～Dのいずれでもない

❶調味液Xは、P：Q=3：1。X(3+1=4)に含まれるだしPは、Xの中の3/4。
調味液Yは、P：Q=1：2。Y(1+2=3)に含まれるだしPは、Yの中の1/3。
Zは、XとYを同量(1：1)混ぜて、合計2にしたものなので、Zに含まれるPの割合は、

$$\left(\frac{3}{4}+\frac{1}{3}\right)\div 2$$
$$=\frac{9+4}{12}\times\frac{1}{2}=\frac{13}{24}$$

正解　C

❷5等分した1人分の量をxとすると、4等分した1人分の量はそれより60cc多い。
5x= 4(x+60)
x=240
調味液Zの量は、
240×5=1200

別解 $\frac{1}{4}-\frac{1}{5}=\frac{1}{20}$
60ccが1/20に相当するので、全体は、
$60\div\frac{1}{20}=60\times 20=1200$

正解　C

15 P大学ではスポーツ実技として、前期と後期に、4種目から1種目ずつを自由に選択する。下表は、ある学科の学生200人の選択状況を示したものの一部である。例えば、前期にダンスを選択、後期にテニスを選択した者は11人いることがわかる。

前期＼後期	テニス	卓球	バレーボール	ダンス	合計
テニス	8	17	12	11	48
卓球	15	12	14	( )	56
バレーボール	12	16	12	( )	50
ダンス	( )	( )	10	( )	( )
合計	( )	( )	48	45	200

❶ 前期か後期に少なくとも1度はバレーボールを選択した学生は、全体の何%か（必要なときは、最後に小数点以下第1位を四捨五入すること）。

○A 24%　○B 36%　○C 43%
○D A～Cのいずれでもない

❷ 前期にテニスを選んだ学生のうちの30%が後期にダンスを選択した。その人数は何人か。

○A 10人　○B 15人　○C 17人
○D A～Cのいずれでもない

❸ ❷の条件のとき、前後期で少なくとも1度はテニスか卓球を選択した学生は全体の何%か（必要なときは、最後に小数点以下第2位を四捨五入すること）。

○A 69.5%
○B 75.2%
○C 79.5%
○D A～Cのいずれでもない

解答&解説

❶「前期にバレーボールを選択した学生48人」＋「後期にバレーボールを選択した学生50人」から、「前期・後期ともにバレーボールを選択した学生12人」をひけば出る。
48+50−12=86
比率は、86÷200=0.43

正解　C

❷前期にテニスを選んだ学生の合計（=8+15+12+x）のうち30%が、後期にダンスを選択したので、下表で、
(8+15+12+x)×0.3=x
x=15

正解　B

❸全体200人から「一度もテニスか卓球を選択していない学生＝前後期ともバレーボール・ダンスだけを選択した学生」の数を引く。表の空欄に当てはまる人数を埋めていく。前期テニスの人数の合計yは、
y=8+15+12+15=50
前期卓球の人数の合計pは、
p=200−(50+48+45)=57
q=57−(17+12+16)=12
とわかる。さらに、
r=200−(48+56+50)=46
s=46−(15+12+10)=9
t=50−(12+16+12)=10

前期＼後期	テニス	卓球	バレーボール	ダンス	合計
テニス	8	17	12	11	48
卓球	15	12	14	15	56
バレーボール	12	16	12	t10	50
ダンス	x15	q12	10	s9	r46
合計	y50	p57	48	45	200

前後期ともバレーボール・ダンスだけを選択した学生は、
12+10+10+9=41
前後期で少なくとも1度はテニスか卓球を選択した学生は、
200−41＝159人
その割合は、
159÷200=0.795

正解　C

10 仕事算・分割払い

◉ 仕事算は全体の作業量を１、分割払いは総額を１として考える。

例題 【仕事算】Pが１人でやると4日、Qが１人でやると6日かかる仕事がある。この仕事を２人でやると、すべての仕事が終わるのは始めてから何日目になるか。

いちばん速く解ける解法

すべての仕事量を１としたとき、4日で終わるP１人の１日の仕事量は1/4、6日で終わるQ１人の１日の仕事量は1/6。

2人でやる場合の１日の仕事量は、1/4＋1/6＝5/12。

１÷１日の仕事量＝日数

$$1 \div \frac{5}{12} = 2\frac{2}{5}$$

2日と2/5日なので、終わるのは3日目。

正解 3日目

例題 【分割払い】中古マンションの購入にあたって、契約時に頭金として総額の1/5を業者に支払い、リフォーム終了後に頭金の1/9にあたる額を支払った。残り全額は、入居後に14等分して支払うことになった。入居後の１回分の支払い額は総額のどれだけにあたるか。なお、分割手数料や利子はかからないものとする。

いちばん速く解ける解法

総額を１としたとき、「頭金1/5」と「リフォーム終了後の頭金に対しての1/9（1/5×1/9＝1/45）」を１から引けば残り全額が求められる。

残り全額…$1-\left(\frac{1}{5}+\frac{1}{45}\right)=1-\frac{10}{45}=\frac{35}{45}=\frac{7}{9}$

この7/9を14等分すればよい。

$$\frac{7}{9} \div 14 = \frac{7}{9} \times \frac{1}{14} = \frac{1}{18}$$

正解 1/18

1 320部の資料をとじる作業をXが毎分13部の速さで始め、6分遅れてYも一定の速さで進め作業が終了した。Yの作業時間は11分だった。Yは毎分何部とじるか。

○A 9部　○B 12部　○C 15部

○D A～Cのいずれでもない

●Xは6+11=17分間作業をした。

Xのとじた資料は合計で13部×17分=221部。よってYのとじた資料は320−221=99部

99÷11=9部

正解　A

2 空の水槽を満たすのに、X管1本で注水すると4分、Y管1本で注水すると6分かかる。X管1本とY管3本で注水すると何分何秒かかるか。

○A 45秒　○B 1分20秒　○C 2分20秒

○D A～Cのいずれでもない

●X1本とY3本を合わせた1分間の注水量は、

$\frac{1}{4}+\frac{3}{6}=\frac{1}{4}+\frac{1}{2}=\frac{3}{4}$

満水までにかかる時間は、

$1\div\frac{3}{4}=1\times\frac{4}{3}=\frac{4}{3}=1\frac{1}{3}$分

正解　B

3 夫の遺産を分けることになった。遺産全体の半分を妻が、残りを3人の子どもが均等に相続する。1人の子どもが相続するのは、遺産全体のどれだけにあたるか。

○A 1/6　○B 1/5　○C 1/3

○D A～Cのいずれでもない

●遺産全体を1とする。妻が半分を、残った半分を3人の子どもが均等に相続する。

$1\times\frac{1}{2}\times\frac{1}{3}=\frac{1}{6}$

正解　A

4 分割払いでパソコンを買った。最初に頭金として全体の支払額の5/12を支払い、1回目で頭金の1/3、2回目で頭金の1/2の額を支払った。残額は全体のどれだけか。

○A 1/36　○B 1/18　○C 17/72

○D A～Cのいずれでもない

●頭金を除いた分は7/12。頭金の1/3は5/36。頭金の1/2は5/24。

$\frac{7}{12}-\frac{5}{36}-\frac{5}{24}$

$=\frac{42-10-15}{72}=\frac{17}{72}$

正解　C

5 S1人だと4時間、T1人だと5時間かかる仕事がある。この仕事を最初の2時間は2人で一緒にやったが、途中からSだけでやって仕事を仕上げた。途中からSが1人でやった仕事量は全体のどれだけか。

○A 1/7　○B 1/8　○C 1/9

○D A～Cのいずれでもない

●2人の1時間の仕事量は、

1/4+1/5=9/20。

2人で2時間やった仕事量は、

$\frac{9}{20}\times2=\frac{9}{10}$

Sが1人でやった仕事量は、

$1-\frac{9}{10}=\frac{1}{10}$

正解　D

解答&解説

6 ある業務を30日間で終わらせたい。18人で12日間かけて1/3を終わらせた。残りの日数で業務を終わらせるためには、何人で行えばよいか。ただし1人の1日あたりの仕事量は同じとする。

○A 20人 ○B 22人 ○C 24人
○D A～Cのいずれでもない

●1人が1日に行う仕事量を1とする。12日間かけた1/3の仕事量は、
1×18×12=216
この216が全体の1/3にあたり、18日間で倍の2/3にあたる432の仕事を終わらせる必要があるので、
432÷18=24
よって24人で行えばよい。

正解 C

7 P1人では20日間、Q1人では25日間かかる仕事がある。この仕事をPとQの2人で始めたが、途中でQだけが何日か休んだため、終わるまでにちょうど12日間かかった。Qが休んだのは何日間か。

○A 2日間 ○B 3日間 ○C 4日間
○D A～Cのいずれでもない

●Pは12日間ずっと働いていたので、Pの12日間の仕事量は、

$\frac{1}{20}\times 12=\frac{12}{20}=\frac{3}{5}$

残りの2/5がQが働いた仕事量。これをQの1日の仕事量でわれば日数が出る。

$\frac{2}{5}\div\frac{1}{25}=\frac{2}{5}\times\frac{25}{1}=10$日

従って、Qが休んだ日は、
12−10=2日

正解 A

8 一定量のデータ入力作業を、XとYの2人で行うと6時間かかる。この作業をX1人で3時間行ってから、Y1人に引き継いだところ、Yが16時間かかった。最初からY1人だけで行うと何時間かかるか。

○A 13時間
○B 21時間
○C 26時間
○D A～Cのいずれでもない

●全体の仕事量を1とすれば
6x+6y=1
3x+16y=1
これを解いて、y=1/26。1時間で1/26の仕事量のYが1人で行うと26時間かかる。

別解 X3時間+Y16時間は、X3時間+Y3時間+Y13時間と同じ。もとはX6時間+Y6時間の仕事量なので、X3時間+Y3時間の仕事量はその半分。従って、残りの仕事量も半分。Yは半分を終えるのに13時間かかったので、全仕事量を終えるには、その2倍の26時間かかる。

正解 C

9 分割払いでパソコンを買いたい。最初に頭金として売価の1/4を支払い、残金に分割手数料を加えた額を、次回以降の分割回数で均等に分割して支払う。

❶ 分割手数料が売価の1/8、分割回数が5回のとき、1回あたりの支払い金額は、売価の何倍か。

○A 1/20倍 ○B 3/20倍 ○C 7/40倍
○D A～Cのいずれでもない

❷ 分割手数料が売価の5/36、分割回数が8回のとき、5回目の分割支払いを終えた時点での残額は売価の何倍か。

○A 1/3倍 ○B 1/6倍 ○C 1/9倍
○D A～Cのいずれでもない

❶売価を1とすれば、残金は3/4、分割手数料は1/8。
残金＋分割手数料
＝3/4＋1/8＝7/8
これを5回分割で支払うので、1回あたりの支払額は、
7/8÷5＝7/40

正解 C

❷分割手数料は5/36。
残金＋分割手数料
＝3/4＋5/36＝8/9
これを8回分割で支払うので、1回あたりの支払額は、
8/9÷8＝1/9
分割5回目の支払いを終えた時点での残額は、あと分割3回分が残っているので、
1/9×3＝1/3

正解 A

---

10 分割払いでエアコンを購入したい。購入時に頭金としていくらか支払い、次の支払いからは、購入価格から頭金を引いた残額を13回均等払いで支払う。その際は、購入時の残額の4%の利子がつき、それを残額に加えた額を13等分して支払うことになる。

❶ 頭金として購入価格の25%を支払うものとすると、分割払いの1回分の支払い額は購入価格のどれだけにあたるか。

○A 1/40 ○B 3/50 ○C 4/55
○D A～Cのいずれでもない

❷ 分割払いの1回分の支払い額を購入価格の1/20にするためには、頭金として購入価格のどれだけを支払えばよいか。

○A 1/8 ○B 3/8 ○C 5/8
○D A～Cのいずれでもない

❶頭金25%を払った後の残額は75%=0.75=3/4。4%の利子は4/100=1/25。
4%の利子を付けた額は、

$$\frac{3}{4}\times\frac{26}{25}=\frac{39}{50}$$

これを13回払いするので、1回分の支払い額は、

$$\frac{39}{50}\times\frac{1}{13}=\frac{3}{50}$$

別解 残額は75%。残額＋利子は0.75×1.04＝0.78
これを13等分するので、
0.78÷13＝0.06→3/50

正解 B

❷分割で払う分（＝利子付きの残額）は、1/20を13回なので、13/20。
利子を除いた残額は、

$$\frac{13}{20}\div\frac{26}{25}=\frac{5}{8}$$

残額が5/8なので、頭金は、
1－5/8＝3/8

正解 B

11 損益算

◉ 原価、定価、売価、利益率、割引率の計算方法をマスターしよう。

例題 次の質問に答えなさい。

❶ 原価600円の品物を定価の2割引で50個売ったところ、9200円の利益が出た。この品物の定価はいくらか。

❷ P店では、定価の３割引で売っても原価の２割の利益が出るように定価を設定している。定価900円の品物Mの原価はいくらか。

❸ ある果物店では、原価の３割の利益を見込んで定価をつけている。ブドウ１箱の定価が1950円のとき、定価の２割引で販売すると、利益はいくらか。

いちばん速く解ける解法

❶ 2割引後の１個の利益は、9200÷50＝184円。
2割引後の売価は、原価600円＋184円＝784円。
定価は、784÷0.8＝980円。

正解 980円

❷ 定価900円の３割引の価格は、900×0.7＝630円。
630円で売っても原価xの２割の利益が出るので、
x×(1＋0.2)＝630円 → x＝630÷1.2＝525円。

正解 525円

❸ ３割の利益を見込んだ定価は原価の1.3倍なので、原価は1950÷1.3＝1500円。定価の２割引で販売すると、売価は1950×0.8＝1560円。利益は、1560－1500＝60円。

正解 60円

重要

- 原価×（1＋利益率）＝定価（または売価）
  原価500円に２割の利益率のとき、定価は500×1.2＝600円
- 定価×（1－割引率）＝売価
  定価1000円の２割引のとき、売価は 1000×0.8＝800円

解答&解説

1 原価750円の商品に、150円の利益が出るように定価を決めた。この商品を定価の10%引きで売ったときの商品1個あたりの利益はいくらか。

○A 60円　○B 90円　○C 100円
○D A～Cのいずれでもない

●定価は750+150=900円。定価の10%引きの売価は、900×0.9=810円
1個あたりの利益は、810−750=60円

正解 A

2 原価が500円の商品300個のうち、100個は定価の1割引、200個は定価の2割引で売る。総利益を125000円にしたいとき、定価はいくらにしたらよいか。

○A 600円　○B 900円　○C 1100円
○D A～Cのいずれでもない

●売上目標は、500×300+125000=275000円
定価をx円とする。
(1−0.1)x×100+(1−0.2)x×200=275000
90x+160x=275000
x=1100円

正解 C

3 原価の1.4倍の定価がついた商品Pがある。Pは定価の1割引きのときの売値より、2割引きのときの売値が35円安くなったという。Pの原価はいくらか。

○A 125円　○B 198円　○C 240円
○D A～Cのいずれでもない

●1割が35円の定価は350円。原価は、350÷1.4=250円
別解 原価をx円としたときの定価は1.4x円。1割は0.14x円。これが35円なので、
0.14x=35
x=250円

正解 D

4 定価の3割引きで売ると、200円の利益が出るように定価を設定した。仕入れ値が850円のときの定価はいくらか。

○A 1050円　○B 1500円
○C 1850円
○D A～Cのいずれでもない

●3割引きでの売上は、850+200=1050円
定価は、1050÷(1−0.3)=1500円
別解 定価x円で3割引きで売ると、200円の利益が出るので、
(1−0.3)x−850=200
x=1500円

正解 B

5 商品Qを50個仕入れて、20個を1個1300円で、30個を1個800円で売ったところ、利益が合わせて9500円であった。Qの1個あたりの仕入れ値はいくらか。

○A 600円　○B 750円　○C 810円
○D A～Cのいずれでもない

●20個と30個の売上合計は、20×1300+30×800=50000円
仕入れ値合計は、50000−9500=40500円
1個あたりの仕入れ値は、40500÷50=810円

正解 C

解答&解説

6 仕入れ値850円の商品に1250円の定価をつけた。この商品を値引きしてすべて同じ値段で50個売ったとき、全部で7500円の利益があった。このとき、この商品は定価の何%引きで売られていたか(必要なときは、最後に小数点以下第一位を四捨五入すること)。

○A 15%　○B 20%　○C 24%
○D A〜Cのいずれでもない

●50個分の利益が7500円なので、1個分の利益は、
7500÷50=150円
従って、値引き後の価格は、
850+150=1000円
値引き後の価格を定価でわると、
=1000÷1250=0.8
定価の80%で売られたので、
定価の20%引き。

正解　B

---

7 定価の2割引きで売ったときに、原価の1割が利益になるようにしたい。原価280円の品物の定価は、いくらにすればよいか。

○A 320円　○B 350円　○C 385円
○D A〜Cのいずれでもない

●利益は原価の1割なので、
280×0.1=28円
定価をx円とすると、2割引きの売価は0.8x円で、これが原価+利益と同じ額になればよい。
0.8x=280+28
x=385円

正解　C

---

8 すべての商品を100円で売る店がある。

❶ 原価35円の商品Pと原価55円の商品Qを、合わせて100個売りたい。5000円以上の利益を出すためにはPを最低何個売ればよいか。

○A 25個　○B 35個　○C 45個
○D A〜Cのいずれでもない

❶Px個で、Qは(100−x)個。
Pの利益は100−35=65円
Qの利益は100−55=45円
利益が5000円以上になるようにするので、
65x+45×(100−x)≧5000
x≧25個

正解　A

❷ 商品Rは原価が15%上がったため、利益が10%下がったという。15%上がったときの原価はいくらか。

○A 40円　○B 46円　○C 50円
○D A〜Cのいずれでもない

❷Rの元の原価はx円、15%上がったときの原価は1.15x円。Rの元の利益は(100−x)円。15%上がったときのRの利益は(100−1.15x)円。
利益が元の利益の10%下がった、つまり0.9になったので、
100−1.15x=(100−x)×0.9
x=40円
15%上がったときの原価は、
40×1.15=46円

正解　B

9 ある店では、仕入れ値の30%の利益を見込んで定価を設定する。

❶ 商品Pが1個売れ残ったので、定価の半額で売ったところ、700円の損失が出た。このとき、Pの仕入れ値はいくらか。

○A 1800円 ○B 2000円 ○C 2500円
○D A～Cのいずれでもない

❷ 商品Qが1個売れ残ったので、定価の500円引きで売ったところ、仕入れ値の1割の利益が得られた。このとき、Qの仕入れ値はいくらか。

○A 1800円 ○B 2000円 ○C 2500円
○D A～Cのいずれでもない

❶仕入れ値x円の30%の利益を見込んだ定価は1.3x円。
半額の売価は、
1.3x×0.5＝0.65x円
700円損をしたので、
xと0.65xの差は700円。
x－0.65x＝700
x＝2000円

正解 B

❷定価で3割の利益が、500円引くと1割の利益になるので、500円は仕入れ値の2割に当たる。従って仕入れ値は、
500÷0.2＝2500円
別解 定価1.3x円を500円引で売った売価は、
1.3x－500円。
仕入れ値の1割の利益は0.1x。
(1.3x−500)−x= 0.1x
x＝2500円

正解 C

10 色違いの商品XとYを、50個ずつ同じ価格で仕入れたところ合計40000円だった。店頭では商品XとYを同じ売値で販売した。商品Xについては、すべて売り切れて7500円の利益を得た。

❶ 商品Xにおいて利益は仕入れ値の何%か。

○A 17.5% ○B 25.2% ○C 37.5%
○D A～Cのいずれでもない

❷ 商品Xが売り切れた時点で商品Yは何個か残っていたので、1個300円に値下げしてすべて売り尽くした。このとき、商品Yについては5500円の利益を得た。値下げして販売したのは何個か。

○A 4個 ○B 6個 ○C 8個
○D A～Cのいずれでもない

❶40000円で計100個買ったので、1個の仕入れ値は、
40000÷100＝400円
xは50個で利益が7500円なので、1個あたりの利益は、
7500÷50＝150円
150÷400＝0.375

正解 C

❷値下げ販売したYの個数をy個とする。定価で売れば150円の利益だが、仕入れ値400円を300円で売ったので100円の損失。
150(50−y)−100y=5500
y=8個
別解 利益の差は、
7500－5500＝2000円
定価1個の利益は150円、
値下げ後1個の損失は100円。
その差は250円。
2000÷250＝8個

正解 C

12 料金割引

◉ 個数や人数によって割引率が異なるときの代金や総額を求める。

 次の質問に答えなさい。

❶　1枚20円の名刺を301枚以上まとめて注文すると、300枚を超える分については3割引となる。1枚あたり16円以下になるようにするには、最低何枚注文すればよいか。

❷　1個800円の商品Pは、100個セットで買うと56000円になる。また、50個セットで買っても割引されるが、定価に対する1個あたりの割引率は、100個セットより0.05小さくなる。50個セットで買うといくらになるか。

いちばん速く解ける解法

❶　総枚数をx枚とする。1枚20円なので300枚まで6000円。300枚を超える分(20×0.7＝14円)は、14×(x－300)円。1枚あたり16円以下にしたいので、
{6000＋14×(x－300)}÷x ≦16 → x≧900

正解 900枚

❷　100個で56000円なので、1個当たりの価格は560円。割引額は800－560＝240円。割引率は240÷800＝0.3。50個では割引率が0.05小さい0.25なので、定価に対する割合は1－0.25＝0.75。50個セットで買うときの1個の価格は、
800×0.75＝600円
合計額は、
600×50＝30000円

正解 30000円

●料金×割引率＝割引額
200円の2割5分引きなら、割引額は200×0.25＝50円
●定価料金×（1－割引率）＝割引後の料金
300円で2割引後の料金は、300×(1－0.2)＝240円

解答&解説

1 1個100円で販売されている商品Pが、50個を超えた分については2割引になる。商品Pを70個購入すると、代金はいくらになるか。

○A 5600円 ○B 6600円 ○C 7500円
○D A～Cのいずれでもない

●50個までと、51個から70個までの20個とを分けて計算する。50個は100円で、20個は100円の2割引にあたる80円で購入する。代金は、
100×50+80×20
=6600円

正解 B

2 ある水族館の入場料は1人1600円であるが、1つの団体で10人を超えた分については1割引になる。30人が15人ずつ、2つの団体に分かれて入場するときと、30人がまとまって1つの団体で入場するときでは、総額はいくら異なるか。

○A 1600円 ○B 1760円 ○C 1800円
○D A～Cのいずれでもない

●1割引になる人数(10人を越える人数)は、15人なら5人。2つの団体なので、
5×2=10人
30人なら、30−10=20人。
その差は 20−10=10人
割引額は、1600円の1割なので160円。差額は、
10×160=1600円

正解 A

3 ある旅館では2泊以上泊まると宿泊料が定価から1泊目10%、2泊目20%、3泊目25%、4泊目以降30%引きとなる。

❶ 定価の宿泊料が1人1泊7000円のとき、2人で3連泊すると宿泊料はいくらになるか。

○A 31500円 ○B 33600円
○C 34300円
○D A～Cのいずれでもない

❶
7000×(0.9+0.8+0.75)×2
=7000×2.45×2
=34300円

正解 C

❷ 1泊1人8000円の部屋に1人で5泊したい。5連泊する場合と、3連泊・2連泊に分ける場合では、宿泊料の差はいくらになるか。

○A 1200円 ○B 2400円 ○C 3600円
○D A～Cのいずれでもない

❷差が出る部分だけで計算する。「5連泊」のうち最初の3連泊は、「3連泊・2連泊」の3連泊と同じ割引率なので計算不要。5連泊の4・5泊目と2連泊の差額だけを考える。4・5泊目は8000円×30%×2、2連泊は8000円×(10%+20%)なので、
8000×0.3×2−8000×(0.1+0.2)
=8000×0.6−8000×0.3
=8000×0.3
=2400円

正解 B

解答&解説

4 定価が1個120円のコップがある。まとめて買うと10個までは定価だが、11個から30個までの分は5%引き、31個以上の分は25%引きになる。

❶ 35個買ったときの購入額はいくらか。

○A 3500円 ○B 3810円 ○C 3930円
○D A～Cのいずれでもない

❷ 1個当たりの平均価格を113円以下にするには、少なくとも何個以上買えばよいか。

○A 32個 ○B 33個 ○C 34個
○D A～Cのいずれでもない

❶10個…120×10＝1200円
11個から30個まで5%引き…
120×0.95×20＝2280円
31個から35個は25%引き…
120×0.75×5＝450円
1200＋2280＋450
＝3930円

正解 C

❷5%引きが1個114円なので、買う個数xは31個以上。
120×10+114×20+90(x−30)
≦113x
1200+2280－2700
≦(113−90)x
780≦23x
x≧33.9…
34個以上

正解 C

---

5 ある喫茶店のランチでは、パスタが880円、カレーライスが1050円で、どちらも200円でドリンク1杯が、300円でデザート1個が追加できる。また、クーポン1枚についてドリンク1杯が無料になる。

❶ 5人で全員カレーライスにドリンクとデザートを追加して注文した。クーポン2枚を利用して、合計額を5人でわって支払うとき、1人あたりの金額はいくらか。

○A 1300円 ○B 1350円 ○C 1470円
○D A～Cのいずれでもない

❷ 9人でそれぞれパスタ、カレーライスのいずれかを注文し、3人はドリンクだけを、2人はデザートだけを、4人はドリンクとデザートを追加注文した。クーポン4枚を利用して、合計金額が11510円だったとき、パスタを頼んだのは何人か。

○A 2人 ○B 3人 ○C 4人
○D A～Cのいずれでもない

❶クーポン利用前の代金は、
(1050+200+300)×5
＝7750円
クーポン2枚で無料になるのは、
200×2＝400円
7750－400＝7350円
これを5人でわる。
7350÷5＝1470円
別解 カレーライスとデザートの1人分は割引なしで、
1050＋300＝1350円
クーポン2枚なので、ドリンクの金額は3人分を5人でわる。
200×3÷5＝120円
合計して、1350＋120円

正解 C

❷パスタx人、カレーライスは(9－x)人。ドリンクだけ3人、デザートだけ2人、両方4人で、クーポン4枚利用なので、ドリンクとデザートの分の合計額は、
200×(3+4)+300×(2+4)
－200×4=2400円
全部の合計額は、
880x+(9−x)×1050+2400
＝11510円
170x＝340円
x＝2人

正解 A

6 あるプールの入場料は、大人100円、子どもは大人の半額である。また、1つの団体で31人以上のときは、30人を超える人数分について2割引きになる。

❶ 大人42人の団体が入場するとき、入場料の総額はいくらか。

○A 3880円 ○B 3960円 ○C 4040円
○D A～Cのいずれでもない

❷ 子ども52人の団体が入場するとき、入場料の総額はいくらか。

○A 2080円 ○B 2160円 ○C 2380円
○D A～Cのいずれでもない

❶30人までは、
100×30＝3000円
31人から42人の12人は、
100×0.8×12＝960円
入場料の総額は、
3000＋960＝3960円

正解 B

❷子どもは50円。
30人までは、
50×30＝1500円
31人から52人の22人は、
50×0.8×22＝880円
入場料の総額は、
1500＋880＝2380円

正解 C

7 動物園の入園料は、大人は1人500円、子どもは1人300円である。団体割引として、大人は30人を超えた人数分については1割引き、子どもは20人を超えた人数分については、2割引きになる。

❶ 大人10人、子ども50人、合計60人で入園するとき、入園料の総額はいくらか。

○A 17000円 ○B 18200円
○C 18260円
○D A～Cのいずれでもない

❷ 大人50人、子ども50人、合計100人で入園するとき、入園料の総額はいくらか。

○A 32700円 ○B 36000円
○C 37200円
○D A～Cのいずれでもない

❶大人10人までは、
500×10＝5000円
子ども20人までは、
300×20＝6000円
子ども21人から50人の30人は、
300×0.8×30＝7200円
総額は、
5000＋6000＋7200
＝18200円

正解 B

❷大人30人までは、
500×30＝15000円
31人から50人までの20人は、
500×0.9×20＝9000円
❶より、
子ども50人は、13200円。
総額は、
15000＋9000＋13200
＝37200円

正解 C

13 代金精算

◉ 貸し借りや支払いの精算額を計算する。計算ミスに注意。

例題 X、Y、Zの３人で、遊園地に出かけた。Xは３人分の入園料3600円を支払い、Yは園内で食べた３人分の昼食代4200円を支払った。３人で同額ずつ負担するように精算するためには、Zは誰にいくら支払えばよいか。

○**A** Xに1600円、Yに1000円
○**B** Xに1500円、Yに1000円
○**C** Xに1200円、Yに1400円
○**D** Xに1000円、Yに1600円
○**E** Xに900円、Yに1200円

いちばん速く解ける解法

合計額は、3600＋4200＝7800円
平均（１人あたりの負担額）は、7800÷3＝2600円
実際に支払っている金額との差がZが支払う精算額になる。
Xに、3600－2600＝1000円を支払う。
Yに、4200－2600＝1600円を支払う。
別解 XとYが支払った金額の差は、
4200－3600＝600円（でYの方が多い）
従って、ZがXとYに支払う額に600円の差があり、Yの方が多い選択肢のDが正解。

正解　D

重要
●全員の金額でなく、１人ずつの金額を計算する。

①「合計÷人数＝平均」を計算して、１人あたりの負担額を出す。
②１人の支払額、受取額をプラスマイナスで計算する。
③平均（１人分の負担額）との差額を精算する。

解答&解説

1 X、Y、Zの3人で、Pの送別会を開いた。Xが5000円の花束を買い、Yが送別会を開くレストランまでのタクシー代3000円を支払い、Zが全員の飲食代を支払った。最後に、P以外の3人で同額ずつ負担することになるように、XはZに1000円、YはZに3000円を払って精算した。このとき、飲食代はいくらだったか。

○A 8000円
○B 9000円
○C 10000円
○D 11000円
○E 12000円
○F A～Eのいずれでもない

●飲食代は、合計額から花束代とタクシー代を引けばよい。
合計額は1人が払った額（平均）に人数をかければ求められる。
Xが払った額（＝平均）は、
5000(花束)＋1000(Zへの精算額)＝6000円
（Yが払ったタクシー代3000＋精算額3000＝6000円から計算しても求められる）
合計額は、平均×人数＝合計で、
6000×3＝18000円
飲食代は、
18000－5000－3000
＝10000円

正解 C

2 QはPから1000円、Rから3000円を借りていた。P、Q、Rの3人で友人の誕生祝いに行くことになり、Pは6500円の品物を、Qは8500円の品物を買って、2つの代金は3人で同額ずつ負担してプレゼントすることにした。貸し借りとプレゼントの2つの代金の精算をまとめて行うと、QがPに［ア］円、RがPに［イ］円払うことになる。正しい組み合わせはどれか。

○A ア 2500、イ 500
○B ア 1500、イ 1000
○C ア 1000、イ 1500
○D ア 500、イ 2500
○E ア 500、イ 2000
○F A～Eのいずれでもない

●プレゼント代の合計は、
6500＋8500＝15000円
1人あたりの負担額は、
15000÷3＝5000円
Qの支払額（借金はマイナス）は、
－1000－3000+8500
=4500円
従って、Qは、
5000－4500＝500円
の不足。
Rは、3000円を貸していた。
負担額は5000円なので、
5000－3000＝2000円
の不足。
Qが500円、Rが2000円をPに払えば精算完了。

正解 E

3 兄は弟に5000円を預けてネクタイを1本買ってきてもらうことにした。弟は3500円の青のネクタイ1本と3000円のグレーのネクタイ1本を買って、兄が選ばなかった方を自分のものにすることにした。もともと兄は弟から4000円の借りがあった。

❶ 兄が青のネクタイを選んだとき、借金も含めて精算するには、どのようにすればよいか。

○A 弟が兄に1500円払う
○B 弟が兄に2000円払う
○C 弟が兄に2500円払う
○D 兄が弟に1500円払う
○E 兄が弟に2000円払う
○F 兄が弟に2500円払う
○G A～Fのいずれでもない

❶兄は弟から4000円借りていて、弟に5000円預けているので、5000－4000＝1000円を預けたことと同じになる。兄が青のネクタイ3500円を選んだなら、兄は不足分の3500－1000＝2500円を弟に支払えばよい。

正解　F

❷ 兄がグレーのネクタイを選んだとき、借金も含めて精算するには、どのようにすればよいか。

○A 弟が兄に1500円払う
○B 弟が兄に2000円払う
○C 弟が兄に2500円払う
○D 兄が弟に1500円払う
○E 兄が弟に2000円払う
○F 兄が弟に2500円払う
○G A～Fのいずれでもない

❷❶と同じく、弟に1000円預けたことと同じ。兄がグレーのネクタイ3000円を選んだならば、不足分の3000－1000＝2000円を弟に支払えばよい。

正解　E

4 兄と妹の２人が折半して母親にプレゼントを買うことにした。支払いのときに、妹は兄から5000円を預かり、自分の4000円を上乗せして代金の9000円を支払った。また、兄と妹の往復の電車賃1200円は、兄が払っていた。

❶　プレゼント代と電車賃をまとめて精算するとき、どのようにすればよいか。

○A 妹が兄に800円払う
○B 妹が兄に900円払う
○C 妹が兄に1000円払う
○D 妹が兄に1100円払う
○E 兄が妹に500円払う
○F 兄が妹に550円払う
○G A～Fのいずれでもない

❷　もともと兄は妹から2000円借りていた。プレゼント代、電車賃、貸借をまとめて精算したい。このとき、妹が兄に「兄さんから5000円を預かっていたが、2000円貸していたので、3000円をもらったことになる。支払いでは私が4000円出したので、差額の1000円を折半して500円を兄さんに払えば精算できる」と言った。こう精算すると、妹はいくら得、または損をするか。

○A 400円得
○B 900円得
○C 400円損
○D 900円損
○E 1400円損
○F 1500円損
○G A～Fのいずれでもない

解答&解説

❶プレゼント代＋電車賃は、
9000＋1200＝10200円
１人あたりの負担額は、
10200÷2＝5100円
妹が払ったのは、4000円だけなので、妹が兄に、
5100－4000＝1100円
を払えば精算できる。
兄の支払いから計算しても出せるが、支払い項目が少ない妹で計算する方が早い。

正解　D

❷１人あたりの負担額は、❶と同じく、5100円。
妹の払った額は、兄に貸した2000円を含めて、
4000＋2000＝6000円
正しい精算額は、妹が
5100－6000＝－900円
で、900円をもらう。
兄が妹に900円払うところ、妹が兄に500円払うので、
妹は900＋500＝1400円損をすることになる。
別解 もともとは❶のように1100円を妹が払って精算できたところ、妹が兄に2000円を貸していたわけなので、
2000－1100＝900円
を妹はもらうことができる。
兄が妹に900円払うところ、妹が兄に500円払うので、
妹は900＋500＝1400円損をすることになる。

正解　E

14 速度算

◉ 平均、出会い、追いつきなど、さまざまなパターンが出題される。

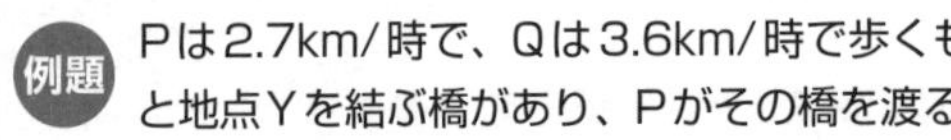

例題 Pは2.7km/時で、Qは3.6km/時で歩くものとする。地点Xと地点Yを結ぶ橋があり、Pがその橋を渡るのに84分かかる。

❶ PはX、QはYから同時に橋を渡り始めるとき、橋の上で2人が出会うのは何分後か。

❷ PがXを出発して5分後にQがPの後を追ってXを出発する。QがPに追いつくのは、Qが出発してから何分後か。

いちばん速く解ける解法

・2人の速度を分速に直す。

P … 2700m÷60分＝45m/分 (2.7×50/3＝45m/分)

Q … 3600m÷60分＝60m/分 (3.6×50/3＝60m/分)

❶ 橋の長さを求める。45m/分のPが橋を渡るのに84分かかるので、橋の長さは、

45×84＝3780m

PとQがお互いに向かって歩いていくので、2人の歩く速度の和の速さ(45＋60＝105m/分)で近づいていくことになる。

3780÷105＝36分

正解 36分後

❷ Qは1分間に、60－45＝15mずつPに追いつく。Pが5分間で進んでいる距離は、45×5＝225m

この差が0mになったとき追いつくので、Qが追いつくのは、

225÷15＝15分後

正解 15分後

重要

- ●速度×時間＝距離 (速度40km/時×2時間＝距離80km)
- ●距離÷時間＝速度 (距離80km÷2時間＝速度40km/時)
- ●距離÷速度＝時間 (距離80km÷速度40km/時＝2時間)
- ●km/時をm/分に直すには、50/3をかければ求められる。

1 家から学校まで、家を出て15分間は60m/分で歩き、その後120m/分で走り出した。走り始めてから8分で学校に着いたとき、家から学校までの距離はいくらか。

○A 1860m
○B 2070m
○C 2280m
○D A～Cのいずれでもない

●歩いた距離は、
60×15=900m
走った距離は、
120×8=960m
この2つの距離をたせば、家から学校までの距離になる。
900+960=1860m

正解 A

---

2 1.5km離れた自宅と駅を往復するのに、行きは3km/時、帰りは5km/時で歩いた。往復の平均時速はいくらか。

○A 3.5km/時
○B 3.75km/時
○C 4km/時
○D A～Cのいずれでもない

●往復の距離を行きと帰りの時間の和でわれば平均時速。
往復の距離＝1.5×2＝3km
行き…1.5÷3＝0.5時間
帰り…1.5÷5＝0.3時間
3÷(0.5+0.3)=3.75km/時
※(3＋5)÷2＝4km/時と計算するのは間違い。

正解 B

---

3 バス停を9時に出発した自転車が7.5km走った地点で、バス停を9時15分に出発した平均時速30km/時のバスに追いつかれた。自転車の平均時速はいくらか。

○A 10km/時
○B 15km/時
○C 20km/時
○D A～Cのいずれでもない

●バスが7.5kmを走るのにかかる時間は、
7.5÷30=0.25時間=15分
9時15分に出発したバスが15分で追いついたので、その時刻は9時30分。自転車は9時に出て9時30分に追いつかれたので、30分間で7.5kmを走っていたことになる。60分間では15km。

正解 B

---

4 自宅から3km離れた学校まで4.5km/時で歩いていた途中、友人と出会った。そこから歩く速さが3.6km/時に落ちて、自宅から学校に着くまでに45分かかった。友人と出会ったのは自宅を出てから何分後か。

○A 10分
○B 15分
○C 20分
○D A～Cのいずれでもない

●4.5km/時でx時間歩いた距離は4.5xkm。45分＝3/4時間で、友人といっしょに歩いた距離は、3.6×(3/4－x)。
$4.5x+3.6\times(\frac{3}{4}-x)=3$
x＝1/3時間 → 20分
別解 4.5km：3.6km＝5：4
5＋4＝9＝全体の距離のうち、友人と歩いた距離は4なので、4/9。45分×4/9＝20分

正解 C

解答&解説

5 1周が1.2kmある池の周囲をPは時計回りに20m/分で、Qは反時計回りに30m/分で、同地点から同時に歩き始めた。2人が出会うとき、Pの歩いた距離は何mになっているか。

○A 480m　○B 600m　○C 720m
○D A～Cのいずれでもない

●PとQが再び出会うまでに2人が進む距離の合計は、池の周囲1.2=1200m。2人が再び出会うまでにかかる時間は、
1200÷(20+30)=24分
24分間でPが歩いた距離は、
20×24=480m

正解　A

---

6 娘が自宅から50m/分で歩き始めた。12分後、母が自転車に乗って同じ道を200m/分で娘を追いかけた。母が娘に追いつくのは、母が自宅を出て何分後か。

○A 2.4分後　○B 3分後　○C 4分後
○D A～Cのいずれでもない

●娘は、母の出発時に母よりも50×12=600m先にいる。母は1分間で(200－50)mずつ近づくので、2人の差が0mになる(追いつく)のは、
600÷(200－50)=4分後

正解　C

---

7 P駅からT駅まで電車に乗った。途中Q、R、S駅に各1分間停車した。各駅の発車時間と区間距離は下の通りだった。

P駅		Q駅		R駅		S駅		T駅
	10.8km		6.4km		5.3km		4.5km	
13:30		13:40		13:48		13:55		←発車時刻

❶ PQ間の電車の平均時速はいくらか。

○A 12km/時 ○B 65km/時 ○C 72km/時
○D A～Cのいずれでもない

❷ ST間の電車の平均時速は54km/時だった。T駅への到着時刻は何時何分だったか。

○A 14時　○B 14時1分　○C 14時2分
○D A～Cのいずれでもない

❸ P駅からT駅まで、走行中の電車の平均時速はいくらか。なお、駅での停車時間は走行に含めないものとする。

○A 54km/時 ○B 60km/時 ○C 67km/時
○D A～Cのいずれでもない

❶PQ間の走行時間は、停車時間1分を引くと9分。分速で、
10.8÷9=1.2km/分
分速を時速にすると、
1.2×60=72km/時

正解　C

❷ST間の走行時間は、
$4.5\div54=\frac{0.5}{6}=\frac{5}{60}$時間
=5分
S駅発車が13時55分なので、T駅への到着時刻は14時。

正解　A

❸T駅への到着時刻が14時なので、PT間は、
14時－13時30分=30分
かかる。その間3駅に停車しているので、
走行時間は30－3=27分。
PT間の距離は、合計して、
10.8+6.4+5.3+4.5
=27km
27÷27=1km/分
→ 60km/時

正解　B

8 Pは家と学校の間を2往復した。1往復目は徒歩で、行きは平均時速5km/時、帰りは平均時速4km/時で歩いた。2往復目は自転車で行き帰りともに平均時速10km/時で走った。なお、往路の平均時速をXkm/時、復路の平均時速をYkm/時とするとき、往復の平均時速Zkm/時は次の式で表される。

$$\frac{1}{Z}=\frac{1}{2}(\frac{1}{X}+\frac{1}{Y})$$

2往復全体での平均時速はいくらか。

○A 13/80 km/時　○B 40/9 km/時

○C 80/13 km/時

○D A～Cのいずれでもない

●1往復目の平均時速をZkm/時とすると、与式より、

$\frac{1}{Z}=\frac{1}{2}(\frac{1}{5}+\frac{1}{4})=\frac{9}{40}$

$Z=\frac{40}{9}$km/時

1往復目を往路、2往復目を復路と考える。全行程の平均時速をZ_2km/時とすると、

$\frac{1}{Z_2}=\frac{1}{2}(\frac{9}{40}+\frac{1}{10})=\frac{13}{80}$

$Z_2=\frac{80}{13}$km/時

正解　C

9 次表は、PR間を走行する列車甲と列車乙の時刻表である。甲はP駅を出発し、Q駅に停車した後、R駅に着く。乙はR駅を出発し、Q駅に停車した後、P駅に着く。なお、PQ間は40km、QR間は28kmで、列車の速度は常に一定とする。

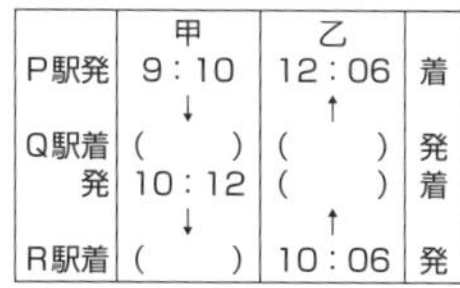

	甲	乙	
P駅発	9：10	12：06	着
	↓	↑	
Q駅着	(　　)	(　　)	発
発	10：12	(　　)	着
	↓	↑	
R駅着	(　　)	10：06	発

❶ 甲と乙がともに40km/時で走行するとき、甲は何時何分にQR間で乙とすれ違い始めるか。

○A 10時24分　○B 10時30分

○C 10時40分

○D A～Cのいずれでもない

❷ 乙が甲の1.2倍の速度で走行するとき、10時24分にQR間で甲と乙がすれ違い始めた。乙の速度は何km/時か。

○A 50km/時　○B 60km/時

○C 72km/時

○D A～Cのいずれでもない

❶乙は10:06にR駅発、6分後の10:12に甲がQ駅発。乙が6分間(1/10時間)で40×1/10＝4km進むので、距離は28－4＝24km。

甲と乙は40＋40＝80km/時の速度で近づくので、

$24\div80=\frac{24}{80}=\frac{3}{10}$時間

→$\frac{3}{10}\times60=18$分

甲の10:12発の18分後、10:30にすれ違い始める。

正解　B

❷10:24までの走行時間は、10:06発の乙が18分、10:12発の甲が12分。乙の速度を1.2vkm/時(12/10vkm/時)、甲の速度をv km/時として方程式を立てる。

$\frac{12}{10}v\times\frac{18}{60}+v\times\frac{12}{60}=28$

$\frac{14}{25}v=28$

$v=28\times\frac{25}{14}=50$km/時

乙は甲の1.2倍なので、

50×1.2＝60km/時

正解　B

15 集合

◉ アンケートの集計結果から，個々の回答人数などを答える問題。

例題　高校生200人を対象に、スポーツ経験の有無を調査した。下表は、その集計結果の一部である。

	経験あり	経験なし
野球	140	60
サッカー	90	110
バレーボール	30	170

❶　サッカーの経験がある人のうち、半分が野球の経験もあると答えた。野球経験があって、サッカー経験のない人は何人か。

❷　野球の経験はあるがバレーボールの経験がない人は、バレーボールの経験はあるが野球の経験はない人の6倍だった。バレーボールの経験はあるが野球の経験はない人は何人か。

いちばん速く解ける解法

❶

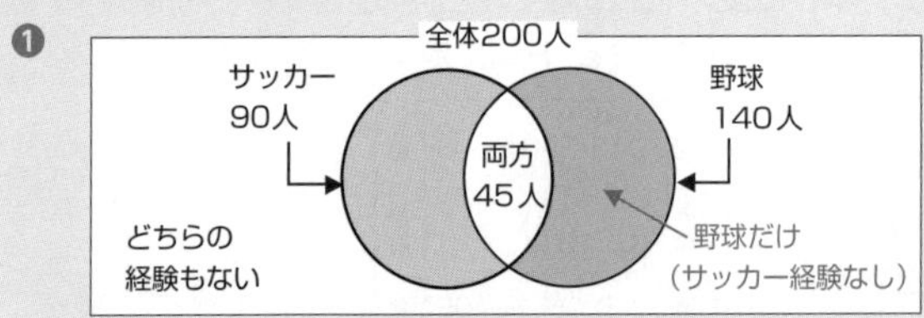

両方の経験あり…サッカーの経験がある人の半分なので45人

野球だけ…140－45＝95人　　正解 95人

❷

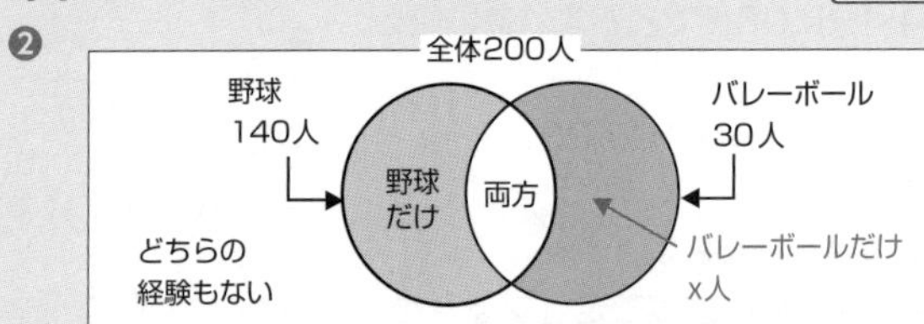

バレーボールだけをx人とすると、両方は(30－x)人、野球だけは140－(30－x)人で、それがxの6倍なので、

6x＝140－(30－x)＝140－30＋x＝110＋x

6x－x＝110　→　5x＝110　→　x＝22　　正解 22人

1 クラス30人のうち、運動部に入っている生徒が16人、運動部と文化部の両方に入っている生徒が2人、どちらにも入っていない生徒が4人いる。文化部に入っている生徒は何人か。

○A 11人
○B 12人
○C 13人
○D 14人
○E A～Dのいずれでもない

●ベン図にする。

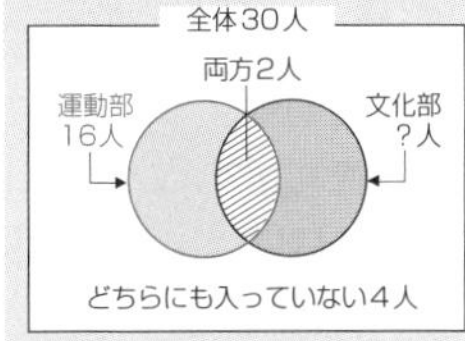

図で、グレーの部分を求める。
運動部だけ＝16−2＝14人
文化部＝30−4−14＝12人

正解　B

2 ペットショップでイヌとネコのどちらを飼っているかを100人に聞いたところ、イヌが50人、ネコが43人で、どちらも飼っていない人が10人だった。どちらも飼っている人は何人か。

○A 3人
○B 4人
○C 6人
○D 8人
○E A～Dのいずれでもない

●ベン図にする。

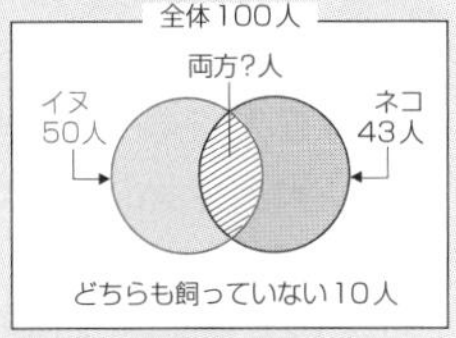

図で、斜線部分を求める。
イヌ50+ネコ43=93人
どちらかを飼っている人は、
100−10=90人
両方飼っている人（斜線部分）は、
93−90=3人

正解　A

3 クラスの30人に、イヌとネコの好き嫌いについて聞いたところ、イヌが好きな人は20人、ネコが好きな人は15人であった。両方とも好きな人が10人であるとき、どちらも好きではない人は何人か。

○A 3人
○B 5人
○C 10人
○D 12人
○E A～Dのいずれでもない

●ベン図にする。

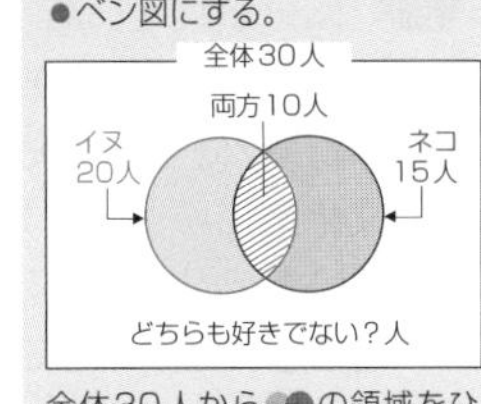

全体30人から●●の領域をひけば、どちらも好きではない人の数が求められる。
●●…20＋15−10＝25人
どちらも好きではない人…
30−25＝5人

正解　B

解答&解説

4 生徒60人の通学時におけるバスと自転車の利用状況について調査した。自転車を利用する人が34人、バスと自転車の両方を利用する人が10人だった。両方とも利用しない人はバスを利用する人の2倍いた。バスを利用する人は何人か。

○A 10人
○B 12人
○C 24人
○D A〜Cのいずれでもない

●下図でバスを利用する人をx人(①+②)とすれば、外側の④両方利用しない人は2x人。
x=60−2x−③
③=34−10=24人
x=60−2x−24 → x=12人

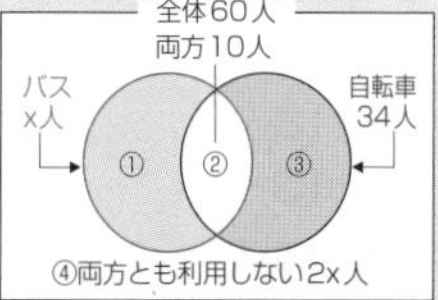

正解 B

---

5 クラスの20人に、何を飼っているか聞いたところ、犬は12人、猫は7人、金魚は6人であった。また、犬と猫の両方は5人、犬と金魚の両方は3人で、猫と金魚の両方はいなかった。犬、猫、金魚のどれも飼っていないという人は何人か。

○A 3人
○B 4人
○C 5人
○D A〜Cのいずれでもない

●「犬+猫+金魚」から、「犬と猫両方」と「犬と金魚両方」をひけば、いずれかを飼っている人の重なりのない人数が出る。
(12+7+6)−(5+3)=17人
これを全体20人からひけば、犬、猫、金魚を飼っていない人が求められる。
20−17=3人

正解 A

---

6 ある高校の部活動は、体育系と文化系に分かれている。2年生90人の部活動所属状況は、次のとおりである。

Ⅰ　体育系のみに所属している生徒は42人
Ⅱ　文化系に所属している生徒の1/3は体育系にも所属している
Ⅲ　どちらにも所属していない生徒は3人
Ⅳ　体育系の中の球技クラブに所属する生徒数は、文化系のみに所属する生徒の20%

このとき、球技クラブに所属する生徒は何人か。

○A 4人　○B 5人　○C 6人
○D A〜Cのいずれでもない

●どちらかに所属(①+②+③)は、90−3=87人。
体育系のみ(①)が42人なので、文化系(②+③)は、
87−42=45人(=3x人)
②両方x人は、45÷3=15人
③文化系のみの生徒(③)は、
45−15=30人
その20%の人数が球技クラブ。
30×0.2=6人

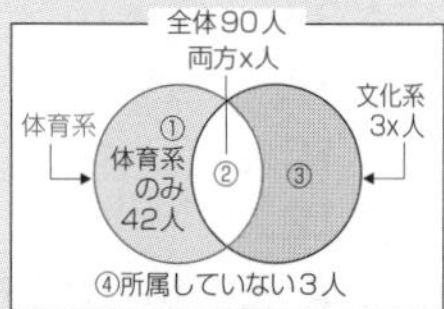

正解 C

7 80人にアンケートをしたところ、P社製の車を所有する人は35人、Q社製の車を所有する人は30人、R社製の車を所有する人は16人だった。また、R社製の車のみを所有する人は10人、P社の車もQ社の車も所有する人は5人、3社の車を所有する人は1人だった。2社以上の車を所有する人は何人か。

○A 9人
○B 10人
○C 11人
○D A〜Cのいずれでもない

●下図で、2社以上の車を所有する人は、
(①+②+③+1)人。
①=5−1=4人
①以外の重なり(②+③+1)は、「R16人」から「Rのみ10人」をひいた6人。従って、2社以上の車を所有する人は、
4+6=10人

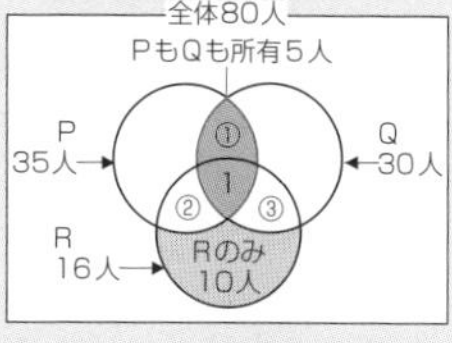

正解 B

8 地域の住人200人に、必要とする公共施設についての調査を行った。下表はアンケート結果の一部である。

医療施設	(　)人
福祉施設	95人
スポーツ施設	75人

(複数回答あり。無回答なし)

また、「医療・福祉・スポーツ」すべてが必要と答えた人が40人、「医療と福祉」の2つのみ必要が30人、「福祉とスポーツ」の2つのみ必要が10人、「医療とスポーツ」の2つのみ必要が5人であることがわかった。医療施設が必要と答えた人は何人いたか。

○A 80人
○B 115人
○C 155人
○D A〜Cのいずれでもない

●下図で、医療の○は、
(200−②−③−10)人
②=95−30−40−10=15人
③=75−5−40−10=20人
従って、医療は、
200−15−20−10=155人

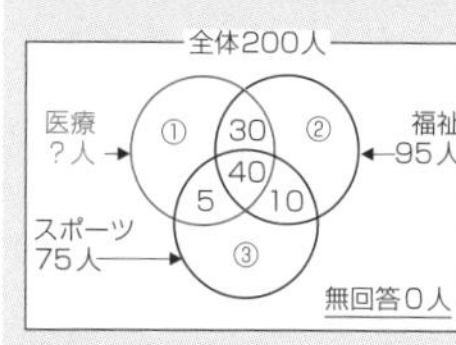

別解 医療の○は、
(①+30+40+5)人
①=200−95−75+40
+10=80
従って、医療は、
80+30+40+5=155人

正解 C

1章 集合

テストセンター
ペーパーテスティング
WEBテスティング

9 小学生200人を対象に、教科と得意分野についてのアンケートを行った。下の表は、その結果の一部である。

質問	回答	
音楽が好きか	好き	160人
	きらい	40人
歌が得意か	得意	130人
	得意ではない	70人
体育が好きか	好き	150人
	きらい	50人
鉄棒が得意か	得意	60人
	得意ではない	140人

❶ 音楽が好きで、かつ歌が得意だと答えた子が110人いた。音楽がきらいで、かつ歌が得意ではないと答えた子は何人か。

○A 20人　○B 30人　○C 50人
○D 90人　○E A～Dのいずれでもない

❷ 音楽も体育もきらいだと答えた子が10人いた。音楽と体育のいずれか一方だけを好きと答えた子は何人か。

○A 30人　○B 60人　○C 70人
○D 90人　○E A～Dのいずれでもない

❸ 歌も鉄棒も得意ではないと答えた子が30人いた。歌か鉄棒の少なくとも1つは得意だと答えた子は何人か。

○A 140人　○B 150人　○C 160人
○D 170人　○E A～Dのいずれでもない

解答&解説

●関係項目だけをベン図にする。「音楽が好き＝音」、「歌が得意＝歌」のように簡略に書く。

❶図で「④きらいで得意でない」は、200－(①+②+③)。
①+②+③は、
160+130－110=180人
④=200－180=20人

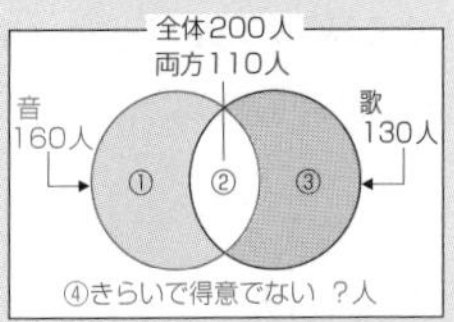

正解 A

❷「音楽と体育のいずれか一方だけを好き」は、図で「①音楽だけ好き+③体育だけ好き」。
①=200－10－150=40人
③=200－10－160=30人
①+③=40+30=70人

全体200人
音 160人
体 150人
① ② ③
④両方きらい10人

正解 C

❸全体200人のうち、「④両方得意でない30人」以外は、「少なくとも1つは得意」なので、
200－30＝170人

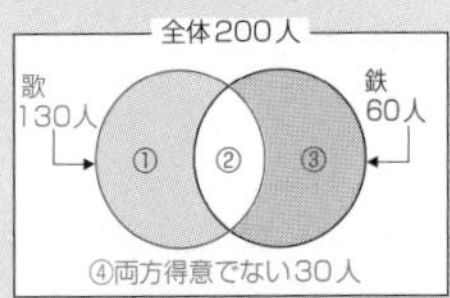

正解 D

10 ある空港で300人にアンケート調査を行ったところ、フランス語を話せる人が160人、英語を話せる人が130人、イタリア語を話せる人が80人いた。

❶ フランス語と英語の両方を話せる人が50人いた。フランス語または英語のうち、どちらか一方だけを話せる人は何人か。

○A 170人
○B 190人
○C 210人
○D 240人
○E A～Dのいずれでもない

❷ 前問の条件に加えて、イタリア語だけを話せる人が40人いた。フランス語、英語、イタリア語のどれも話せない人は何人か。

○A 20人
○B 35人
○C 60人
○D 70人
○E A～Dのいずれでもない

❸ 前問の条件に加えて、英語だけを話せる人は、フランス語は話せないが、英語とイタリア語は話せる人の3倍いた。英語だけを話せる人は何人か。

○A 6人
○B 18人
○C 30人
○D 60人
○E A～Dのいずれでもない

解答&解説

●以下、フランス語→フ、英語→エ、イタリア語→イ

❶下図でフとエのどちらか一方だけを話せる人はA＋B。
A＝160－50＝110
B＝130－50＝80
A＋B＝110＋80＝190
※160＋130－50＝240は、「フとエの少なくとも一方は話せる人(両方話せる人を含む)」なので間違い。

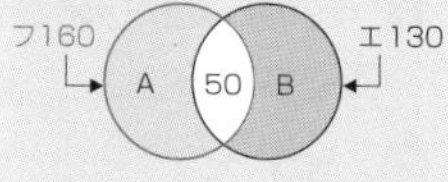

正解　B

❷外側⑧は、300から3つの円の領域を重複なくひいた数。
3つの円の領域は、
160+130−50+40=280
⑧＝300－280＝20

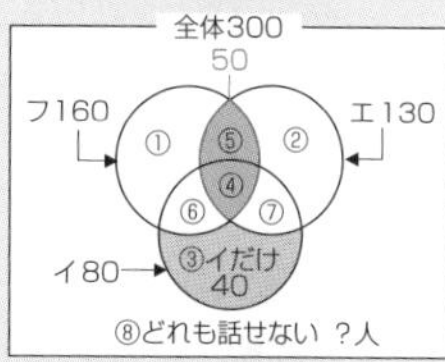

正解　A

❸エだけ話せる人は②、フは話せないがエとイは話せる人は⑦の領域。②＋⑦＝80人(❶で求めたB)。②は⑦の3倍なので、⑦×3＋⑦＝80
⑦×4＝80、⑦＝20
②＝20×3＝60

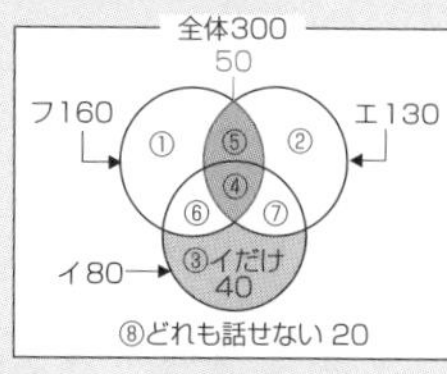

正解　D

1章 集合

テストセンター
ペーパーテスティング
WEBテスティング

16 順列・組み合わせ【基本問題】

◉ 順列と組み合わせの公式は、必ず覚えておくこと。

例題 生徒会のメンバーには、P、Q、R、S、Tの計5人がいる。

❶ この5人から議長、副議長、書記を1人ずつ選びたい。選び方は何通りあるか。

❷ この5人から3人の当番を選びたい。選び方は何通りあるか。

いちばん速く解ける解法

❶ 5人から議長を選ぶのは5通り。副議長は議長以外の4人から選ぶので4通り。書記は議長、副議長以外の3人から選ぶので3通り。これらをかけ合わせて、5×4×3＝60通り。
順列の公式では、5人から3人を区別して選ぶので、${}_5P_3$。

${}_5P_3 = 5\times4\times3 = 60$通り

正解 60通り

❷ 5人から3人を区別して選ぶなら60通り。選んだ3人の区別の仕方（並べ方）は6通りあるが、ここでは区別しないので、この6通りは1通りと数える。従って、60÷6＝10通り。
組み合わせの公式では、5人から3人を選ぶので、${}_5C_3$。

${}_5C_3 = {}_5C_2 ※ = \dfrac{5\times4}{2\times1} = 10$通り

正解 10通り

重要

●順列…**5**人から**2**人を選んで順に並べる

${}_5P_2 = 5\times4 = 20$**通り**

5から下へ2回かける

◀順列は、区別する

●組み合わせ…**5**人から**2**人を選ぶ

${}_5C_2 = \dfrac{5\times4}{2\times1} = 10$**通り**

分子…5から下へ2回かける
分母…2から1までかける

◀組み合わせは、区別しない

※「5人から3人を選ぶこと」は「5人から選ばれない2人を選ぶこと」と同じ。従って、${}_5C_3$と${}_5C_2$の計算結果は等しくなる。

1 大人2人、子供4人の合計6人から4人を選んでリレーチームを作りたい。

❶ 走る順番は何通りあるか。

○A 120通り
○B 240通り
○C 360通り
○D A～Cのいずれでもない

❷ 大人1人、子供3人の4人を選ぶとき、走る順番は何通りあるか。

○A 96通り
○B 144通り
○C 192通り
○D A～Cのいずれでもない

解答&解説

❶順番をつけるので、6人から4人を選んで並べる順列。
${}_6P_4=6\times5\times4\times3=360$通り

正解 C

❷大人と子供を分けて考える。
大人2人から大人1人を選ぶ組み合わせは、

${}_2C_1=\frac{2}{1}=2$通り

子供4人から子供3人を選ぶ組み合わせは、

${}_4C_3={}_4C_1=\frac{4}{1}=4$通り

選んだ4人の並べ方は、
${}_4P_4=4\times3\times2\times1=24$通り
上の3つをかけ合わせる。
$2\times4\times24=192$通り

正解 C

---

2 P、Q、R、S、T、U、Vの7人を3人部屋と4人部屋に振り分けたい。

❶ 分け方は通りあるか。

○A 7通り
○B 35通り
○C 70通り
○D A～Cのいずれでもない

❷ Qが4人部屋になる分け方は何通りあるか。

○A 10通り
○B 20通り
○C 24通り
○D A～Cのいずれでもない

❶7人のうち3人部屋に入る3人を決めれば、残り4人は4人部屋に決まる。7人から3人を選ぶ組み合わせになる。

${}_7C_3=\frac{7\times6\times5}{3\times2\times1}=35$通り

正解 B

❷4人部屋の1人はQに決まっているので、Qを除いて考える。残り6人のうち3人がQと同じ4人部屋になれば、残り3人は自然と3人部屋に決まる。Q以外の6人から3人を選ぶ組み合わせとなる。

${}_6C_3=\frac{6\times5\times4}{3\times2\times1}=20$通り

正解 B

解答&解説

3 5種類のジャムと4種類のバターの中から、5種類を選びたい。

❶ ジャム4種類とバター1種類を選ぶとき、選び方は何通りあるか。

○A 12通り
○B 20通り
○C 30通り
○D A〜Cのいずれでもない

❷ バターが3種類以上になる組み合わせは何通りあるか。

○A 30通り
○B 45通り
○C 110通り
○D A〜Cのいずれでもない

❶ジャム4種類の組み合わせは、
${}_5C_4 = {}_5C_1 = 5$通り
バター1種類の組み合わせは、
${}_4C_1 = 4$通り
ジャム5通りそれぞれに、バター4通りの選び方があるので、
$5 \times 4 = 20$通り

正解 B

❷ジャム2種類とバター3種類の組み合わせは、
${}_5C_2 \times {}_4C_3 = 10 \times 4 = 40$通り
ジャム1種類とバター4種類は、
${}_5C_1 \times {}_4C_4 = 5 \times 1 = 5$通り
$40 + 5 = 45$通り
別解 すべての組み合わせの数(9種類から5種類選ぶ)から、余事象であるバター0〜2種類の場合の組み合わせの数を引いても求められる。
${}_9C_5 - {}_5C_5 - {}_5C_4 \times {}_4C_1$
$- {}_5C_3 \times {}_4C_2 = 45$通り

正解 B

---

4 総務部は男性G、H、I、Jの4人と女性K、L、Mの3人である。

❶ 男性Gを入れて3人の当番を選ぶとき選び方は何通りあるか。

○A 10通り
○B 15通り
○C 25通り
○D A〜Cのいずれでもない

❷ 男女それぞれ少なくとも1人は入れて、当番3人を選ぶとき、選び方は何通りあるか。

○A 25通り
○B 30通り
○C 35通り
○D A〜Cのいずれでもない

❶3人のうち1人はGに決まっているので、G以外の6人から2人を選ぶ組み合わせの数を求めればよい。
${}_6C_2 = \frac{6 \times 5}{2 \times 1} = 15$通り

正解 B

❷男女少なくとも1人は選ぶので、すべての組み合わせから、余事象である男性0人の場合と女性0人の場合を引く。すべての組み合わせの数は、
${}_7C_3 = \frac{7 \times 6 \times 5}{3 \times 2 \times 1} = 35$通り
男性0人の組み合わせは、女性3人から3人が選ばれる1通り。
女性0人の組み合わせは、男性4人から3人を選ぶ
${}_4C_3 = {}_4C_1 = 4$通りなので、
$35 - 1 - 4 = 30$通り

正解 B

解答&解説

5 月曜日から土曜日までの6日間、PとQが交代で各3日ずつ夜勤になる。2人が夜勤を担当する日の組み合わせの数は何通りか。

○A 10通り
○B 15通り
○C 20通り
○D A〜Cのいずれでもない

●片方の夜勤の日を決めれば、残りの日は自然ともう片方の夜勤の日に決まる。例えば、Pが月火水なら、Qは木金土。
従って、P(またはQ)が6日から3日の夜勤を選ぶ組み合わせの数になる。

$${}_6C_3=\frac{6\times5\times4}{3\times2\times1}=20\text{通り}$$

正解 C

---

6 リンゴが3個、モモが3個、カキが2個ある。ここから3個を取り出すとき、果物の選び方は何通りあるか。

○A 9通り
○B 10通り
○C 12通り
○D A〜Cのいずれでもない

●何個を同じ種類にするかで場合分けする。
3個が同じ種類…3個あるリンゴまたはモモの2種類から選ぶことなので、2通り。
2個が同じ種類…2個をリンゴに決めると残り1個はモモかカキで2通り。モモとカキについても同様に2通りで、
2通り×3種類=6通り。
3個とも違う種類…リンゴ1個、モモ1個、カキ1個の1通り。以上を合計して、
2+6+1=9通り

正解 A

---

7 0、1、2、3、4のカードが1枚ずつ、計5枚ある。この5枚から3枚を選ぶとき、3けたの偶数は何通り作れるか。ただし、0を一番上の位に使うことはできない。

○A 13通り
○B 26通り
○C 30通り
○D A〜Cのいずれでもない

●一の位が偶数になる0、2、4を場合分けする。
一の位が0…百の位は1、2、3、4の4通り。十の位は百の位ですでに使った数字を除く3通り。4×3=12通り。
一の位が2…百の位は0を除く1、3、4の3通り。十の位は0、1、3、4の4通りだが、百の位で使った数字を除くので3通り。3×3=9通り。
一の位が4…一の位が2の場合と同様、9通り。
以上を合計して、
12+9+9=30通り

正解 C

17 順列・組み合わせ【応用問題】

◉ コイン、サイコロ、塗り分けなど、応用問題や難しい問題を精選。

【コイン】表と裏があるコインを6回投げたとき、表が2回だけ出るような表裏の出方は何通りあるか。

いちばん速く解ける解法

例えばコインを3回投げて表が2回だけ出る出方は、3回のうち表を2回選ぶ組み合わせの数＝$_3C_2$通り（表表裏、表裏表、裏表表）となる。つまり、コインをn回投げて表（裏）がｒ回だけ出る出方は、$_nC_r$通り。

従って、6回投げて2回だけ表が出る出方は、

$$_6C_2=\frac{6\times5}{2\times1}=15\text{通り}$$

正解 15通り

例題 【サイコロ】サイコロXとサイコロYを同時に振った。出た目の積が5の倍数になる組み合わせは何通りあるか。ただし、「Xが1でYが6」と「Xが6でYが1」は別の組み合わせとして数えるものとする。

いちばん速く解ける解法

出た目の積が5の倍数になるのは、XかYに5の目が出たとき。「Xが5」のときは「Yが1～6の6通り」。「Yが5」のときは「Xが1～6の6通り」だが、ダブっている「5・5」の1通りを除くので、5通り。従って、6＋5＝11通り

別解 積が5の倍数になるのは、少なくとも一方に5が出たとき。すべての組み合わせ「6×6」から、余事象である「Xが1～4と6（5以外の5通り）」で「Yが1～4と6（5以外の5通り）」の組み合わせの数をひけば求められる。

6×6－5×5＝36－25＝11通り

正解 11通り

解答&解説

1 表と裏があるコインを7回投げた。

❶ 表が3回だけ出るような表裏の出方は何通りあるか。

○A 20通り
○B 30通り
○C 35通り
○D A～Cのいずれでもない

❷ 裏が5回以上出るような表裏の出方は何通りあるか。

○A 28通り
○B 29通り
○C 30通り
○D A～Cのいずれでもない

❶コインを7回投げて表が3回だけ出る出方は、

$_7C_3=\frac{7\times6\times5}{3\times2\times1}=35$通り

正解 C

❷7回で裏が5回以上出るとは、表が2回以下(2、1、0回)と同じ。表が2回出る出方は、

$_7C_2=\frac{7\times6}{2\times1}=21$通り

表が1回出る出方は1～7回のどれかに表が出る7通り。表が0回出る出方は7回すべてに裏が出る1通り。合計して、

21＋7＋1＝29通り

正解 B

---

2 P、Q、Rの3人がサイコロを1回ずつ振った。

❶ Pが3人の中で最も大きい目、Q、Rが同じ目となる組み合わせは何通りあるか。

○A 15通り
○B 16通り
○C 18通り
○D A～Cのいずれでもない

❷ P、Q、Rの順に目の数が小さくなっていく組み合わせは何通りあるか。

○A 15通り
○B 16通り
○C 20通り
○D A～Cのいずれでもない

❶問題文は、「1～6の6つの数からP>Q＝Rという大小関係を満たす2つの数(つまり異なる2つの数)の組み合わせはいくつあるか」という意味と同じ。従って、

$_6C_2=\frac{6\times5}{2\times1}=15$通り

別解 Pが6のとき、他の数は1～5の5通り。Pが5のとき、他の数は1～4の4通り。以下同様なので、

5＋4＋3＋2＋1＝15通り

正解 A

❷「1～6の数からP>Q>Rという大小関係を満たす3つの数の組み合わせはいくつあるか」という意味と同じ。従って、

$_6C_3=\frac{6\times5\times4}{3\times2\times1}=20$通り

正解 C

解答&解説

3 音楽教室には月、水、金のいずれかで週1回、英会話スクールには火、水、木、金のいずれかで週2回行きたい。同じ曜日に2つの習い事が重ならないように通う組み合わせは、何通りあるか。

○A 6通り　○B 12通り
○C 24通り　○D A～Cのいずれでもない

●週1回の音楽の曜日を決めてから、英語の曜日を考える。
①音楽が月…英語は火水木金の4日のうち2回になるので、
$_4C_2$＝6通り
②音楽が水…英語は火木金の3日のうち2回になるので、
$_3C_2$＝$_3C_1$＝3通り
③音楽が金…英語は火水木の3日のうち2回になるので、
$_3C_2$＝$_3C_1$＝3通り
よって、6＋3＋3＝12通り

正解　B

4 男性G、H、Iと女性P、Q、Rの計6人が横一列に並ぶ。

❶　男女が交互になるように並びたい。並び方は何通りあるか。

○A 12通り　○B 36通り
○C 72通り　○D A～Cのいずれでもない

❷　GとHが隣り合う並び方は何通りあるか。

○A 240通り　○B 480通り
○C 960通り　○D A～Cのいずれでもない

❶(男女男女男女)と(女男女男女男)の2通り。それぞれに男性3人の順列($_3P_3$=6通り)と女性3人の順列($_3P_3$)がある。
2×6×6=72通り

正解　C

❷「GH」を1人と考えれば、5人を並べる順列になる。
$_5P_5$＝120通り
GとHの並びは、「GH」と「HG」の2通りがあるので、
120×2＝240通り

正解　A

5 P、Q、Rという3つの町に旅行をする。どの町にも泊まり、同じ町に2泊以上するときは連泊するものとする。

❶　4泊する場合、どこにいつ泊まるかの組み合わせは何通りあるか。

○A 12通り　○B 18通り
○C 24通り　○D A～Cのいずれでもない

❷　最初はQを訪れることにした。5泊する場合、どこにいつ泊まるかの組み合わせは何通りあるか。

○A 6通り　○B 12通り
○C 18通り　○D A～Cのいずれでもない

❶3つの町を訪れる順番は、
$_3P_3$＝6通り
泊まり方は$_3C_1$＝3通り
(①＝1泊、②＝2泊、①①②、①②①、②①①の3通り)
6×3＝18通り

正解　B

❷泊まり方は③(3泊)が入るとき①①③で③の入れ方が3通り。②が入るとき①②②で①の入れ方が3通り。従って3＋3＝6通り。順番はQPRかQRPの2通りなので、
6×2＝12通り

正解　B

解答&解説

6 V、W、X、Y、Zの計5人が縦一列に並ぶ。

❶ Vは前から3番目になり、XがVより前にならない並べ方は何通りあるか。
○A 10通り ○B 12通り
○C 20通り ○D A～Cのいずれでもない

❷ WはYより前になり、XはYより後ろになる並べ方は何通りあるか。
○A 10通り ○B 20通り
○C 60通り ○D A～Cのいずれでもない

❶Xが4番目…○○VX○
○にWYZの3人を並べる順列なので、$_3P_3$＝6通り
Xが5番目…同様に6通り
よって、6＋6＝12通り

正解 B

❷○○○○○にVZが入る並び方は$_5P_2$＝20通り。残り3か所はWYXの順なので1通り。
20×1＝20通り
別解 ○○○○○にWXYが入る順列は、$_5P_3$＝60通り。3人の順番はWYXに固定なので、WXYの並び方$_3P_3$＝6通りでわって60÷6＝10通り。残りVZの並び方が2通りで、
10×2＝20通り

正解 B

7 東京、横浜、京都、大阪、広島という5つの都市のうちから3つの都市を選んで旅行したい。

❶ 京都を入れる選び方は何通りあるか。
○A 6通り ○B 12通り
○C 24通り ○D A～Cのいずれでもない

❷ 少なくとも東京か横浜のどちらかを入れる選び方は何通りあるか。
○A 6通り ○B 10通り
○C 12通り ○D A～Cのいずれでもない

❸ 東京と横浜のうち、どちらか一方だけを入れる選び方は何通りあるか。
○A 3通り ○B 6通り
○C 12通り ○D A～Cのいずれでもない

❶3都市のうちの京都は決まっているので、残り4つから2つを選ぶ組み合わせ。
$_4C_2$＝6通り 正解 A

❷東京と横浜両方が入ってもよい。京都・大阪・広島を入れる1通り以外は、必ず東京か横浜が入る。すべての組み合わせ（$_5C_3$＝$_5C_2$＝10通り）から、1通りをひけばよい。
10－1＝9通り
別解 東京が入る…残り4都市から2つを選ぶ$_4C_2$＝6通り。
横浜だけが入る…東京以外の3都市から2つを選ぶ$_3C_2$＝$_3C_1$＝3通り。6＋3＝9通り

正解 D

❸東京が入る…横浜以外の3都市から2つを選ぶ$_3C_2$＝$_3C_1$＝3通り。横浜が入る…同様に3通り。3＋3＝6通り
別解 東京・横浜から1つを、残る3都市から2つを選ぶので、
$_2C_1$×$_3C_2$＝6通り

正解 B

解答&解説

8 男性3人、女性4人のダンスクラブがある。

❶ この中から男女のペアを同時に2組選びたい。選び方は何通りあるか。

○A 18通り ○B 36通り
○C 72通り ○D A～Cのいずれでもない

❷ この中からペアを同時に2組選びたい。選び方は何通りあるか。ただし、男性同士、女性同士のペアがあってもかまわない。

○A 36通り ○B 105通り
○C 210通り ○D A～Cのいずれでもない

❶男女別に考える。
男は3人から2人を選ぶので、
${}_3C_2={}_3C_1=3$通り
女は4人から2人を選ぶので、
${}_4C_2=6$通り
選ばれた男2人ABと女2人abのペアの組み合わせは、
Aa・Bb か Ab・Baの2通り。
従って、3×6×2=36通り

正解 B

❷7人から2組のペアになる4人を選ぶので
${}_7C_4={}_7C_3=35$通り
選ばれた4人の中でペアを組む組み合わせは、1人に対して3人いるので3通り(もう1組は残った2人になる)。
35×3=105通り

正解 B

---

9 ある講演会では、午前に3人、午後に5人の計8人の講師が講演をすることになっている。

❶ 午前に2人、午後に3人の計5人の講師の講演を聞くときの講師の選び方は何通りあるか。

○A 13通り ○B 10通り
○C 30通り ○D A～Cのいずれでもない

❷ 午前に2人以上、午前と午後で計5人の講師の講演を聞くときの講師の選び方は何通りあるか。

○A 30通り ○B 40通り
○C 300通り ○D A～Cのいずれでもない

❶午前は3人から2人を選ぶ。
${}_3C_2={}_3C_1=3$通り
午後は5人から3人を選ぶ。
${}_5C_3={}_5C_2=10$通り
3通りのそれぞれに10通りがあるので、3×10=30通り。
98ページの問3❶と同じ考え方。

正解 C

❷午前2人のときと午前3人のときで場合分けする。
午前に2人を選ぶ場合は、❶で計算した30通り。
午前に3人から3人を選ぶ場合は1通りで、このとき午後は5人から2人を選ぶので、
${}_5C_2=10$通り
30+10=40通り

正解 B

10 赤いボールが3個、青いボールが3個、白いボールが3個ある。

❶ ここから7個を取り出すとき、色の選び方は何通りあるか。

○A 4通り
○B 5通り
○C 6通り
○D A～Cのいずれでもない

❷ 9個を先頭から順に一列に並べるとき、色の並べ方は何通りあるか。

○A 420通り
○B 840通り
○C 1680通り
○D A～Cのいずれでもない

解答&解説

❶9個のうち7個を取り出すとは「9個のうち2個を選ばない」ことなので、赤赤・青青・白白・赤青・赤白・青白という組を選ばない6通り。

別解 7色の選び方は322か331のどちらか。
322のときは3になる色を選ぶ3通り。331のときは1になる色を選ぶ3通り。
3+3=6通り

正解 C

❷9か所(①②③④⑤⑥⑦⑧⑨)のうち、赤は3か所に入るので${}_9C_3$通り。青は残った(9−3=)6か所のうち3か所に入るので${}_6C_3$通り。白は残った3か所に入るので${}_3C_3$通り。これらをかけ合わせる。
${}_9C_3 \times {}_6C_3 \times {}_3C_3 = 1680$通り

正解 C

11 9人でホテルに泊まることになった。

❶ 4人部屋、3人部屋、2人部屋に分かれる組み合わせの数は何通りあるか。

○A 420通り
○B 840通り
○C 1260通り
○D A～Cのいずれでもない

❷ 3人ずつ3人部屋に分かれる組み合わせの数は何通りあるか。なお、3部屋の区別はないものとする。

○A 280通り
○B 560通り
○C 1680通り
○D A～Cのいずれでもない

❶9人から4人部屋に入る4人を選ぶのは、${}_9C_4$通り。残った5人から3人部屋に入る3人を選ぶのは、${}_5C_3={}_5C_2$通り。残った2人から2人部屋に入る2人を選ぶのは、${}_2C_2$通り。
これらをかけ合わせる。
${}_9C_4 \times {}_5C_2 \times {}_2C_2 = 1260$通り

正解 C

❷A室、B室、C室とする。9人からA室3人を選ぶのは${}_9C_3$通り。残り6人からB室3人を選ぶのは${}_6C_3$通り。残り3人からC室3人を選ぶのは1通り。この積は1680通りだが、3部屋の区別の${}_3P_3$通り(3!=3×2×1=6通り)はないので、※
1680÷6=280通り

※A①②③B④⑤⑥C⑦⑧⑨と、A④⑤⑥B⑦⑧⑨C①②③は同じ。

正解 A

12 P、Q、R、S、T、Uの6人で、アまたはイのテーブルにまとまって座りたい。ただし、各テーブルの席には①から⑥までの番号がつけられていて、区別するものとする。

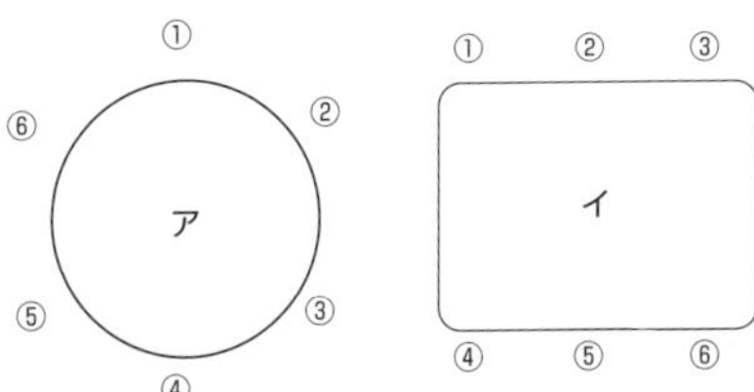

❶ アのテーブルで、PとQが隣同士になるように6人が座る座り方は何通りか。

○A 72通り ○B 144通り
○C 288通り ○D A～Cのいずれでもない

❷ アのテーブルで、①にPが座った。このときQとRの2人が向かい合うように6人が座る座り方は何通りか。なお、「向かい合う」とは、①と④、②と⑤、③と⑥の位置関係である。

○A 24通り ○B 36通り
○C 72通り ○D A～Cのいずれでもない

❸ イのテーブルで、PとQが向かい合うように6人が座る座り方は何通りか。なお、「向かい合う」とは、①と④、②と⑤、③と⑥の位置関係である。

○A 24通り ○B 72通り
○C 144通り ○D A～Cのいずれでもない

❹ イのテーブルで、PとQが隣同士にならないように6人が座る座り方は何通りか。

○A 144通り ○B 192通り
○C 264通り ○D A～Cのいずれでもない

解答&解説

❶隣り合う2席は、①②、②③、③④、④⑤、⑤⑥、⑥①の6通り。PとQの座り方はそれぞれ(PQ)と(QP)の2通りで、6×2＝12通り。
残った4人は4席に座るので、
$_4P_4$＝24通り。
これをかけ合わせて、
12×24＝288通り

正解 C

❷アの①にPなら、向かい合う2席は、②⑤と③⑥の2通り。QとRの座り方はそれぞれ(QR)と(RQ)の2通りで、2×2＝4通り。残った3人が3席に座るので、$_3P_3$＝6通り。これをかけ合わせて、
4×6＝24通り

正解 A

❸イで向かい合う2席は、①④、②⑤、③⑥の3通り。
PとQの座り方は、それぞれ(PQ)と(QP)の2通りで、
3×2＝6通り。残りはPQ以外の4人が4席に座るので、
$_4P_4$＝24通り
これをかけ合わせて、
6×24＝144通り

正解 C

❹6人が6席に座る座り方は、$_6P_6$＝720通り。ここからPとQが隣同士になる座り方の数を引く。隣同士になる座り方は、①②、②③、④⑤、⑤⑥の4通り。PとQの座り方は4通りそれぞれに(PQ)と(QP)の2通りで、4×2＝8通り。残りはPQ以外の4人が4席に座るので、$_4P_4$＝24通り。従って、PとQが隣同士になる座り方は、
8×24＝192通り
720－192＝528通り

正解 D

13 P、Q、R、S、T、Uの6人の部員から、シングルス1名とダブルス1組(2名)に出場する選手を決める。両方に出場する選手がいてもかまわない。

❶ 選手の選び方は、全部で何通りあるか。

○A 60通り　○B 90通り
○C 120通り　○D A〜Cのいずれでもない

❷ Pがシングルスかダブルス、少なくともどちらかに出場する場合は何通りあるか。

○A 30通り　○B 35通り
○C 40通り　○D A〜Cのいずれでもない

解答&解説

❶シングルス1名の選び方は、$_6C_1=6$通り。ダブルス2名の選び方は$_6C_2=15$通り。よって、6×15=90通り

正解 B

❷Pがいずれにも出場しない場合を考える(それ以外の場合はPがどちらかに出場する)。Pを除くQ、R、S、T、Uの5人からシングルス1名とダブルス2名を選ぶので、

$_5C_1 \times {_5C_2}=50$通り

すべての場合が90通りなので、求める場合の数は、

90−50=40通り

正解 C

---

14 次の図形アと図形イの線で囲まれた領域すべてに色を塗りたい。ただし、線で隣り合う領域には同じ色が使えないものとする。

ア

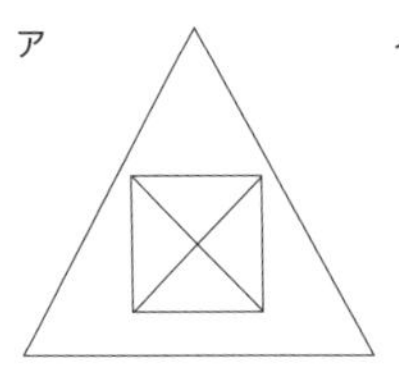

イ

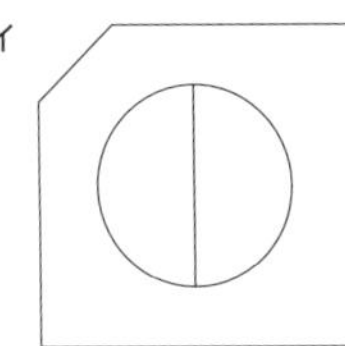

❶ 図形アに色を塗りたい。青、赤、白の3色が使えるとき、色の塗り方は何通りか。

○A 3通り　○B 6通り
○C 8通り　○D A〜Cのいずれでもない

❷ 図形イに色を塗りたい。青、赤、白、黄の4色が使えるとき、色の塗り方は何通りか。

○A 6通り　○B 12通り
○C 24通り　○D A〜Cのいずれでもない

❶領域は5つあるが、色は3色しか使えないので、色を塗り分ける異なる領域は、図の①②③の3か所と考えてよい(②同士、③同士は線で隣り合ってはいない)。3色を使って異なる3つの領域に塗るので、

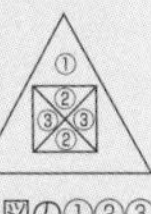

$_3P_3=6$通り

別解 ①に青なら、②③に(赤白)か(白赤)の2通り。これは青赤白の3色について同様なので、2×3=6通り

正解 B

❷4色から3色を選んで、図の①②③の3か所に塗るので、

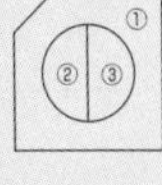

$_4P_3=24$通り

別解 ①に青なら、②③には残った3色のうち2色を使うので、$_3P_2=6$通り。これは青赤白黄の4色について同様なので、6×4=24通り

正解 C

18 順列・組み合わせ【重複・円】

◉ 重複する順列・組み合わせと円になって並ぶ順列の問題。

リンゴ、ミカン、カキ、バナナの４種類の果物がたくさん入った箱がある。ここから２個取り出すときの選び方は何通りあるか。

いちばん速く解ける解法

２個の種類が同じ…４種類なので４通り（リリ、ミミ、カカ、ババ）

２個の種類が違う…４種類から２個を選ぶので、${}_{4}C_{2}=6$通り

上記をたして、$4+6=10$通り

別解 重複組み合わせの公式を使う。４種類から２個を選ぶ。

${}_{4+2-1}C_{2}={}_{5}C_{2}=\dfrac{5\times4}{2\times1}=10$通り

正解 10通り

A、B、C、Dの４人が手をつないで円になるときの並び方は何通りあるか。

いちばん速く解ける解法

順列では ${}_{4}P_{4}=4\times3\times2\times1=24$通りだが、円で並ぶので、下の図のような４つの並びは回転すると同じものになる。従って、

$24\div4=6$通り

別解 円順列の公式 $(n-1)!$※を使う。$n=4$なので、

$(4-1)!=3!=3\times2\times1=6$通り

正解 6通り

●重複順列…**3**種類から**4**個を選んで順番に並べる。

$3^4=3\times3\times3\times3=81$通り

●重複組み合わせ…**3**種類から**4**個を選ぶ。

${}_{3+4-1}C_{4}={}_{6}C_{4}={}_{6}C_{2}=\dfrac{6\times5}{2\times1}=15$通り

●円順列…**5**人を円に並べる。 $(5-1)!=4!=4\times3\times2\times1=24$通り

※隣へ１つずれた場合に同じ並びになり、n通り分を数えないことになるので$(n-1)!$。あるいは、n人のうち１人を固定して、残る$(n-1)$人を並べるので$(n-1)!$。

1 1、2、3、4、5の5つの数字で5けたの整数を作る。百の位が3、一の位が2になる数は何通り作れるか。ただし、同じ数字を重複して何回使ってもよい。

○A 60通り　○B 120通り
○C 125通り　○D A～Cのいずれでもない

解答&解説

●百の位は3、一の位は2に決まっているので、結局、百の位と一の位を除く3けたの数と考えてよい。すると、5つの数字から3つを選んで並べる重複順列となる。

$5^3=5\times5\times5=125$通り

正解　C

---

2 3種類のワインA、B、Cの試飲会があり、1人が1杯から3杯試飲できる。1人で試飲するとき、ワインの種類の選び方は何通りあるか。

○A 6通り
○B 7通り
○C 8通り
○D A～Cのいずれでもない

●種類の選び方なので、何杯なのかは考えないでよい。

1種類…A、B、Cの3通り(A、BB、CCCなど)。

2種類…AB、AC、BCの3通り(AB、BBCなど)。

3種類…ABCの1通り。

$3+3+1=7$通り

別解 A、B、Cについて、飲むか飲まないかで2^3通り。すべて飲まない1通りだけ不適なので、$2^3-1=7$通り

正解　B

---

3 赤玉3個、白玉3個、青玉2個がある。

❶ ここから3個を取り出したい。色の選び方は何通りあるか。

○A 8通り
○B 9通り
○C 10通り
○D A～Cのいずれでもない

❶3種類から3個を選ぶ重複組み合わせは、

${}_{3+3-1}C_3={}_5C_3={}_5C_2=10$通り

青玉が3個の場合はありえないので、この1通りを抜いて、

$10-1=9$通り

正解　B

❷ ここから4個を取り出したい。色の選び方は何通りあるか。

○A 6通り
○B 8通り
○C 10通り
○D A～Cのいずれでもない

❷場合分けで解いた方が混乱しない。4個のうち、

3個が同じ色…(赤赤赤・白)(赤赤赤・青)(白白白・赤)(白白白・青)の4通り。

2個が同じ色…(赤赤・白白)(赤赤・青青)(白白・青青)の3通りと、(赤赤・白青)(白白・赤青)(青青・赤白)の3通り。

これをたして、

$4+3+3=10$通り

正解　C

4 X、Y、Zという3つの箱にボールを5個入れる場合、入れ方のパターンは何通りあるか。ただし、ボールを入れない箱があってもよい。

○A 15通り
○B 20通り
○C 21通り
○D A～Cのいずれでもない

●3種類から5個を選ぶ重複組み合わせになる。
$_{3+5-1}C_5 = {}_7C_5 = {}_7C_2 = 21$通り
公式の意味…5個●●●●●のボールを3つの箱XYZに仕分けると考える。

X Y Z
●●■●●■●

Xへ2個、Yへ2個、Zへ1個
5個＋仕切り2個＝7個で、7個のうち2個を仕切りに選ぶとX、Y、Zへの配分が変わるので、7個から2個を選ぶ組み合わせの数、$_7C_2 = 21$通り。

正解　C

5 大人2人と子供4人の計6人が、手をつないで輪になる。

❶ 6人の並び方は全部で何通りあるか。
○A 5!通り
○B 6!通り
○C 7!通り
○D A～Cのいずれでもない

❷ 大人2人が向かい合うように、6人で輪になりたい。並び方は何通りあるか。
○A 12通り
○B 24通り
○C 48通り
○D A～Cのいずれでもない

❸ 大人2人が手をつなぐように、6人で輪になりたい。並び方は何通りあるか。
○A 12通り
○B 24通り
○C 48通り
○D A～Cのいずれでもない

❶異なる6個を並べる円順列なので、(6－1)!=5! 通り

正解　A

❷大人Ⓐと大人Ⓑが向かい合うので、Ⓐを固定するとBの位置は自動的に決定する。回転するとⒶとBの位置は重なるので、大人の並び方は1通り。残った4か所に4人の子供❶❷❸❹が並ぶ順列は、$_4P_4 = 24$通り
1×24=24通り

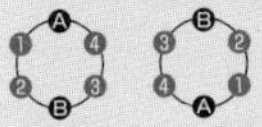

正解　B

❸大人Ⓐと大人ⒷをⒶⒷのワンセットと考えれば、5人の円順列なので、(5－1)!＝4! 通り＝24通り。今度は円で回転しても(ⒶⒷ)と(ⒷⒶ)で順番が違うため重ならず、区別が必要なので、大人の並び方は2通り。従って、
24×2＝48通り

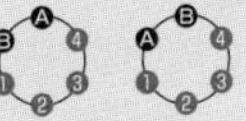

正解　C

6 洋菓子5種類、和菓子3種類から何種類かを選んで1箱に詰めたい。

❶ 1種類4個ずつで計12個を入れるときの組み合わせは何通りあるか。

○A 14通り ○B 28通り ○C 56通り
○D A〜Cのいずれでもない

❷ 和菓子と洋菓子を3個ずつ、計6個入れるときの組み合わせは何通りあるか。

○A 120通り
○B 175通り
○C 300通り
○D A〜Cのいずれでもない

解答&解説

❶1種類4個、計12個なので、
12÷4＝3種類。
全部で、5＋3＝8種類の中から3種類を選ぶ組み合わせになるので、
$_8C_3$＝56通り

正解 C

❷洋菓子は5種類から3個を選ぶ重複組み合わせなので、
$_{5+3-1}C_3 = {}_7C_3$通り
和菓子は3種類から3個を選ぶ重複組み合わせなので、
$_{3+3-1}C_3 = {}_5C_3 = {}_5C_2$通り
これをかけ合わせる。
$_7C_3 \times {}_5C_2$＝350通り

正解 D

---

7 赤、白、黄色の花がそれぞれ10本ずつ計30本ある。ここから10本を選んで花輪を作りたい。

❶ 2色で作るとき、10本の色の組み合わせは何通りあるか。

○A 9通り ○B 18通り ○C 27通り
○D A〜Cのいずれでもない

❷ 3色をそれぞれ少なくとも2本ずつ選ぶとき、10本の色の組み合わせは何通りあるか。

○A 6通り ○B 10通り ○C 12通り
○D A〜Cのいずれでもない

❸ 赤を3本だけ入れるとき、10本の色の組み合わせは何通りあるか。

○A 4通り ○B 8通り ○C 12通り
○D A〜Cのいずれでもない

❶赤白の場合、赤の本数は1〜9本の9通りで、残りは白に決定する。これが赤白、赤黄、白黄の場合の3通りあるので、
9×3＝27通り
別解 赤白の場合、最低1本ずつ入るので、残りは10－2＝8本。8本の選び方は2色から8本を選ぶ重複組み合わせで、
$_{2+8-1}C_8 = {}_9C_8 = {}_9C_1$＝9通り
これが赤白、赤黄、白黄の3通りあるので、9×3＝27通り

正解 C

❷3色を2本ずつなので10本のうち3×2＝6本は決まっている。残りは3種類の中から4本を選ぶ重複組み合わせになる。
$_{3+4-1}C_4 = {}_6C_4 = {}_6C_2$＝15通り

正解 D

❸赤3本は決まっているので、残りは白、黄色の2種類から7本を選ぶ重複組み合わせになる。
$_{2+7-1}C_7 = {}_8C_7 = {}_8C_1$＝8通り

正解 B

19 確率

◉「順列・組み合わせ」と並ぶ超頻出分野。必ずマスターしておこう。

Pの誕生日に雨が降る確率は30%で、Qの誕生日に雨が降る確率は40%である。このとき、次の質問に答えなさい。

❶ PとQ両方の誕生日に雨が降る確率は何%か。
❷ PとQ両方の誕生日に雨が降らない確率は何%か。
❸ 少なくともどちらか一方の誕生日に雨が降る確率は何%か。
❹ どちらか一方の誕生日だけに雨が降る確率は何%か。

いちばん速く解ける解法

❶ 複数のことがともに起こる確率(Pの誕生日に雨、かつQの誕生日に雨が降る確率)は、それぞれの確率をかけて求める。Pの30%(=0.3)とQの40%(=0.4)をかける。
0.3×0.4=0.12
正解 12%

❷ Pの誕生日に雨が降らない確率は、1−0.3=0.7…①
Qの誕生日に雨が降らない確率は、1−0.4=0.6…②
両方の誕生日に雨が降らない確率(①かつ②)は、
0.7×0.6=0.42
正解 42%

❸ 少なくともどちらか一方の誕生日に雨が降る確率は、すべての確率1から、どちらの誕生日にも雨が降らない確率(❷の答え)を除いた確率になる。
1−0.42=0.58
正解 58%

❹ どちらか一方の誕生日だけに雨が降るので、両方の誕生日に雨が降る確率は含まない。❸の答え0.58から❶の答え0.12をひいた0.46になる。

別解 Pの誕生日だけ雨が降る確率はPの誕生日に雨が降る確率0.3に、Qの誕生日に雨が降らない確率0.6をかけた0.18。また、Qの誕生日だけ雨が降る確率はQの誕生日に雨が降る確率0.4に、Pの誕生日に雨が降らない確率0.7をかけた0.28。これを合計する。
正解 46%

1 サイコロPとサイコロQを振った。出た目について、次の質問に答えなさい。

❶ 和が6になる確率はどれだけか。

○A 1/8　○B 5/36　○C 5/18
○D A～Cのいずれでもない

❷ 積が偶数になる確率はどれだけか。

○A 1/8　○B 2/3　○C 3/4
○D A～Cのいずれでもない

❸ 片方だけ1の目が出る確率はどれだけか。

○A 5/36　○B 5/18　○C 1/3
○D A～Cのいずれでもない

❹ 積が5の倍数になる確率はどれだけか。

○A 1/8　○B 5/18　○C 11/36
○D A～Cのいずれでもない

解答&解説

❶2つのサイコロの目の出方は6×6＝36通り。和が6になるのは（1と5）（5と1）（2と4）（4と2）（3と3）の5通り。従って、5/36。

正解　B

❷積が偶数になる（偶・偶）（偶・奇）（奇・偶）を場合分けするより、積が奇数になる（奇・奇）の場合をすべての場合の確率1からひいた方が早い。

$$1-\frac{3}{6}\times\frac{3}{6}=1-\frac{1}{4}=\frac{3}{4}$$

正解　C

❸片方だけ1は、（Pが1かつQが1以外）または（Pが1以外かつQが1）の2通り。

$$\frac{1}{6}\times\frac{5}{6}+\frac{5}{6}\times\frac{1}{6}=\frac{10}{36}=\frac{5}{18}$$

正解　B

❹Pが5以外かつQが5以外なら、5の倍数にならない。

$$1-\frac{5}{6}\times\frac{5}{6}=1-\frac{25}{36}=\frac{11}{36}$$

別解　Pが5のときにQは1～6の6通り、Qが5のときにPは5以外の5通り。
6＋5＝11通り

正解　C

2 P、Qの2人がボーリングをして1投目を投げた。ストライクの確率はPが1/3、Qが1/5である。

❶ 2人ともストライクでない確率はどれだけか。

○A 1/15　○B 5/12　○C 8/15
○D A～Cのいずれでもない

❷ 片方だけストライクの確率はどれだけか。

○A 2/5　○B 2/3　○C 7/10
○D A～Cのいずれでもない

解答&解説

❶ストライクでない確率は、
P…1－1/3＝2/3
Q…1－1/5＝4/5

$$\frac{2}{3}\times\frac{4}{5}=\frac{8}{15}$$

正解　C

❷Pがストライクで Qがストライクでない確率と、Qがストライクで Pがストライクでない確率を合計する。

$$\frac{1}{3}\times\frac{4}{5}+\frac{1}{5}\times\frac{2}{3}=\frac{6}{15}=\frac{2}{5}$$

正解　A

3 PとQが3回ジャンケンをする。ただし、アイコも1回と数える。

❶ Pが1回だけ負ける確率はどれだけか。

○A 4/27 ○B 4/9 ○C 5/9
○D A～Cのいずれでもない

❷ Pが少なくとも1回は負ける確率はどれだけか。

○A 1/6 ○B 8/27 ○C 19/27
○D A～Cのいずれでもない

解答&解説

❶確率は勝ち1/3、負け1/3、アイコ1/3。
Pが1回目だけ負けて、2、3回目は負けない確率は、

$\frac{1}{3}\times\frac{2}{3}\times\frac{2}{3}=\frac{4}{27}$

2回目だけ負ける、3回目だけ負ける場合も確率4/27。

$\frac{4}{27}\times3=\frac{4}{9}$

正解 B

❷余事象の「Pが1回も負けない確率」を全体1から引く。

$1-\frac{2}{3}\times\frac{2}{3}\times\frac{2}{3}=\frac{19}{27}$

正解 C

---

4 XとYがサイコロを振って、出た目の数が大きい方が勝つゲームをする。ただし、同じ数の目が出たら引き分けとする。

❶ XがYに勝つ確率はどれだけか。

○A 2/9 ○B 5/18 ○C 5/12
○D A～Cのいずれでもない

❷ Xが3以上の差で勝つ確率はどれだけか。

○A 1/12 ○B 1/6 ○C 5/127
○D A～Cのいずれでもない

❸ Xが4以上の目で勝つ確率はどれだけか。

○A 1/6 ○B 5/12 ○C 1/3
○D A～Cのいずれでもない

❶目の出方は6×6＝36通り。X＞Yという大小関係が成り立てばXがYに勝つので、違う数字2つの組み合わせの数(順列ではない)となる。
${}_6C_2$＝15通り。
15/36＝5/12

別解 引き分けは(1と1)～(6と6)まで、同じ数同士の6通り。引き分けにならないのは36－6＝30通り。甲と乙が勝つ確率は等しいので、30通りを2でわった15通り。

別解 XとYが、(2と1)(3と1～2)(4と1～3)(5と1～4)(6と1～5)の場合なので1＋2＋3＋4＋5＝15通り

正解 C

❷XとYが、(4と1)(5と2か1)(6と3か2か1)なので、1＋2＋3＝6通り。
6/36＝1/6

正解 B

❸Xが4以上の目で勝つのは、XとYが(4と1～3)(5と1～4)(6と1～5)で3＋4＋5＝12通りなので、12/36＝1/3

正解 C

解答&解説

5 5本のうち2本が当たりのくじがある。P、Q、R、S、Tの5人が、この順番でくじを引く。このとき、一度引いたくじは戻さないものとする。

❶ QとRが当たりを引く確率はどれだけか。

○A 1/20　○B 1/10　○C 1/5
○D A～Cのいずれでもない

❷ PとRのうちどちらか1人だけが当たりを引く確率はどれだけか。

○A 1/20　○B 3/20　○C 3/5
○D A～Cのいずれでもない

❶くじ引きはどの順番でも同じ確率になる。PQで考えると、Pが当たる確率2/5、その後でQが当たる確率1/4。
2/5×1/4＝1/10
別解 当たり2人の選び方は、$_5C_2$＝10通り。そのうちQRは1通り。

正解　B

❷Pが当たりを引いて、Rが当たりを引かない確率は、
2/5×3/4＝3/10
Rの場合も3/10なので、
3/10 ×2＝3/5

正解　C

6 赤玉3個と白玉5個が入った箱がある。ここから玉を2個出して色を確認する。

❶ 同時に2個出すとき、2個とも赤になる確率はどれだけか。

○A 3/28　○B 1/7　○C 5/28
○D A～Cのいずれでもない

❷ 出した玉を箱に戻してから次の玉を出すとき、赤玉と白玉が出る確率はどれだけか。

○A 3/28　○B 15/64　○C 15/32
○D A～Cのいずれでもない

❶8個から、赤玉を取り出す確率は3/8。残った7個から、赤玉を取り出す確率は2/7。
3/8×2/7＝6/56＝3/28
別解 8個から2個を選ぶ組み合わせの$_8C_2$＝28通りが分母。赤玉3個から2個の$_3C_2$＝$_3C_1$＝3通りが分子。

正解　A

❷白→赤は、5/8×3/8＝15/64、赤→白も同じ確率。
15/64×2＝15/32

正解　C

7 スペード、ハート、ダイヤ、クラブの4種類のカードが4枚ずつ、計16枚ある。ここから同時に2枚のカードを引く。

❶ 少なくともハートが1枚入っている確率はどれだけか。

○A 1/5　○B 9/20　○C 1/2
○D A～Cのいずれでもない

❷ 2枚とも同じマークである確率はどれだけか。

○A 1/5　○B 1/4　○C 9/16
○D A～Cのいずれでもない

❶2枚ともハート以外を引く確率を全体1から引く。
1−12/16×11/15=9/20
別解 16枚から2枚を引く選び方$_{16}C_2$＝120通りが分母。ハート以外の12枚から2枚を選ぶ$_{12}C_2$＝66が分子。
1－66/120＝9/20

正解　B

❷2枚ともハートの確率は、
4/16×3/15＝1/20
4種類で、1/20×4＝1/5
別解 2枚目が1枚目と同じマークの確率は3/15＝1/5

正解　A

解答&解説

8 大中小3個のサイコロを同時に投げるとき、出た目の数の積が偶数になる確率はどれだけか。

○A 1/8　○B 1/2　○C 7/8
○D A～Cのいずれでもない

●3個のサイコロの目の積が偶数になるのは、3個の目のうち偶数が少なくとも1つある場合。3個とも奇数になる確率を全体1から引けばよい。
1個が奇数の確率3/6＝1/2を3個なので3回かける。
1－1/2×1/2×1/2＝7/8

正解　C

---

9 50円玉が2枚、100円玉が2枚ある。この4枚の硬貨を同時に投げ、表が出た硬貨の金額をたす。このとき、合計金額が200円ちょうどになる確率はどれだけか。

○A 3/32　○B 1/8　○C 3/16
○D A～Cのいずれでもない

●「50円2枚表＋100円表」と「100円2枚表」の2通り。表裏すべての組み合わせの数は、2^4＝16通り。50円2枚表＋100円表は50円2枚表が決まりで、100円2枚のうち1枚が表になる組み合わせが2通り。100円玉2枚表の組み合わせは1通り。計3通りなので、金額合計が200円になる確率は、3/16。

正解　C

---

10 黒い碁石3個と白い碁石3個が入った袋がある。1個ずつ袋から出していって袋には戻さないとき、2番目と4番目と6番目が白石である確率はどれだけか。

○A 1/20　○B 1/12　○C 1/6
○D A～Cのいずれでもない

●6個から白3個を出す組み合わせ$_6C_3$＝20通りが分母。白は3個なので、2・4・6番目の計3回がすべて白になるのは1通りで、これが分子。従って、1/20。
別解 1個目から順に計算。
1番目が黒…6個のうち黒3で3/6＝1/2
2番目が白…残り5個のうち白3で3/5
3番目が黒…残り4個のうち黒2で2/4＝1/2
4番目が白…残り3個のうち白2で2/3
5番目が黒…残り2個のうち黒1で1/2
6番目が白…残り1個のうち白1で、1/1
これらをすべてかけ合わせて、1/20。

正解　A

解答&解説

11 1袋の中に商品Pまたは商品Qが1個と商品Xまたは商品Yが1個という、合計2個の商品が入っている福袋が100袋ある。商品の合計個数はP80個、Q20個、X70個、Y30個で計200個である。この福袋を1袋購入するとき、商品QもYも入っていない確率はどれだけか。

○A 1/20　○B 1/5　○C 3/5
○D A～Cのいずれでもない

●福袋に入っている商品の組み合わせは、PX、PY、QX、QYの4通り。このうちQもYも入っていない組み合わせは、PXのみ。
Pの入っている確率は、
80/100＝4/5
Xの入っている確率は、
70/100＝7/10
これをかけ合わせる。
4/5×7/10＝14/25

正解　D

12 あるゲームでは、サイコロを振って出た目の数だけコマを進める。ただし、6を出した場合はスタート地点に戻る。ゲーム開始から2回サイコロを振った結果、スタート地点から5つ進んだ位置にコマがある確率はどれだけか。

○A 1/8　○B 1/6　○C 5/36
○D A～Cのいずれでもない

●サイコロを2回振るので、サイコロの目の出方は全部で6×6＝36通り。
2回でスタート地点から5つ目の位置へとコマが進む組み合わせは、
(1→4)(2→3)(3→2)
(4→1)(6→5)の5通り。
従って、5/36。

正解　C

13 1から5までの数字がそれぞれ1つずつ書かれた5枚のカードが2組ある。

❶ 1組のカードをよくきって、左から横1列に5枚並べるとき、左から3番目に3、左から5番目に5が来る確率はどれだけか。
○A 1/25　○B 1/24　○C 1/20
○D A～Cのいずれでもない

❷ 1組のカードを横1列に5枚並べたあと、その下にもう1組のカードの5枚を並べる。上下のカードの数がすべて同じ順番で並ぶ確率はどれだけか。
○A 1/120　○B 1/60　○C 1/20
○D A～Cのいずれでもない

❶1～5の5枚のうちで3が3番目になる確率は1/5、残り4枚から5が5番目になる確率は1/4。
1/5×1/4＝1/20

正解　C

❷1組目はどんな並びでもよい(例えば12345)ので、2組目を1組目とまったく同じ順序(12345)に置いていく確率と考える。1枚目は5枚の中から1を選ぶ確率なので1/5、2枚目は2を選ぶ確率なので1/4、……となる。
1/5×1/4×1/3×1/2×1/1
＝1/120

正解　A

解答&解説

14 12人で、3人部屋、4人部屋、5人部屋の3つの部屋に分かれて泊まる際の部屋割りをくじで決めることにした。何人部屋になるかが書かれたくじが計12本あり、一度引いたくじは元に戻さないものとする。

❶ 最初にくじを引く2人が、どちらも3人部屋になる確率はどれだけか。

○A 1/24　○B 1/22　○C 1/11
○D A～Cのいずれでもない

❷ 最初にくじを引く3人が、4人部屋2人と5人部屋1人になる確率はどれだけか。

○A 1/22　○B 1/11　○C 3/22
○D A～Cのいずれでもない

❶12本から2本を引く組み合わせの数 $_{12}C_2$＝66通りが分母。3人部屋（3本）から2本を引く組み合わせの数 $_3C_2$＝$_3C_1$＝3通りが分子。
従って、3/66＝1/22
別解 1人目が3人部屋を引く確率は3/12→2人目が3人部屋を引く確率は2/11。
3/12×2/11＝1/22

正解　B

❷12本から3本を引く組み合わせの数は $_{12}C_3$＝220通り。4人部屋から2本は $_4C_2$＝6通り、5人部屋から1本は $_5C_1$＝5通り。

$$\frac{6\times5}{220}=\frac{3}{22}$$

別解
4/12×3/11×5/10=1/22
引く順番が3通りなので、3倍した3/22。

正解　C

15 黒い碁石が2個、白い碁石が6個入っている袋がある。

❶ 1個を取り出したら、色を確認して袋に戻す。これを3回繰り返したとき、黒石が1度だけ出る確率はどれだけか。

○A 1/64　○B 1/32　○C 27/64
○D A～Cのいずれでもない

❷ 1個を取り出したら、色を確認して袋に戻す。これを4回繰り返したとき、4回目で3度目の白石が出る確率はどれだけか。

○A 9/256　○B 27/256
○C 27/128
○D A～Cのいずれでもない

❶黒石が1度だけ出るのは、（黒→白→白）（白→黒→白）（白→白→黒）の3通り。どれも同じ確率なので、（黒→白→白）の確率を3倍する。そのつど石を袋に戻すので、石の数は変わらない。
2/8×6/8×6/8×3
＝9/64×3
＝27/64

正解　C

❷4回目で3度目の白が出るということは、3回目までに白が2度出ているということになる。これは（黒→白→白）（白→黒→白）（白→白→黒）の3通りで、前問の確率と同じ27/64。最後の4回目に8個中6個の白を引く確率が6/8＝3/4なので、これをかけ合わせる。
27/64×3/4＝81/256

正解　D

16 1～5までの数字が1つずつ書かれた、計5枚のカードがある。ここから3枚のカードを引く。

❶ 同時に3枚引くとき、1と2が両方入っている確率はどれだけか。

○A 1/20　○B 1/10　○C 3/10
○D A～Cのいずれでもない

❷ 一度引いたカードは戻さず、1枚目を百、2枚目を十、3枚目を一の位において3けたの数を作る。十の位が5になる確率はどれだけか。

○A 1/15　○B 1/10　○C 1/5
○D A～Cのいずれでもない

❶5枚から3枚を引く組み合わせの数$_5C_3$＝$_5C_2$＝10通りが分母。3枚引くうち1と2は決まっているので、3、4、5の3枚から1枚を引く組み合わせの数が、起こる場合の数になる。これは$_3C_1$＝3通り。従って、3/10。

正解　C

❷1枚目(百の位)が5になる確率も、2枚目(十の位)が5になる確率も同じく1/5。
別解　1枚目に5でないカードを引く確率…4/5
2枚目に5を引く確率…1/4
(3枚目に5でないカードを引く確率…3/3は不要)
4/5×1/4＝1/5

正解　C

17 赤玉と青玉が5：1の比率で入っている抽選箱があり、赤玉のうちの20%、青玉のうちの50%が印の付いた当たり玉となっている。1回の抽選で玉を1個取り出し、そのつど玉は抽選箱に戻すものとする。

❶ 当たり玉のうち、赤玉：青玉の比率はどれだけか。

○A 3：1　○B 2：1　○C 1：1
○D A～Cのいずれでもない

❷ 2回抽選して、2回ともはずれが出る確率はどれだけか。

○A 3/11　○B 6/11　○C 9/16
○D A～Cのいずれでもない

❸ 2回抽選して、少なくとも1回は赤玉の当たりが出る確率はどれだけか。

○A 5/36　○B 11/36　○C 1/3
○D A～Cのいずれでもない

❶赤玉の当たりの比率は5×0.2＝1。青玉の当たりの比率は1×0.5＝0.5。従って、赤玉の当たり：青玉の当たり＝1：0.5＝2：1。

正解　B

❷赤10個(当たり2、はずれ8)と青2個(当たり1、はずれ1)と仮の数をおく。全部で12個のうち、はずれは9個なので、2回連続してはずれを引く確率は、
9/12×9/12＝9/16

正解　C

❸前問同様、仮の数をおき、すべての確率1から2回抽選して赤玉の当たりが出ない確率を引く。1回の抽選で赤玉の当たり(12個中2個)が出ない確率は、10/12＝5/6。
それが2回連続する。
1−5/6×5/6＝11/36

正解　B

20 表の解釈

◉ 表の読み取りに加えて、比率、平均算、損益算などの知識が必要。

例題 4つのホテルW、X、Y、Zを訪れた人たちに、主として利用した交通手段を1つだけあげてもらった。表1は、ホテルごとに利用した交通手段の割合を示したものである。また表2は、ホテルごとの回答者数が回答者数全体に占める割合を示している。

【表1】利用した交通手段

交通手段＼ホテル	W	X	Y	Z	合計
電車	(　　)	20%	30%	60%	(　　)
バス	30%	20%	30%	10%	(　　)
乗用車	(　　)	50%	20%	20%	34%
その他	10%	10%	20%	10%	14%
計	100%	100%	100%	100%	100%

【表2】ホテルごとの回答者数の割合

	W	X	Y	Z	合計
回答者の割合	25%	20%	40%	15%	100%

ホテルWで「乗用車」と答えた人は、ホテルWでの回答者数の何%か（必要なときは、最後に小数点以下第1位を四捨五入すること）。

いちばん速く解ける解法

【表2】の合計100%を100人と考えれば、Wは25人、Xは20人、Yは40人、Zは15人。【表1】の乗用車の人数は、

X＝20×0.5＝10人　　　Y＝40×0.2＝8人

Z＝15×0.2＝3人　　　乗用車合計…100×0.34＝34人

Wの乗用車の人数は、34−(10＋8＋3)＝13人

ホテルWの回答者数25人に対するホテルWの乗用車を利用した人13人の割合は、

13÷25＝0.52＝52%

正解 52%

1 中学3年生40人に数学と理科のテストをした。下表は、得点の組み合わせに分けて人数を示したものである。数学で60点以上だった生徒の、理科の平均点としてありうるのは次のうちどれか（必要なときは、最後に小数点以下第2位を四捨五入すること）。

理科＼数学	0～19点	20～39点	40～59点	60～79点	80～100点
0～19点	1	1	2	0	0
20～39点	1	3	1	2	0
40～59点	0	2	5	8	0
60～79点	0	0	4	6	1
80～100点	0	0	0	1	2

○A 48.2点　○B 62.5点　○C 70.4点
○D A～Cのいずれでもない

●数学で60点以上は、2+8+6+1+1+2=20人
①理科で20人全員が各得点欄で最低点の場合の平均点は、
(0×0+20×2+40×8+60×7+80×3)÷20
=1020÷20=51点
②理科で20人全員が各得点欄で最高点の場合の平均点は、
(19×0+39×2+59×8+79×7+100×3)÷20
=1403÷20
=70.15→70.2点
従って、理科のありうる平均点は、51点～70.2点。
その範囲にある選択肢はB。

正解　B

2 ある店舗で、P、Q、Rという3つの商品の売上を調査したところ、下表の通りだった。

【表1】売上個数

商品	売上個数
P	□個
Q	□個
R	150個

【表2】1個の仕入れ値と売値

商品	仕入れ値	売値
P 1個	140円	210円
Q 1個	150円	180円
R 1個	□円	□円

❶　PとQは合計300個売れて、売上利益は13000円だった。Pは何個売れたか。
○A 50個　○B 80個
○C 100個　○D A～Cのいずれでもない

❷　❶のとき、Qの売上利益はRの売上利益の2倍であった。Rが仕入れ値の4割の利益を見込んだ売値となっていたとき、R 1個の売値はいくらか。
○A 50円　○B 70円
○C 90円　○D A～Cのいずれでもない

❶Pは210－140=70円、Qは180－150=30円の利益。Pの売上個数x個のとき、
$70x+30(300-x)=13000$
$x=100$
別解 300個がQなら、利益は300×30=9000円。
QをPにかえると、実際の利益13000円との差4000円が70－30=40円ずつうまるので、Pの売上個数は、
4000÷40=100個

正解　C

❷Qは300－100=200個売れたので、Qの利益は、
30×200=6000円
これがRの利益の2倍なので、Rの利益は3000円。売上個数でわるとR 1個の利益は、
3000÷150=20円
20円が仕入れ値の4割にあたるので、R 1個の仕入れ値は、
20÷0.4=50円
R 1個の売値は、
50+20=70円

正解　B

解答&解説

3 製品ア、イ、ウは、W、X、Y、Zという４つの会社が輸送を受け持っている。【表１】は各製品のトラック出荷台数を、また【表２】は各製品のトラック１台あたりの輸送費を示している。

【表１】製品ごとのトラック出荷台数（台）

	W	X	Y	Z	合計
製品ア	15	20	18	(a)	ー
製品イ	20	10	(b)	(c)	44
製品ウ	8	12	10	15	45

【表２】トラック１台あたりの輸送費（万円）

	W	X	Y	Z
製品ア	120	50	100	120
製品イ	80	120	150	100
製品ウ	110	100	110	100

●表１「製品ごとのトラック出荷台数」に表２「トラック１台あたりの輸送費」の数値をかけ合わせれば、W、X、Y、Zそれぞれの会社ごとの輸送費が求められる。

❶ 製品アの4社の輸送費合計額は、5800万円だった。会社Zのトラック出荷台数(a)を求めよ。

○A 8台　○B 9台

○C 10台　○D A～Cのいずれでもない

❶ 製品アの４社の輸送費合計額が5800万円。下の式で、aは製品アの会社Zのトラック出荷台数。

15×120＋20×50＋18×100＋120a＝5800

a＝10台

正解　C

❷ 製品イの4社の輸送費合計額は、4500万円だった。会社Yのトラック出荷台数(b)を求めよ。

○A 6台　○B 8台

○C 10台　○D A～Cのいずれでもない

❷bは、製品イの会社Yのトラック出荷台数。

cは、

44−20−10−b＝14−b

合計額が4500万円なので、

20×80＋10×120＋150b＋100(14−b)＝4500

b＝6台

正解　A

❸ 製品アの量を減らして会社Wの輸送費を3800万円以下にしたい。製品アを最低トラック何台分減らせばよいか。

○A 2台　○B 3台

○C 4台　○D A～Cのいずれでもない

❸製品アで減らす出荷台数をx台とする。会社Wの輸送費を3800万円以下にしたいので、

(15×120−120x)＋20×80＋8×110≦3800

x≧4

正解　C

4 ある学校の3年生は1クラス40人で、P、Q、R、Sの4クラスがある。下表は、1教科100点満点で行われた物理、生物、化学の3教科について、受験者数と平均点を表したものの一部である。

【表1】各クラス・各科目別受験者数

	Pクラス	Qクラス	Rクラス	Sクラス
物理	10人	15人	8人	7人
生物	18人	10人	22人	13人
化学	12人	15人	10人	20人

【表2】各クラス・各科目別平均点

	Pクラス	Qクラス	Rクラス	Sクラス
物理	70.9点	68.8点	60.5点	62.0点
生物	68.0点	67.8点	71.5点	75.0点
化学	72.5点	68.2点	70.5点	66.6点

●「平均点×人数=合計点」の公式を使う。

❶ Pクラスの3科目の平均点はいくつか(必要なときは、最後に小数点以下第2位を四捨五入すること)。

○A 66.6
○B 68.5
○C 70.1
○D A〜Cのいずれでもない

❶Pクラスの3科目の平均点は、Pクラスの3科目それぞれの合計点を合算して、40人でわれば求められる。
(70.9×10+68.0×18
+72.5×12)÷40
=70.075 → 70.1

正解 C

❷ 物理の全クラスの平均点はいくつか(必要なときは、最後に小数点以下第2位を四捨五入すること)。

○A 66.5
○B 68.6
○C 70.3
○D A〜Cのいずれでもない

❷物理を受験した全人数は、表1より、
10+15+8+7=40人
物理の全クラスの平均点は、物理の4クラスそれぞれの合計点を合算して、40人でわれば求められる。
(70.9×10+68.8×15+
60.5×8+62.0×7)÷40
=66.475 → 66.5

正解 A

5 列車Aは、始発駅のP駅を出発した後、順にQ駅、R駅の2駅に停車して、終点のS駅に到着する。表1は、P駅からQ駅、R駅、S駅までの距離と、乗車駅別にみた各駅での下車人数を示したものである。また、表2は、乗車駅からの距離別の運賃を示している。

【表1】各駅での下車人数

P駅からの距離	乗車＼下車	P	Q	R
32km	Q	15人		
90km	R	12人	16人	
122km	S	25人	30人	35人

【表2】距離別運賃表

距離	10kmまで	40kmまで	80kmまで	120kmまで	160kmまで
運賃	150円	300円	500円	700円	900円

❶ Q駅からR駅の間、列車Aに乗っていた人は何人か。

○A 28人　○B 46人　○C83人

○D A～Cのいずれでもない

❷ S駅で下車した人の乗車運賃の平均額はどれだけか(必要なときは、最後に小数点以下第1位を四捨五入すること)。

○A 450円　○B 550円　○C 600円

○D A～Cのいずれでもない

❸ 列車Aの乗車定員数を100人としたとき、P駅からS駅間の3区間の乗車率(乗車人数÷乗車定員数)の平均はどれだけか(必要なときは、最後に小数点以下第2位を四捨五入すること)。

○A 52.4%　○B 75.0%　○C 83.0%

○D A～Cのいずれでもない

解答&解説

❶Q駅からR駅の間、列車Aに乗っていた人とは、P駅かQ駅から乗車して、R駅かS駅で降りた人の合計。

P駅からの距離	乗車＼下車	P	Q	R
32km	Q	15人		
90km	R	12人	16人	
122km	S	25人	30人	35人

P駅乗車R駅下車の12人＋P駅乗車S駅下車の25人＋Q駅乗車R駅下車の16人＋Q駅乗車S駅下車の30人＝83人

正解　C

❷S駅下車の人は、P、Q、R駅のどの駅から乗車したかで運賃が変わる。

・P駅から122kmで900円
900×25＝22500円

・Q駅から122−32＝90kmで700円
700×30＝21000円

・R駅から122−90＝32kmで300円
300×35＝10500円

合計…22500＋21000＋10500＝54000円

乗車人数は、
25＋30＋35＝90人

従って、平均額は、
54000÷90＝600円

正解　C

❸区間別の乗車率は、

PQ間…(15＋12＋25)÷100＝0.52

QR間…(12＋25＋16＋30)÷100＝0.83

RS間…(25＋30＋35)÷100＝0.90

3区間の乗車率の平均なので、
(52＋83＋90)÷3
＝225÷3＝75.0%

正解　B

6 3種類の水溶液X、Y、Zに含まれる薬品a、b、c、dの重量百分率(%)は、下表の通りである。

	薬品a	薬品b	薬品c	薬品d
水溶液X	3.5	2.1	2.4	0.7
水溶液Y	0.5	3.0	0.6	2.1
水溶液Z	1.8	2.5	0.8	1.3

❶ ある一定量の水溶液Xに含まれる薬品aの重さが10gのとき、同水溶液に含まれる薬品bの重さは何gか。

○A 3g
○B 6g
○C 9g
○D 12g
○E A〜Dのいずれでもない

❷ 水溶液XとYを混合して新しい水溶液Pを作る。水溶液Pに含まれる薬品dの重量百分率を水溶液Zのそれと等しくするには、水溶液XとYをどのような割合で混ぜればよいか。

○A 2：1
○B 3：2
○C 3：4
○D 4：3
○E A〜Dのいずれでもない

❸ 水溶液XとYを混合して新しい水溶液Qを作る。水溶液Qに含まれる薬品aは24g、薬品cは18gであったとき、水溶液Xは何g混合したか。

○A 200g
○B 350g
○C 400g
○D 600g
○E A〜Dのいずれでもない

解答&解説

❶10gのaは3.5%。それに対して、bは2.1%なので、
10：3.5＝b：2.1
外項の積＝内項の積より、
10×2.1＝3.5b
b＝21÷3.5＝6

正解 B

❷薬品dの重量百分率は、Xが0.7%、Yが2.1%、Zが1.3%。
Xをxg、Yをyg混ぜてZに含まれるdの重量百分率と等しくしたいので、
0.7x＋2.1y＝1.3(x＋y)
0.6x＝0.8y
3x＝4y
両辺を3yでわって、$\frac{x}{y}=\frac{4}{3}$
従って、X：Y＝4：3。
別解 XとZの薬品dの濃度の差は、1.3－0.7＝0.6
YとZの薬品dの濃度の差は、2.1－1.3＝0.8
X：Y＝0.6：0.8＝3：4
薬品dの重量百分率を水溶液Zと等しくするには、混ぜる量はZとの濃度の差が大きいYの方を少なくするので、3：4の逆比で、4：3となる。

正解 D

❸Xをxg、Yをyg混合したとする。薬品aは24gなので、表の重量百分率より、
0.035x＋0.005y＝24
35x＋5y＝24000
両辺を5でわって、
7x＋y＝4800…①
薬品cは18gなので、表の重量百分率より、
0.024x＋0.006y＝18
24x＋6y＝18000
両辺を6でわって、
4x＋y＝3000…②
加減法によって、①－②でyを消せば、3x＝1800。
x＝600g

正解 D

7 ある有機化合物P、Q、Rは、水素、炭素、酸素、窒素、その他の元素で構成されている。P、Q、Rの1分子中の各元素の原子個数比は表の通りである。なお、各元素の重量比は、水素を1としたとき、炭素は12、酸素は16、窒素は14であるとする。

【原子個数比】

	水素	炭素	酸素	窒素	その他	合計
P	59.8%	23.1%	10.9%	3.5%	2.7%	100%
Q	63.0%	25.0%	9.8%	1.7%	0.5%	100%
R	60.9%	22.0%	11.2%	3.4%	2.5%	100%

❶ 化合物P１分子中に占める水素、炭素、酸素、窒素の各元素のうちで、重量が最大のものはどれか。

○A 水素
○B 炭素
○C 酸素
○D 窒素
○E A～Dのいずれでもない

❷ 化合物R１分子中の窒素の原子の個数が、化合物Qのそれの1/5であるとき、化合物R１分子中の炭素の原子の個数は、化合物Qのそれの何倍か（必要なときは、最後に小数点以下第3位を四捨五入すること）。

○A 0.08倍
○B 0.09倍
○C 0.11倍
○D 0.15倍
○E A～Dのいずれでもない

解答&解説

❶元素の重量比に、Pの原子個数比（割合）をかけ合わせる。
水素→1×59.8→小さい
炭素→12×23.1→約230
酸素→16×10.9→約160
窒素→14×3.5→小さい

正解 B

❷QとRの全体の個数の比を出し、次に炭素の個数を求める。

	炭素	窒素	窒素の原子個数
Q	25.0%	1.7%	1
R	22.0%	3.4%	1/5

①窒素の比から、QとR全体の個数の比をわり出す。
Qの窒素1.7%の1/5は、(1.7/5)%で、これがRの窒素3.4%と等しい個数になる。
Q全体×1.7/5＝R全体×3.4
（比率を考えるだけなので、1.7/5や3.4はそのまま使う）
Q全体＝R全体×3.4÷1.7/5
＝R全体×3.4×5/1.7
＝R全体×2×5
＝R全体×10
R全体の個数は、Q全体の個数の10分の1とわかる。
②炭素の個数をわり出す。
Q全体を100とすれば、25.0%のQの炭素は25個。
R全体はQの10分の1で10とし、22.0%のRの炭素は、
10×0.22＝2.2個
Rの炭素の原子の個数はQの、
2.2÷25＝0.088≒0.09倍

別解 Q、Rの全原子の個数をそれぞれq、rとすると、
q×1.7%：r×3.4%＝5：1
1.7%：3.4%＝1：2
なので、q：2r＝5：1
q×1＝2r×5→q＝10r
よって、q：r＝10：1。
炭素原子の個数比は、
Q：R＝10×25%：1×22%
＝250：22＝1：0.088

正解 B

8 混合気体X、Y、Zがそれぞれ封入されている3つの容器がある。表は、各容器に含まれている気体の構成体積比率(%)を示している。なお、メタンを1としたときの比重は( )内の通りとする。

【構成体積比率】 (%)

	気体X	気体Y	気体Z
メタン(1.0)	81.0	89.1	90.2
エタン(1.8)	9.0	8.5	4.0
プロパン(2.8)	5.5	0	3.8
ブタン(3.6)	2.5	2.0	1.3
ペンタン(4.5)	1.7	0.4	0.6
その他	0.3	0	0.1

❶ 気体Xに含まれているメタンの重量は52gだった。気体Xに含まれているエタンの重量はどれだけか(必要があれば、最後に小数点以下第2位を四捨五入すること)。

○A 2.6g
○B 5.2g
○C 10.4g
○D 12.0g
○E A～Dのいずれでもない

❷ 気体Yからメタンを除いたときの重量は97.2gだった。気体Yに含まれているブタンの重量はどれだけか(必要があれば、最後に小数点以下第2位を四捨五入すること)。

○A 15.3g
○B 24.3g
○C 28.8g
○D 30.0g
○E A～Dのいずれでもない

解答&解説

❶Xの構成体積比率は、メタン81.0%、エタン9.0%なので、エタンの体積はメタンの9/81=1/9である。

	気体X
メタン (1.0)	81.0
エタン (1.8)	9.0

エタンがメタン52gと同じ体積なら、比重がメタンの$\frac{1.8}{1.0}$であるエタンの重量は、

$52\times\frac{1.8}{1.0}=52\times1.8=93.6$g

実際の体積はこの1/9なので、

$93.6\div9=10.4$g

別解 メタン52gとエタンxgの重量比は、

$1.0\times81.0:1.8\times9.0$
$=81:16.2$
$=52g:xg$

内積=外積なので、xは、

$52\times16.2\div81=10.4$

正解 C

❷気体Yのメタンを除いたときの気体の体積比率を重量比率に換算する。

	気体Y	
メタン(1.0)	89.1	←メタンは除く
エタン(1.8)	8.5	
プロパン(2.8)	0	←0なので計算不要
ブタン(3.6)	2.0	
ペンタン(4.5)	0.4	
その他	0	←0なので計算不要

エタン … 1.8×8.5= 15.3
ブタン … 3.6×2.0= 7.2
ペンタン … 4.5×0.4= 1.8
合計… 24.3

メタンを除く重量が97.2gだったので、そのうち重量比率が7.2/24.3のブタンの重量は、

$97.2\times\frac{7.2}{24.3}=28.8$g

正解 C

21 特殊算

◉ 鶴亀算、年齢算、過不足算など、いろいろな問題をまとめた。

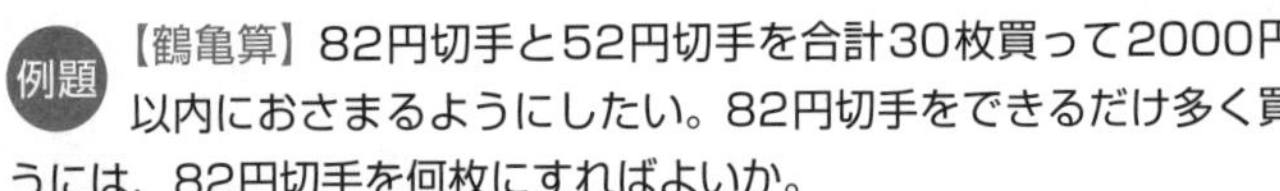

例題 【鶴亀算】82円切手と52円切手を合計30枚買って2000円以内におさまるようにしたい。82円切手をできるだけ多く買うには、82円切手を何枚にすればよいか。

いちばん速く解ける解法

52円切手だけで30枚買うと52×30＝1560円だが、実際の金額は2000円以内なので、2000－1560＝440円少なくなる。82円切手と52円切手の差額は30円なので、1枚入れかえるごとに合計金額は30円増えることになる。従って、440÷30＝14.66…枚が82円切手の数。14.66…枚は15枚ではなくて14枚と考えれば、30枚で2000円以内におさまる。

別解 82円切手をx枚とすれば、52円切手は(30－x)枚。

$82x+52(30-x) \leqq 2000$

$82x-52x \leqq 2000-1560$

$x \leqq 14.66\cdots$ 枚

82円切手14枚、52円切手16枚で1980円。　正解 14枚

【年齢算】現在、母親は32歳で、子供は4歳である。母の年齢が子供の年齢の3倍になるのは今から何年後か。

いちばん速く解ける解法

母親も子供も、x年後にはともにx歳だけ年をとる。
32歳の母親のx年後の年齢（32＋x）が、4歳の子供のx年後の年齢（4＋x）の3倍と等しくなるので、これを式にする。

$32+x=3(4+x)$

$32-12=3x-x$

$x=10$

10年後に、母42歳、子供14歳になる。　正解 10年後

解答&解説

□ **1** 1本200円のバラと1本120円のガーベラを合わせて12本購入し、代金2000円を支払った。ガーベラは何本買ったか。

○A 5本　○B 6本　○C 7本
○D A～Cのいずれでもない

●全部バラなら代金は2400円。200円のバラを120円のガーベラに入れかえるごとに200−120=80円ずつ、400円の差額をうめていく。ガーベラは、400÷80=5本
方程式でも解ける。

正解 A

□ **2** 1匹100円のアジと、1匹150円のサンマを合わせて10匹買うと、合計で1300円であった。サンマは何匹買ったか。

○A 4匹　○B 6匹　○C 8匹
○D A～Cのいずれでもない

●サンマをx匹とすれば、アジは10−x匹。
100(10−x)+150x=1300
x=6
前問の方法でも解ける。

正解 B

□ **3** 父と母の年齢差は7歳で、父、母の年齢は、それぞれ子の年齢の6倍、5倍である。このとき、父の年齢は何歳か。

○A 40歳　○B 42歳　○C 48歳
○D A～Cのいずれでもない

●子の年齢をx歳とすると、父は6x歳、母は5x歳となる。父と母の年齢差は7歳なので、
6x−5x=7
x=7
子は7歳、父は7×6=42歳となる。

正解 B

□ **4** 500円玉、100円玉、50円玉を全種類使って、11枚で1600円を作るとき、100円玉は何枚必要か。

○A 3枚　○B 4枚　○C 5枚
○D A～Cのいずれでもない

●500円玉2枚で1000円分、残り600円を計9枚の100円玉と50円玉で作る。100円玉をx枚として、
100x+50(9−x)=600
x=3

正解 A

□ **5** 80円、100円、120円、150円のパンを合計1100円分購入したい。150円のパンは2個以上、その他の種類のパンは1個以上買うとき、最大何個のパンが購入できるか。

○A 9個　○B 10個　○C 11個
○D A～Cのいずれでもない

●150円を2個、その他のパンを1個ずつ買うと、全部で5個で金額は、
150×2+80+100+120
=600円
1100−600=500円は、安いパンから順に、80円を5個と100円を1個買う。
合計…5+5+1=11個

正解 C

解答&解説

6 製品Pを3個入りと5個入りの箱で販売した。3個入りの箱を450円、5個入りの箱を700円で売ったとき、合計の売上額は7150円だった。3個入りは何箱売れたか。

○A 4箱
○B 5箱
○C 6箱
○D A~Cのいずれでもない

●7150円の下2桁が50円なので3個入りは奇数個になる。3個入り1箱450円を引くと6700円。端数の50円がないので、残りの3個入りは偶数個。
3個入り2箱…6700−450×2=5800円。700円でわり切れないので不適。
3個入り4箱…6700−450×4=4900円。4900÷700=7箱で適。最初の1箱をたして3個入りは5箱。

正解 B

7 ジョーカーを除いた1組のトランプ52枚から、何枚かのカードを抜き出した。

❶ 10枚ずつ並べていくと5枚余り、8枚ずつ並べていくと3枚余った。このときのカードは全部で何枚か。

○A 25枚
○B 27枚
○C 35枚
○D A~Cのいずれでもない

❶10枚ずつ並べて5枚余る数は、5から+10していくと、
15、25、35、45
8枚ずつ並べて3枚余る数は、3から+8していくと、
11、19、27、35、…
従って、35枚。
別解 10枚ずつで5枚余るので、10で割り切れる数に5足りない。8枚ずつで3枚余るので、8で割り切れる数に5足りない。10と8の公倍数より5少ない数だとわかる。10と8の公倍数40から5を引いた35が答え。

正解 C

❷ 何人かにカードを配った。5枚ずつ配ったら3枚余り、6枚ずつ配ったら5枚足りなかった。カードは何枚あるか。

○A 23枚
○B 34枚
○C 42枚
○D A~Cのいずれでもない

❷x人として方程式を立てる。
$5x+3=6x-5$
$x=8$人
枚数は、5×8+3=43枚。
別解 同じ人数に5枚ずつ配ると3枚余り、6枚ずつ配ると5枚足りないので、全体の差は3+5=8枚。このとき、1人に配られる枚数の差は6−5=1枚。1人1枚差が全体では8枚差なので、
人数は、8÷1=8人
枚数は、5×8+3=43枚

正解 D

解答&解説

8 社員旅行で84人の社員が、2人部屋、3人部屋、4人部屋の3種類の部屋、合計24室に分かれて泊まった。ただし、どの部屋にも定員ちょうどの人数で泊まったものとする。

❶ 4人部屋が14室の場合、2人部屋は何室か。

○A 2室　○B 3室　○C 4室
○D A～Cのいずれでもない

❷ 2人部屋と3人部屋の数が同じ場合、4人部屋は何室か。

○A 15室　○B 16室　○C 17室
○D A～Cのいずれでもない

❶4人部屋14室の人数は、
4×14=56人
残りは、84−56=28人
残りの部屋数は、
24−14=10室
2人部屋をx室とすれば、3人部屋は(10−x)室。
2x+3(10−x)=28
−x=28−30
x=2室

正解　A

❷2人部屋も3人部屋も同数のx室とすれば、4人部屋は(24−2x)室。式にすると、
2x+3x+4(24−2x)=84
−3x=84−96
x=4室
2人部屋と3人部屋が4室ずつで、計8室なので、4人部屋は、
24−8=16室

正解　B

9 PとQが勤務する会社は2交替制で、Pは4日毎、Qは5日毎に夜勤になる。あるとき、Pは12月1日に、Qはその翌日に夜勤となった。12月1日が過ぎてから、はじめてPとQが同じ日に夜勤になる日はいつか。

○A 12月12日
○B 12月13日
○C 12月17日
○D 12月21日
○E 12月22日
○F A～Eのいずれでもない

●間隔が長い方のQから選択肢の一番後の日付までをメモする。
Qは12月2日から5をたしていって、2、7、12、17、22日。
Pは12月1日から4をたしていって、
1、5、9、13、17日…
共通する12月17日が答え。
別解 Pの12月の夜勤日は、1日から4ずつ増えていく日(5、9、13…)なので、4でわると1余る日付。Qの12月の夜勤日は、2日から5ずつ増えていく日(7、12、17…)なので、5でわると2余る日付。これをもとに、選択肢の日付を暗算すれば、12月17日。
※4日毎(ごと)は間に3日入る。
❶②③④❺⑥⑦⑧❾⑩
4日おきなら間に4日入る。
❶②③④⑤❻⑦⑧⑨⑩⓫

正解　C

22 情報の読み取り

◉ 図表や文章の中の情報・数値を読み取る計算問題。

 次の資料の内容と一致するものをすべて選びなさい。

〔宿泊料金／大人1名1泊料金〕

宿泊日	コテージ	本館
土・日・祝日	9000円	14000円
上記以外の平日	7000円	12000円

- 乳児(2歳未満)は時期にかかわらず無料。子供(12歳未満)は、1人目は大人料金の半額。2人目以降は大人料金の1000円引き。
- シニア(満65歳以上)は、土・日・祝日は20%引き、平日は10%引き。
- 4月29日〜5月5日、8月12日〜15日は、料金1000円増し(割引適用後)。
- キャンセル料は、出発日の10日前までは無料、9〜8日前は料金の10%、7〜2日前は20%、前日は50%、当日は100%。

ア　3月の春分の日(祝日・木曜日)に3名(40歳代の大人1名、小学4年生2名)でコテージに1泊する際、料金合計は21500円である。

イ　5月2日(日曜日)に3名(30歳代の大人2名、1歳児1名)で本館に1泊する予約を前日にキャンセルしたときの、キャンセル料は14000円である。

ウ　8月13日の金曜日に2名(65歳の大人1名、中学生1名)で本館に宿泊する際、料金合計は24800円である。

いちばん速く解ける解法

選択肢の語句に関連する記述に注意して計算する。

ア　9000+(9000÷2)+(9000−1000)=21500円 → ○

イ　(14000+1000)×2×0.5=15000円 → ×

ウ　(12000×0.9)+12000+2000円=24800円 → ○

正解　ア、ウ

- 文章や表から選択肢の文章にある情報、数値を検索する。
- 必要な数値を手早くメモして、計算する。

1 次の文を読んで、各問いに答えなさい。

　2008年度は世界経済の急激な悪化の影響で電力需要が減少に転じた。電力会社Xの売上高は2008年度は15900億円、前年度は16100億円であり、販売電力量は2008年度は720億kWh、前年度は800億kWhであった。設備投資額は、安全確保・安定供給に向けた設備体制の強化により、2006年度の1800億円から2年連続で約20%ずつ増加している。

　2000年度以降、毎年低下してきた電気料金は、燃料価格の急激かつ大幅な高騰により、2008年度に上昇に転じ、1kWhあたり17.36円で、前年度の15.90円を上回ったが、10年前の18.16円よりは低い水準にある。2007年度、2008年度の当期純利益は、402億円、67億円となっている。

❶ 文中で述べられていることと一致するものは次のうちどれか。

ア　2008年度の販売電力量は、前年度の約111%だった。

イ　2006年度の電気料金は、15.90円より安かった。

ウ　2006年度から2008年度にかけて、設備投資額は約1.44倍になった。

○A アだけ　○B イだけ　○C ウだけ
○D アとイ　○E アとウ　○F イとウ

❷ 電力会社Xの売上高、および当期純利益は2008年度にどのように変化したか。

ア　売上高に対する当期純利益の割合は、前年度比横ばいであった。

イ　当期純利益は前年度の約6分の1に減少した。

ウ　売上高が前年度の約1.01倍になった。

○A アだけ　○B イだけ　○C ウだけ
○D アとイ　○E アとウ　○F イとウ

解答&解説

❶ア 「販売電力量は2008年度は720億kWh、前年度は800億kWhであった」とある。前年度の111%なら、08年度の方が多くないといけない →×
イ 「毎年低下してきた電気料金」とある。06年度の電気料金は07年度の15.90円より高いはず →×
ウ 「設備投資額は～2006年度の1800億円から2年連続で約20%ずつ増加」とある。1.2×1.2=1.44倍 →○

正解　C

❷ア　07年と08年の売上高は横ばいで、当期純利益は大きく減少している →×
イ　07年は402億、08年は67億なので、
67億÷402億＝1/6→○
ウ　07年の売上高は16100億、08年は15900億で減少しているため、1倍以上にはならない →×

正解　B

2 次の資料を用いて、各問いに答えなさい。

ある英会話スクールでは、3つのコースを設定しており、月単位払いのグループレッスンと時間単位払いの個人レッスンがある。

【英会話スクールのレッスン（1人あたり）】

コース	グループレッスン		個人レッスン	
日常会話	10000円／月	水・金	2000円／時	月曜以外
ビジネス会話	12000円／月	火・土	3000円／時	月曜以外
トラベル会話	6000円／月	木	2500円／時	月曜以外

注1　グループレッスン紹介割引：紹介による入会者は入会後1年間、また紹介者は半年間、グループレッスンのレッスン料が20%引きになる。
注2　継続割引：1年以上受講すると、2年目以降はすべてのレッスン料が10%引きに、4年目以降はすべてのレッスン料が20%引きになる。
注3　各割引は重複適用はしない。

❶　資料の内容と一致するものはどれか。
ア　トラベル会話コースは火曜日に受講することはできない。
イ　同僚に紹介されて入会し、ビジネス会話コースのグループレッスンを受講する場合、最初の1年間の月謝は9600円である。
ウ　水曜日に実施されているレッスンは、日常会話コースだけである。

○A アだけ　○B イだけ　○C ウだけ
○D アとイ　○E アとウ　○F イとウ

❷　個人レッスンの1時間あたりのレッスン料が2000円であるPさんに関するア、イ、ウの情報のうち、ありえるものはどれか。
ア　受講2年目で日常会話コースを選択。
イ　受講5年目でトラベル会話コースを選択。
ウ　友人の紹介で入会したばかりでトラベル会話コースを選択。

○A アだけ　○B イだけ　○C ウだけ
○D アとイ　○E アとウ　○F イとウ

解答&解説

❶ア　トラベル会話で個人レッスンは月曜以外なら受講できる →×
イ　注1「紹介による入会者は入会後1年間～グループレッスンのレッスン料が20%引き」とある。12000×0.8＝9600円 →○
ウ　個人レッスンでは月曜以外すべてのコースが実施されている →×

正解　B

❷ア　2年目なので、注2の10%引きに該当する。2000×0.9＝1800円 →×
イ　5年目なので、注2の20%引きに該当する。2500×0.8＝2000円 →○
ウ　トラベル会話の個人レッスンは2500円。紹介割引が適用されるのはグループレッスンのみなので、割引はなく2500円となる。→×

正解　B

3 次の資料を用いて、各問いに答えなさい。

あるレジャー施設の入館料の割引後の料金は、表の通りである。

【入館料一覧(1人＝a円)】

	料金
電車割引	0.75a
着物割引	0.9a
学生割引	0.8a
子供割引	0.4a
団体割引	0.7a

※1 電車割引は、A電鉄の1日乗車券を購入した場合に適用。
※2 着物割引は、着物を着て入館する本人に限り適用。
※3 学生割引は高校生・大学生が対象。子供割引は中学生以下が対象。
※4 団体割引は10人以上で利用の場合、全員に適用。
※5 各割引は他の割引と併用不可。

※特に断りがなければ1日乗車券は購入しておらず、着物は着ていないものとする。

❶ 資料の内容と一致するものはどれか。

ア 中学生2名、高校生1名が一緒に入館する場合、総額は1.6a円になる。

イ 着物を着た夫婦1組と、小学生10人が一緒に入館する場合、団体割引での入館料が最も割安になる。

ウ 着物を着た大学生10人が一緒に入館する場合、1人あたり0.63a円になる。

○A アだけ　○B イだけ　○C ウだけ
○D アとイ　○E アとウ　○F イとウ

❷ 資料の内容と一致するものはどれか。

ア A電鉄の1日乗車券を購入した大人20人で入館する場合、最大の料金割引は25%引きである。

イ 大学生6人と着物の大人3人とで入館する場合、入館料総額は7.5a円になる。

ウ A電鉄の1日乗車券を購入した中学生10人の入館料で最も安いのは、1人0.4a円である。

○A アだけ　○B イだけ　○C ウだけ
○D アとイ　○E アとウ　○F イとウ

解答&解説

❶ア 中学生は子供割引、高校生1名は学生割引。総額は、0.4a×2+0.8a=1.6a円→○
イ 団体割引の場合、0.7a×12=8.4a円
着物割引＋子供割引の場合、0.9a×2+0.4a×10=5.8a円
団体割引の方が高い →×
ウ 各割引は他の割引と併用不可なので、どのようにしても0.63aにはならない →×

正解 A

❷ア 10人以上なら団体割引が最も安い0.7a円、つまり30%引き →×
イ 学生割引＋着物割引で、0.8a×6+0.9a×3=7.5a円 →○
ウ 子供割引を使った0.4a円の方が、電車割引0.75a円や団体割引0.7a円よりも安い →○

正解 F

23 物の流れ

◉ 式の変形パターンを覚えておけば、比較的簡単に解ける分野。

例題 業者Xが出荷する商品のうち比率にしてaが業者Yに納品されるとき、これを右図で表す。

X —a→ Y

業者X、Yの商品をそれぞれX、Yとすると、式 $Y=aX$ が成り立つ。

業者Xが出荷する商品のうち比率aと、業者Yが出荷する商品のうち比率bとが、業者Zに納品されるとき、これを右図で表す。このとき、式 $Z=aX+bY$ が成り立つ。

X —a→ Z
Y —b→ Z

業者Xが出荷する商品のうち比率aが業者Yを経由して、そのうちの比率bが業者Zに納品されるとき、これを下図で表す。このとき、式 $Z=bY$（$Z=b(aX)=abX$ とも表される）が成り立つ。また、式については次のような一般の演算が成り立つものとする。

X —a→ Y —b→ Z

$(a+b)X=aX+bX$

$c(a+b)X=acX+bcX$

右図において、$s=0.3$、$t=0.5$とする。F業者から出荷される商品のうち、H業者に納品される商品は何%か。

F —s→ H
G —t→ H

いちばん速く解ける解法

F業者から出荷される商品のうち、H業者に納品される商品は0.3F。つまり30%。Hを式で表すと、$H=sF+tG$となり、$s=0.3$、$t=0.5$を代入すると、$H=0.3F+0.5G$

正解 30%

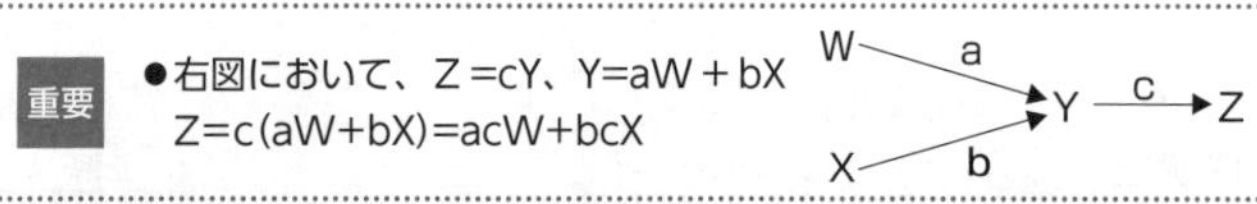

解答&解説

1 下図について、以下の質問に答えなさい。なお、s=0.2、t=0.6とする。

F —s→ G —t→ H

❶ 図において、Hを表すのはどちらの式か。

○A H=sF+tG　○B H=stF

❷ 業者Fから出荷される商品のうち、業者Hに納品される商品は何%か。

○A 12%　○B 20%　○C 80%

❸ 業者Fから出荷される商品が全部で200個であった。❷の条件のとき、業者Hに納品される商品は何個になるか。

○A 12個　○B 24個　○C 40個

❶H=tG、または、
H=t(sF)=stF

正解　B

❷H=stF
s=0.2、t=0.6を代入して、
H=0.2×0.6F=0.12F
よって、業者Fから出荷された商品のうち、業者Hに納品される商品は12%。

正解　A

❸❷より、業者Fから出荷された商品のうち、12%が業者Hに納品されるので、
200×0.12=24個

正解　B

---

2 下図について、以下の質問に答えなさい。なお、a=0.2、b=0.3、c=0.5とする。

W —a→ Y、X —b→ Y、Y —c→ Z

❶ 図において、Zを表すのはどちらの式か。

○A Z=acW+bcX　○B Z=abY

❷ 業者Xから出荷された商品のうち業者Zに納品される商品は何%か。

○A 5%　○B 10%　○C 15%

❸ 業者Wと業者Xの出荷数が同じで、業者Zに納品された商品が900個のとき、業者Wから納品された商品は何個になるか。

○A 180個　○B 360個　○C 540個

❶Z=cY、または、
Z=c(aW+bX)
=acW+bcX

正解　A

❷業者Xから出荷する商品の0.3が業者Yへ、さらに業者Yから0.5が業者に納品されるので、0.3×0.5=0.15で、15%。

正解　C

❸Z=acW+bcX
業者Zに納品されたのは900個なので、
0.1W+0.15X=900
W=Xなので、
0.25W=900
W=3600
WからZへ納品されたのは、
3600×0.2×0.5=360個
XからZへ納品されたのは、
3600×0.3×0.5=540個

正解　B

解答&解説

3 下図のZを表す式をすべて選びなさい。

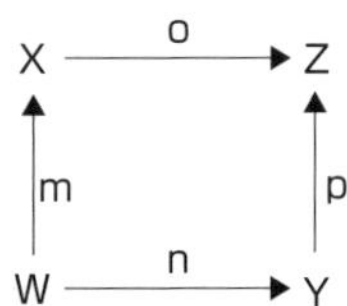

□A Z＝moW＋pY
□B Z＝mW＋oX＋nW＋pY
□C Z＝mnopW

●最終到達点(Z)に近い方から式にしていく。

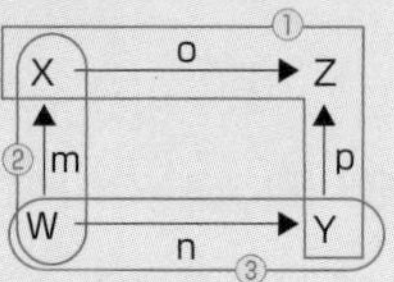

①Z＝oX＋pY
②X＝mW
①に②を代入すると、
Z＝moW＋pYで、Aは○。
③Y＝nW
①に②③を代入すると、
Z＝moW＋npW
＝(mo＋np)Wで、B、Cは×。

正解　A

4 下図について、以下の質問に答えなさい。

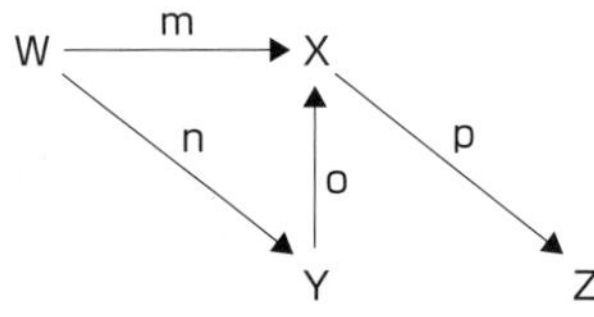

❶　Zを表す式をすべて選びなさい。
□A Z＝mW＋oY＋pX
□B Z＝mW＋oY
□C Z＝(m＋no)pW

❷　比率mとoをそれぞれ2倍にした。このとき、Z業者に納品される商品の個数は何倍になるか。
○A 1/2倍
○B 2倍
○C 4倍
○D A〜Cのいずれでもない

❶最終到達点(Z)に近い方から式にしていく。

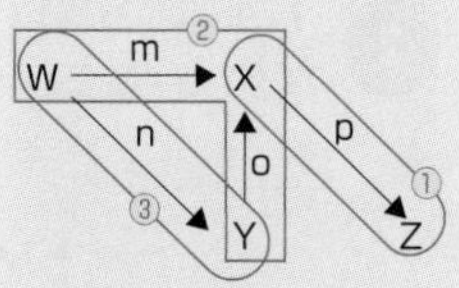

①Z＝pX
②X＝mW＋oY
③Y＝nW
①に②③を代入すると、
Z＝p(mW＋o×nW)
＝(m＋no)pW

正解　C

❷❶よりZ＝(m＋no)pW
mとoを2倍すると、
Z＝(2m＋n×2o)pW
Z＝2×(m＋no)pW
つまり、Z業者に納品される商品の個数は2倍になる。

正解　B

□ **5** 下図は、ある店で入り口Wから入店し、X、Y、Z売り場へ立ち寄る客の流れを表したもので、m、n、o、p、qは、それぞれの売り場へ向かう客の割合を表している。

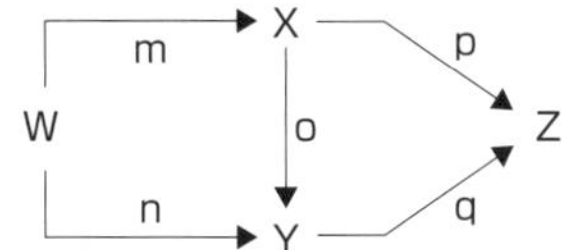

❶ Z売り場へ立ち寄る客の人数を表すのはどの式か。すべて選びなさい。

□A Z＝mnopqW

□B Z＝(mp＋noq)W

□C Z＝(mp＋moq＋nq)W

❷ 図において、m＝n＝40%、o＝p＝q＝50%とする。入り口Wから入店した客のうち、Z売り場へ向かう客は何%か。

○A 2%　○B 30%　○C 50%

○D A～Cのいずれでもない

❸ 図において、m＝n＝40%、o＝p＝q＝50%とする。入り口Wから入店した客が全部で500人のとき、Z売り場へ向かう客は何人か。

○A 10人　○B 150人　○C 250人

○D A～Cのいずれでもない

❹ 図において、m＝n＝40%、o＝p＝q＝50%とする。入り口Wから入店した客が全部で500人のとき、X売り場を経由しないでZ売り場へ向かう客は何人か。

○A 50人　○B 100人　○C 250人

○D A～Cのいずれでもない

---

❶選択肢がすべてWを使った式で表されているので、WからZまでの3つの経路の合計が答え。

①W→X→Z…mpW

②W→X→Y→Z…moqW

③W→Y→Z…nqW

これを合計すると、

Z＝mpW＋moqW＋nqW

　＝(mp＋moq＋nq)W

正解　C

❷❶より、

Z＝(mp＋moq＋nq)W

mp＝0.4×0.5＝0.2

moq＝0.4×0.5×0.5

　＝0.1

nq＝0.4×0.5＝0.2

0.2＋0.1＋0.2＝0.5

よって、入り口Wから入店した客のうち、Z売り場へ向かう客は50%。

正解　C

❸❷よりZ＝0.5W

Wは500人なので、Z売り場に向かう客は、

500×0.5＝250人

正解　C

❹X売り場を経由しないでZ売り場へ向かう客は、

W→Y→Zなので、nqW。

n＝0.4、q＝0.5を代入して、

0.4×0.5×W＝0.2W

Wは500人なので、

500×0.2＝100人

正解　B

6 ある商品の流れを図に示した。

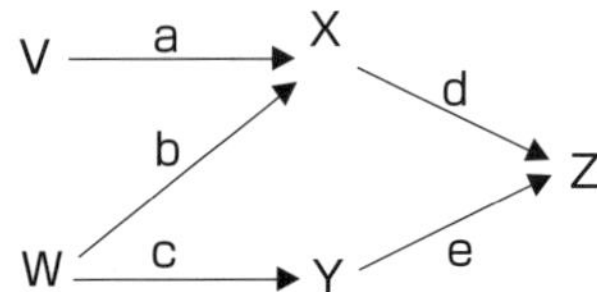

❶ Zを表す式をすべて選びなさい。

□A Z＝dX ＋(bd＋ce)W
□B Z＝dX＋eY
□C Z＝adV ＋(bd ＋ce)W

❷ 図におけるそれぞれの比率は、次の通りである。

a=0.4　b=0.3　c=0.1
d=0.2　e=0.6

業者VがXに出荷する商品の個数は、WがXとYに出荷する商品の個数の半分である。YからZに納入される商品の個数は、XからZに納入される商品の個数に対して、どれだけにあたるか(必要なときは、最後に小数点以下第3位を四捨五入すること)。

○A 0.25
○B 0.50
○C 0.60
○D A～Cのいずれでもない

解答&解説

❶Z、X、Yを式にする。
Z＝dX＋eY …①
X＝aV＋bW…②
Y＝cW …③
A どの式からも導き出せないので×。
B 式①と同じなので○。
C 式①に②と③を代入した式なので○。
Z＝d(aV＋bW) +e(cW) ＝adV +(bd +ce)W

別解
A Z＝dX+(bd +ce) Wに、X=aV＋bWを代入してカッコをはずすと、
Z＝adV＋bdW+bdW+ceW
となって、bdWが重複するので×。
B Zを一番近いXとYで表した最もシンプルな式で○。
C 式をたどると、図の赤線の通り、ダブりなくZに集約するので○。

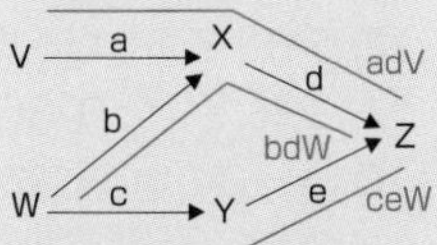

正解 BC

❷Vが出荷する個数は、Wが出荷する個数の半分なので、Vを100、Wを200として計算する。
XからZ…
dX＝d(aV＋bW)
＝0.2×(0.4×100＋0.3×200)
=0.2×100＝20
YからZ…
eY＝ceW
＝0.1×0.6×200
＝12
12の20に対する割合は、
12÷20=0.6

正解 C

7 ある高速道路の車の流れを図に示した。K、L、M、N、P、Qは料金所を、a、b、c、d、e、fは通過した車の台数の比率を表す。例えば、図では料金所Kを通過した車のうち比率aが直接Qに向かうことを示している。

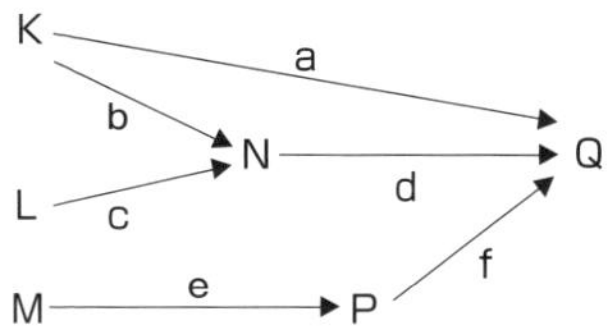

❶ Qを表す式をすべて選びなさい。

□A Q＝aK ＋ dN ＋ efM
□B Q＝aK ＋ dN ＋ bK ＋ cL ＋ efM
□C Q＝(a＋ bd)K ＋ cdL ＋ efM

❷ 図におけるそれぞれの比率は次の通りである。

a＝0.25　b＝0.3　c＝0.2
d＝0.5　e＝0.8　f＝0.1

料金所Kを通過した車の何%が料金所Qを通過するか(必要なときは、最後に小数点以下第1位を四捨五入すること)。

○A 15%　○B 25%　○C 40%
○D A～Cのいずれでもない

❸ それぞれの比率は❷の通りである。料金所Lを通過した車の台数は500台、料金所Mを通過した車の台数は1000台だった。また、料金所Nから料金所Qへ流れた車は、料金所Pから料金所Qへ流れた車より30台多かった。料金所Kを通過した車は何台か。

○A 200台　○B 400台　○C 800台
○D A～Cのいずれでもない

解答&解説

❶終点Qから式にする。
Q＝aK+dN+fP…①
N＝bK+cL…②
P＝eM…③
A　Q=aK+dN+efM
①に③を代入した式なので○。
B　Q=aK+dN+bK+cL+ efM
dNとbK＋cLがダブるので×。Qに到るNはdNで完結しているので、Nの前にあるKとLの式が入っているのはダブりになる。
C　Q=(a+bd)K+cdL+efM
←①に②と③を代入し、( )をはずしてKでくくると、
Q＝(a+ bd)K+cdL+ efM
なので○。
別解 式と図を照合して、ダブり、抜けがない式はAとC。

正解　AC

❷KからQへの経路は、
a=0.25と、bd=0.3×0.5=0.15の2つ。合計すると、
0.25+0.15＝0.4→40%

正解　C

❸L＝500台、M＝1000台。
NからQへ流れた車(dN)が、PからQへ流れた車(fP)より30台多いので、
dN=fP+30
=efM+30
=0.8×0.1×1000+30
=110
一方、
dN=bdK+cdLなので、
dN=0.3×0.5×K
+0.2×0.5×500
=0.15K＋50
これらより、
0.15K＋50＝110
0.15K＝60
K＝60÷0.15＝400台

正解　B

24 PERT法

◉ 矢印のたどり方を間違えなければ大丈夫。比較的簡単に解ける分野。

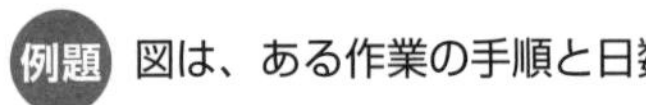

例題 図は、ある作業の手順と日数を示したものである。

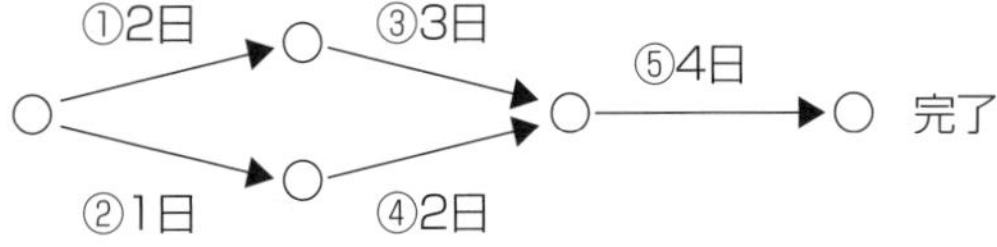

Ⅰ　○は、作業の着手・完了の時点を表している。

Ⅱ　①～③は作業の順番ではなく、1つの作業単位の意味であり、横にその作業にかかる日数が示されている。

Ⅲ　矢印(→)は作業が進む方向を表している。

Ⅳ　ある作業を始めるには、その作業(○)に集まる矢印の作業がすべて完了しなければならない。また次の作業は、前の作業がすべて完了した翌日から始めることとする。

❶　図において、⑤の作業は最短で何日目に取りかかれるか。

❷　図において、作業開始から完了までに、最短で何日間必要か。

いちばん速く解ける解法

❶　⑤の前の○から矢印を逆にたどって日数を計算する。

③＋①＝3＋2＝5日

④＋②＝2＋1＝3日

⑤の前段階までの作業①～④が完了するには最短でも5日間必要なので、⑤に取りかかれるのは最短で6日目。

正解 6日目

❷　❶より、作業①～④が完了するには最短でも5日間必要。⑤は4日間必要なので、5＋4＝9日

正解 9日間

重要　●最も日数がかかる矢印のルートを計算する。

1 図は、ある作業の手順と日数を示したものである。

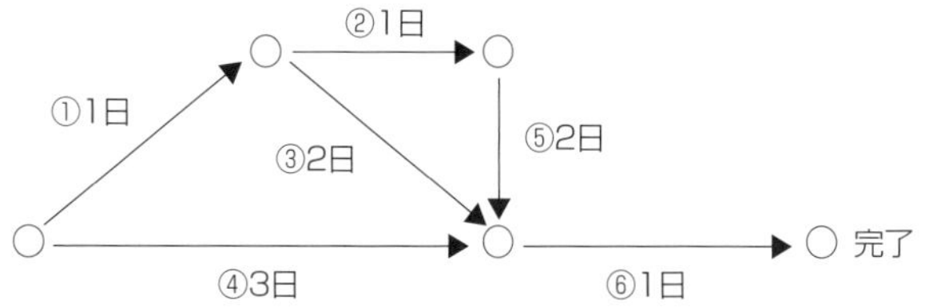

❶ ⑤の作業を始めるには、どの作業が完了している必要があるか。

○A ①②
○B ①②③
○C ①②③④
○D A～Cのいずれでもない

解答&解説

❶⑤には②の矢印がつながっており、②には①の矢印がつながっている。従って、⑤の作業を始めるには、①②の作業が完了している必要がある。

正解　A

❷ 作業開始から完了するまでに、最短で何日間必要になるか。

○A 4日間
○B 5日間
○C 6日間
○D A～Cのいずれでもない

❷最も日数がかかるルートを合計する。
①+②+⑤+⑥
=1+1+2+1=5日間

正解　B

❸ ④の作業と③の作業が、それぞれ2日間遅れてしまった。このとき、作業開始から完了するまでに、最短で何日間必要になるか。

○A 5日間
○B 6日間
○C 7日間
○D A～Cのいずれでもない

❸遅れていないとき、最も日数がかかるルートは、❷の通り5日間だったが、④③が2日遅れると、最も日数がかかるルートは①+③+⑥、または④+⑥になる(同じ日数)。
①+③+⑥=1+4+1
=6日間

正解　B

2 図は、ある作業の手順と日数を示したものである。

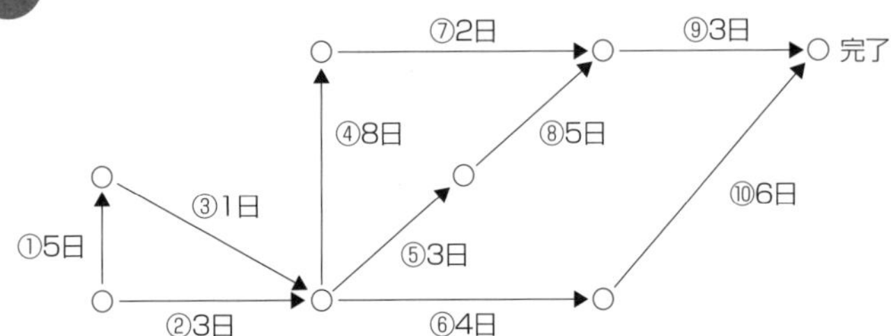

❶ ⑥の作業に最も早く取りかかるために、1日も遅れてはならない作業はどれか。

○A ①③④⑤
○B ①②③
○C ①③
○D A～Cのいずれでもない

❷ ⑨の作業に最も早く取りかかるには、⑧の作業は最大で何日間遅れてもよいか。ただし、⑧以外の作業は、予定通りに進むこととする。

○A 2日間
○B 3日間
○C 4日間
○D A～Cのいずれでもない

❸ 作業開始から完了するまでに、最短で何日間必要になるか。

○A 18日間
○B 19日間
○C 20日間
○D A～Cのいずれでもない

解答&解説

❶⑥の作業を始めるには、①→③、②の作業が完了している必要がある。この中で、最も長く日数がかかるのは、①→③で、5＋1＝6日。
②は①→③が完了するまでに終わっていればよい。

正解 C

❷⑨は、その前段階の作業④→⑦、⑤→⑧が完了してからでないと始められない。
④→⑦と⑤→⑧は①→③、②の完了後に同時に始める。
④→⑦は、8＋2＝10日
⑤→⑧は、3＋5＝8日
よって、⑧は⑦が終わるまで、最大で2日間遅れてもよい。

正解 A

❸最も日数がかかるルートを合計する。
①＋③＋④＋⑦＋⑨
＝5＋1＋8＋2＋3
＝19日間

正解 B

3 図は、ある作業の手順と日数を示したものである。

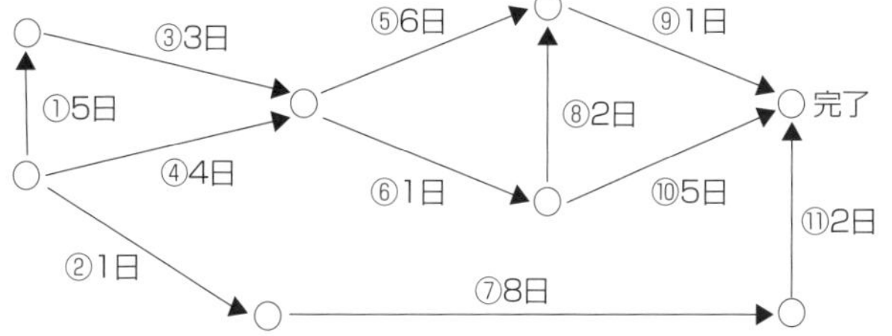

❶ ⑨の作業にもっとも早く取りかかるには、⑧の作業は、最大何日間遅れてもよいか。ただし、⑧以外の作業は予定通りに進むものとする。

○A 1日間
○B 2日間
○C 3日間
○D A～Cのいずれでもない

❷ 作業開始から完了するまでに、最短で何日間必要になるか。

○A 13日間
○B 14日間
○C 15日間
○D A～Cのいずれでもない

❸ ⑥の作業と⑦の作業が、それぞれ5日間遅れてしまった。このとき、作業開始から完了するまでに、最短で何日間必要になるか。

○A 15日間
○B 17日間
○C 19日間
○D A～Cのいずれでもない

解答&解説

❶⑤と⑥は同じ○から着手するので、⑤の6日以内に⑥→⑧が完了すればよい。⑥は予定通り1日で進むので、⑧は6－1＝5日間かけることができる。当初の予定は2日なので、最大で、5－2＝3日間遅れてもよいことになる。

正解 C

❷最も日数がかかるルートを合計する。
①＋③＋⑤＋⑨
＝5＋3＋6＋1＝15日間

正解 C

❸最も日数がかかるルートは、❷の通り15日間。⑥を含む完了まで最も日数がかかるルートは、①＋③＋⑥＋⑩＝5＋3＋1＋5＝14日間。このルートで⑥が5日遅れると、14＋5＝19日間かかる。
⑦を含む完了まで最も日数がかかるルートは、②＋⑦＋⑪＝1＋8＋2＝11日間。このルートで⑦が5日遅れると、11＋5＝16日間かかる。
従って、最短でも、①＋③＋⑥＋⑩のルートで19日間が必要になる。

正解 C

25 ブラックボックス

◉ 変換ルールの通りに計算していけばよい。簡単に解ける分野。

以下のように数値を変換する装置P、Q、Rがある。

・Pは0を入力すると1に、1を入力すると0に変換して出力する。　0→ P →1
・Qは同時に入力された2つの信号のうち、少なくとも一方が0の場合には0を、2つとも1の場合には1を出力する。　0→ 1→ Q →0
・Rは同時に入力された2つの信号のうち、少なくとも一方が1の場合には1を、2つとも0の場合には0を出力する。　0→ 1→ R →1

この装置を下図のように接続してX、Y、Zを入力したところ、1が出力された。X、Y、Zに当てはまる組み合わせは、ア、イ、ウのうちどれか。

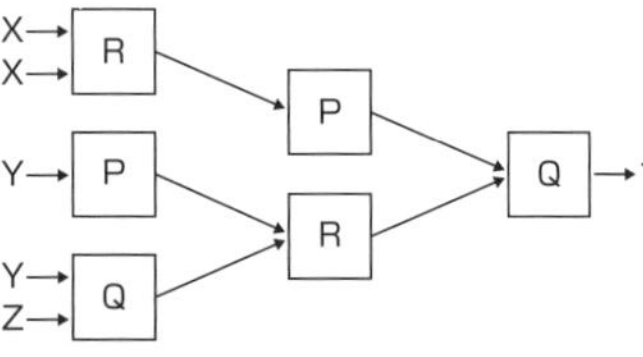

	X	Y	Z
ア	0	0	0
イ	1	0	0
ウ	1	1	0

いちばん速く解ける解法

変換ルールをすぐわかる簡単な記号でメモして、計算する。
P…0を1、1を0にするので、「逆」にする装置。
Q…「少なくとも一方が0の場合には0」なので、0か1のうち小さい方を出力する「小」の装置。上下が同じ数字ならそのまま。
R…「少なくとも一方が1の場合には1」は、0か1のうち大きい方を出力する「大」の装置。上下が同じ数字ならそのまま。
Pに「逆」、Qに「小」、Rに「大」と書き込み、ア、イ、ウの数を当てはめて、左から順に計算すれば簡単に解ける。アの場合が1、イの場合が0、ウの場合が0となる。※

正解　ア

●ルールを単純な記号にしてメモする。
●変換ルールに従って、図の始まりから手早く計算する。

※逆、小、大は、論理演算子NOT、AND、ORに対応する。

1 以下のように数値を変換する装置Pがある。

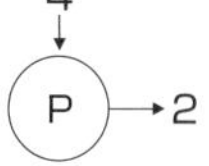

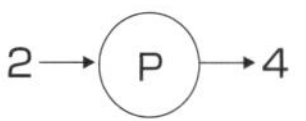

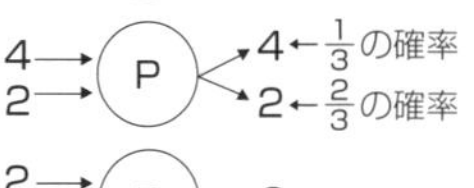

・上から入力された数値は2でわって出力する。
・左から入力された数値を2倍する。
・異なる2つの数値が入力されたら、3分の1の確率で大きい方の数値を、3分の2の確率で小さい方の数値を出力する。
・等しい2つの数値が入力されたら、その同じ数値を出す。

❶ 装置Pを下図のように接続した。X=4、Y=8、W=3を入力したとき、Z=6となる確率はいくらか。

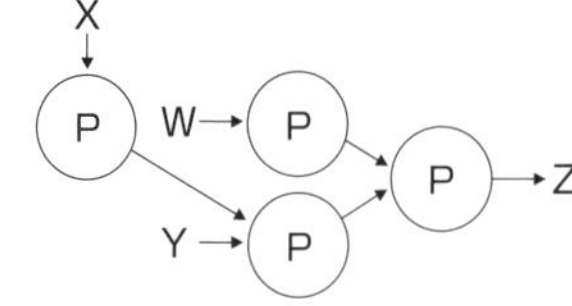

○A 1/3
○B 4/9
○C 5/9
○D A～Cのいずれでもない

❷ 装置Pを下図のように接続した。X=2、Y=3、W=6を入力したとき、Z=3となる確率はいくらか。

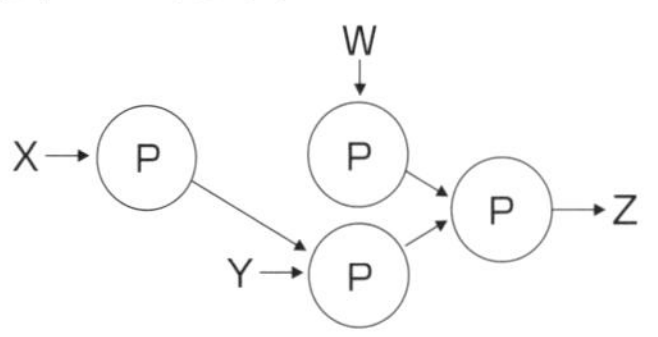

○A 2/9
○B 1/3
○C 8/9
○D A～Cのいずれでもない

解答&解説

❶2つの数値が入力されて確率が関係するのは下図のP3とP4。値と確率は下の通り。

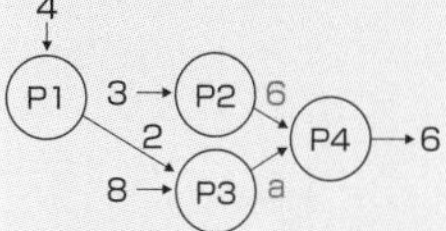

P3の変換		P4の変換	
確率	a	確率	Z
大(1/3)	8	大(1/3)	8
		小(2/3)	6
小(2/3)	2	大(1/3)	6
		小(2/3)	2

$$\frac{1}{3}\times\frac{2}{3}+\frac{2}{3}\times\frac{1}{3}=\frac{4}{9}$$

正解 B

❷❶と同様に計算できる。

P3の変換		P4の変換	
確率	a	確率	Z
大(1/3)	4	大(1/3)	4
		小(2/3)	3
小(2/3)	3	上下3で確率は1	3
			3

$$\frac{1}{3}\times\frac{2}{3}+\frac{2}{3}\times 1=\frac{8}{9}$$

正解 C

2 入力信号0、1を次のように変換する装置P、Q、Rがある。

・Pは、同時に入力された2つの信号が同じ数ならば0を、違う数ならば1を出力する。
・Qは、同時に入力された2つの信号のうち、少なくとも一方が0の場合には0を、2つとも1の場合には1を出力する。
・Rは、同時に入力された2つの信号のうち、少なくとも一方が1の場合には3/4の確率で1を出力し、1/4の確率で0を出力する。また2つとも0の場合には0を出力する。

❶ この装置を次の図のように接続してX、Y、Zを入力したところ、最終的には1が出力された。X、Y、Zに当てはまる組み合わせはア～ウのうちどれか。A～Hから1つ選びなさい。

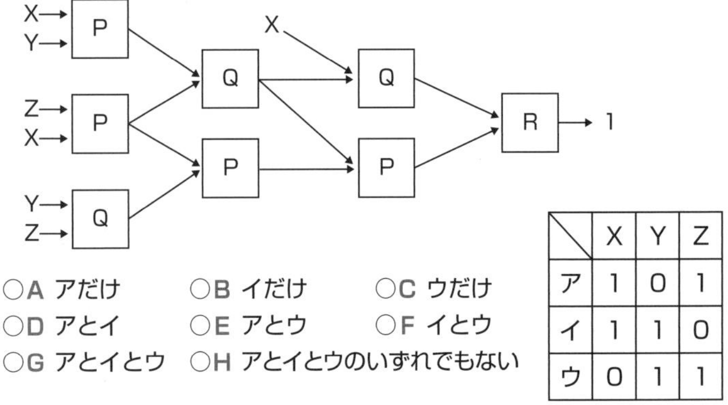

○A アだけ　○B イだけ　○C ウだけ
○D アとイ　○E アとウ　○F イとウ
○G アとイとウ　○H アとイとウのいずれでもない

	X	Y	Z
ア	1	0	1
イ	1	1	0
ウ	0	1	1

❷ このP、Q、Rを次の図のように接続し直した。最終的に出力されるXが1になる確率はいくらか。

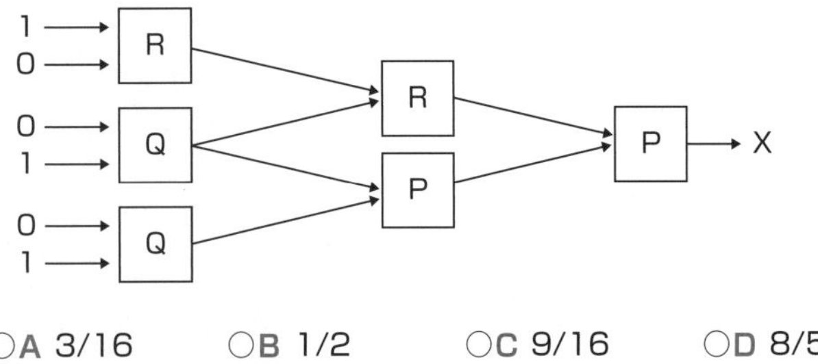

○A 3/16　○B 1/2　○C 9/16　○D 8/5
○E A～Dのいずれでもない

P　同じ数なら0、そのほか(違う数)なら1にするので、「同0」の箱。

Q　一方が0なら0、両方1なら1にするので、とにかく小さい方を出力する「小」の箱。(両方同じ数字ならそのまま出力する)

R　一方が1なら3/4の確率で1、1/4の確率で0、両方0なら0にするので、出力が変化する「変」の箱。「変」の箱に注意して計算する。

ア　X=1、Y=0、Z=1

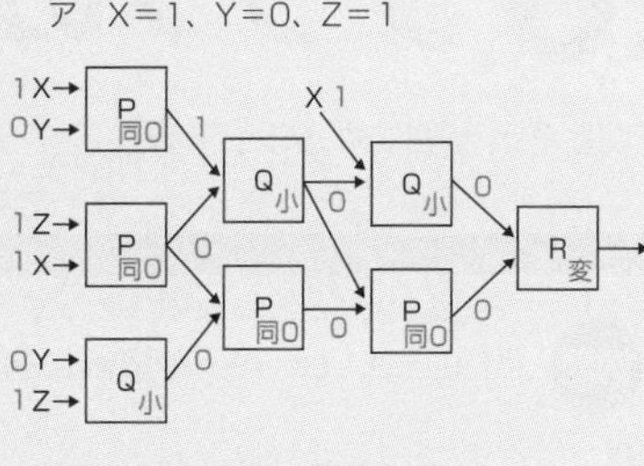

イ　X=1、Y=1、Z=0

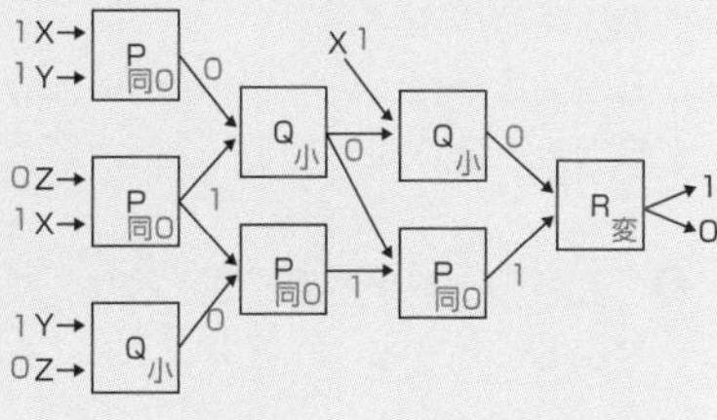

❶最後のRに入る数字のどちらかが1になれば、最終出力が1になる可能性があるので、ア、イ、ウを当てはめて計算する。右の通り、イとウが当てはまる。

ウ　X=0、Y=1、Z=1

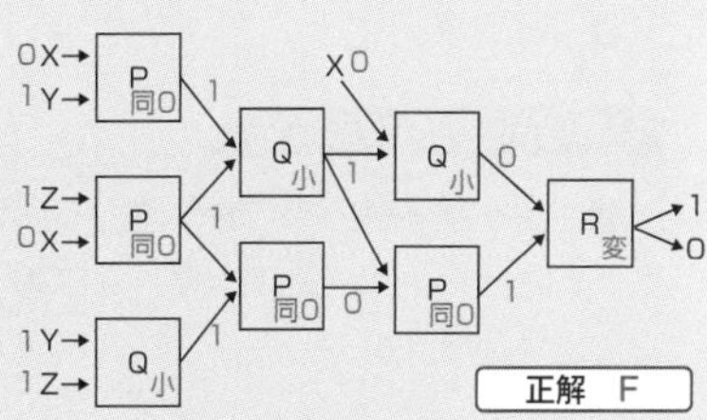

正解　F

❷最後の「同0」から1が出力されるには、入力が1と0でなければならないので、
「変2」の出力は1に決定。
「変2」から1が出力されるには、入力は1と0でなければいけない。
「変1」からの出力は1に決定。
「変1」および「変2」から1が出る確率はどちらも3/4。
「変1」から1は確率3/4　かつ、
「変2」から1は確率3/4　なので、

$\frac{3}{4}\times\frac{3}{4}=\frac{9}{16}$

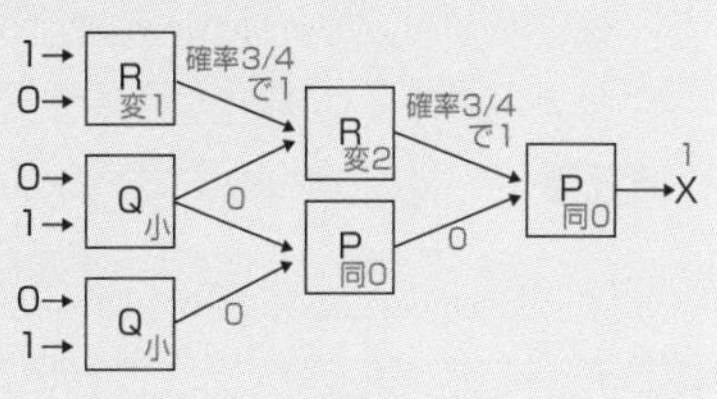

正解　C

26 グラフの領域

◉ 等式とそれが表すグラフ、不等式とグラフ内の領域を結びつける問題。

下図について、以下の質問に答えなさい。

❶ ①の直線を示す式はどれか。

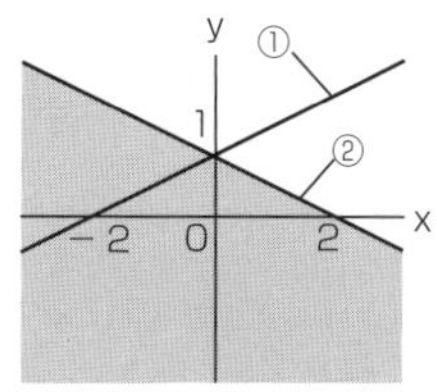

○A $x=2y+2$
○B $x=2y-2$
○C $x=-2y-2$

❷ ▭の領域を示す式はどれか。ただし、領域とは境界線②は含まないものとする。

○A $x>2y+2$
○B $x>-2y+2$
○C $x<-2y+2$

いちばん速く解ける解法

❶①はyが0から1に増えると、xが−2から0に増えるので傾きaは2。$y=0$のときxが−2なので切片bは−2。
$x=2y-2$

正解　B

❷②はyが0から1に増えたときにxが2から0に減っているので傾きaは−2。$y=0$のときxが2なので切片bは2。▭は②より左の領域でxに閉じた不等号($x<$)。$x<-2y+2$

別解　▭の領域内の点(0, 0)が成立する式Cが正解。

正解　C

重要

- 式の不等号がyに開いていたら、yが大きいので上の領域。
- 式の不等号がxに開いていたら、xが大きいので右の領域。
- 領域がどちら側か迷ったら、領域内の点(x, y)の値を式に当てはめてみればすぐにわかる。

1 下図について、以下の質問に答えなさい。

❶ ①の放物線を示す式はどれか。

○A $y=x^2+3$
○B $y=x^2-3$
○C $y=-x^2+3$

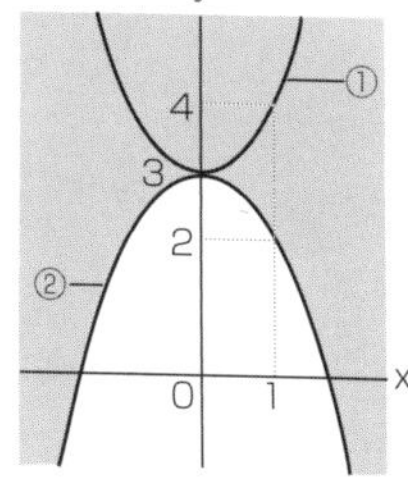

❷ ▭の領域を示す式はどれか。ただし、領域とは境界線②は含まないものとする。

○A $y>x^2+3$
○B $y<-x^2+3$
○C $y>-x^2+3$

解答&解説

❶y軸に対して左右対称な放物線の式は、$y=ax^2+b$。①は $x=0$のとき、$y=3$なので、切片bは3。$y=ax^2+3$に①の上の点(1, 4)を代入すれば、$4=a+3$で$a=1$。$y=ax^2+3$に$a=1$を代入すれば、$y=x^2+3$。

正解 A

❷図の②の式も$y=ax^2+b$。$x=0$で$y=3$なので、$b=3$。$y=ax^2+3$に②の上にある点(1, 2)を代入すると、$2=a+3$で$a=-1$。$y=ax^2+3$に$a=-1$を代入すれば、$y=-x^2+3$。▭は線より上の領域なので、yに開いた左開きの不等号(y>)で、$y>-x^2+3$。

別解 ▭の領域内の点、例えば(3, 3)が成立する式Cが正解。ただし、(0, 4)などではAの式の上の領域も当てはまってしまうので注意。

正解 C

---

2 下図について、以下の質問に答えなさい。

❶ ①の曲線を示す式はどれか。

○A $x^2+y^2=3$
○B $x^2+y^2=3^2$
○C $y=x^2+3$

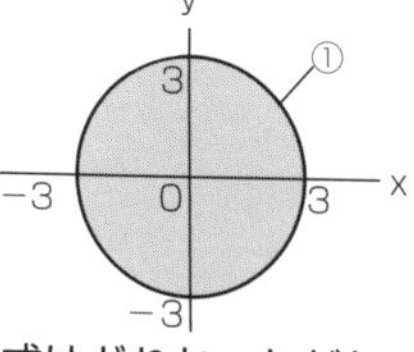

❷ ▭の領域を示す式はどれか。ただし、領域とは境界線①は含まないものとする。

○A $x^2+y^2<3$
○B $x^2+y^2<3^2$
○C $x^2+y^2>3^2$

❶原点を中心とした円を示す式は、$x^2+y^2=r^2$。rは円の半径。

正解 B

❷円の内側の領域は右開き、円の外側の領域は左開きの不等号。右開きの$x^2+y^2<r^2$は原点(0, 0)を代入して成立することでわかる。

$x^2+y^2<r^2$　　$x^2+y^2>r^2$

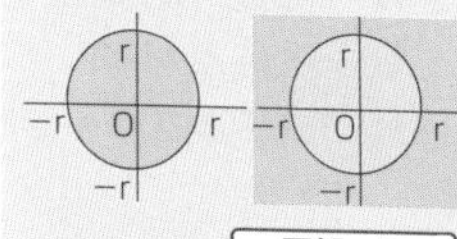

正解 B

3 ア、イ、ウの3式によって示される直線と放物線は、図のように平面を①から⑨まで9つの領域に分ける。

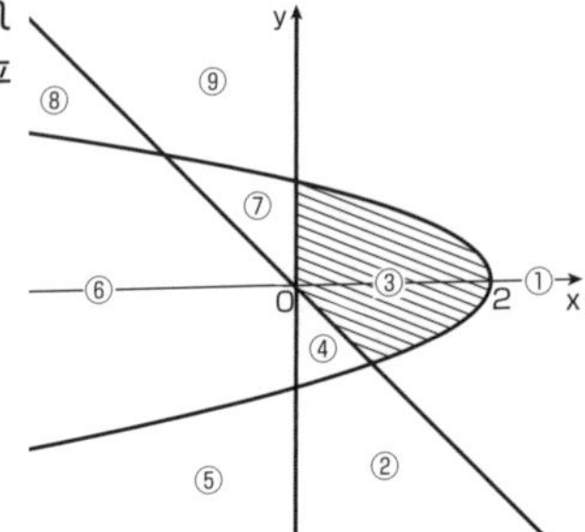

ア　$x=0$
イ　$x=-y$
ウ　$x=-y^2+2$

これらの領域は、ア、イ、ウの3式の等号を適宜不等号に置き換えて得られる1組の連立不等式によって示される。ただし、領域とは図中の太い境界線は含まないものとする。

❶　ア、イ、ウの式の等号をすべて不等号に置き換えて③の領域(図の斜線部分)を表したときに、右開きの不等号(<)がつくのはどれか。

○A アだけ　○B イだけ　○C ウだけ
○D アとイ　○E アとウ　○F イとウ
○G アとイとウ

❷　次の3式からなる連立不等式によって表される領域はどこか。

カ　$x<0$
キ　$x<-y$
ク　$x>-y^2+2$

○A ②のみ　○B ③のみ　○C ⑤のみ
○D ⑦のみ　○E ⑤と⑧　○F ⑤と⑥
○G ②と⑤と⑧
○H 3式で表される領域は存在しない

解答&解説

❶③の領域が3式のグラフのどちら側にあるかを検討する。
ア　$x=0$はy軸。③の領域はy軸の右側なので、$x>0$。
イ　$x=-y$は右下がりの直線。③の領域にあるxは$-y$よりも大きいので、左開きの不等号。
$x>-y$
ウ　$x=-y^2+2$は放物線。
③の領域にあるxは$-y^2+2$より小さいので、右開きの不等号。
$x<-y^2+2$
右開きの不等号(<)がつくのはウだけ。

正解　C

❷カ　$x<0$は、xが0より小さい領域なので、
$x=0$(y軸)より左側。
キ　$x<-y$は、xに閉じた不等号(xが$-y$より小さい領域)なので、
$x=-y$より左側。
ク　$x>-y^2+2$は、xに開いた不等号(xが$-y^2+2$より大きい領域)なので、
$x=-y^2+2$ より右側。
3領域の重なる部分は⑤と⑧。

正解　E

4 ア、イ、ウの3式によって示される直線と円は、図のように平面を①から⑧まで8つの領域に分ける。

ア　$x^2+y^2=3^2$
イ　$y=-x-1$
ウ　$x=0$

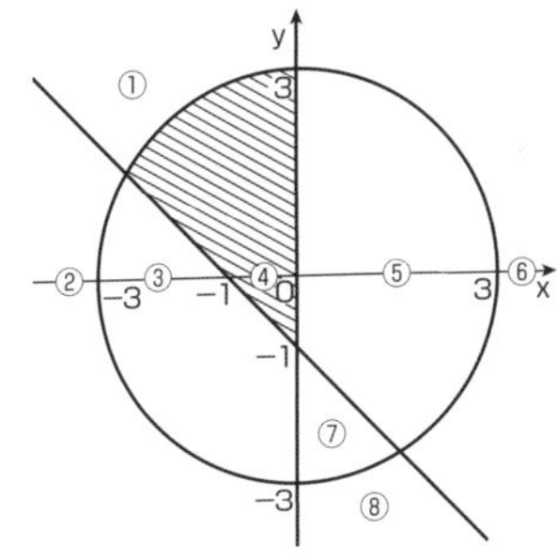

これらの領域は、ア、イ、ウの3式の等号を適宜不等号に置き換えて得られる1組の連立不等式によって示される。ただし、領域とは図中の太い境界線は含まないものとする。

❶　ア、イ、ウの式の等号をすべて不等号に置き換えて④の領域(図の斜線部分)を表したときに、左開きの不等号(>)がつくのはどれか。

○A アだけ　○B イだけ　○C ウだけ
○D アとイ　○E アとウ　○F イとウ
○G アとイとウ

❷　次の3式からなる連立不等式によって表される領域はどこか。

カ　$x^2+y^2>3^2$
キ　$y<-x-1$
ク　$x<0$

○A ①のみ　○B ②のみ
○C ③のみ　○D ⑧のみ
○E ②と⑥と⑧
○F ②と③と④
○G ①と④と⑤
○H 3式で表される領域は存在しない

解答&解説

❶④の領域が3式のグラフのどちら側にあるかを検討する。
ア　$x^2+y^2=3^2$は円。④の領域はその内側にあるので右開きの不等号。
$x^2+y^2<3^2$
イ　$y=-x-1$は右下がりの直線。④の領域はその上にあるのでyに開く左開きの不等号。
$y>-x-1$
ウ　$x=0$はy軸。④の領域はその左側にあるので、$x<0$。
左開きの不等号(>)がつくのはイだけ。

正解　B

❷カ　$x^2+y^2>3^2$の不等号は左開きなので、円の外側の領域。
キ　$y<-x-1$の不等号は右開き(yが$-x-1$より小さい領域)なので、直線より下の領域。
ク　$x<0$はxが0より小さい領域なので、$x=0$(y軸)より左。
3領域の重なる部分は②。

正解　B

27 条件と領域

◉ 条件とグラフの対応を考えさせる問題。比較的簡単に解ける分野。

子供会のゲームで景品に配る文具セットの条件を次のように決めた。

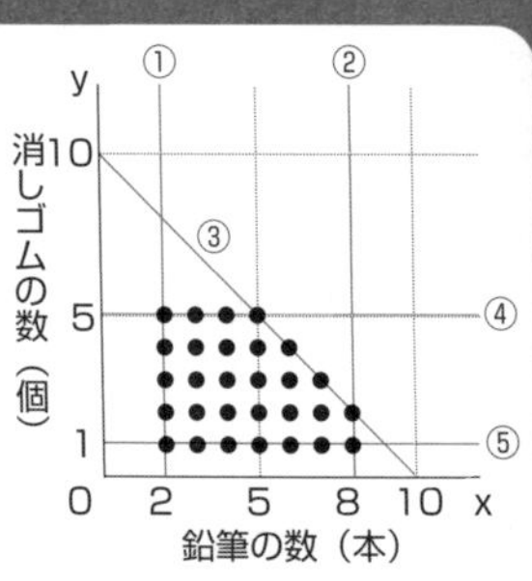

a 鉛筆は2本以上入れる
b 鉛筆は8本以下
c 消しゴムは1個以上入れる
d 消しゴムは5個以下
e 鉛筆と消しゴムの総数は10個以下

上図の黒点は、鉛筆の数xを横軸、消しゴムの数yを縦軸としたとき、上の条件a〜eを満たすものである。

❶ 図で条件eを表す境界はどれか。

○A ①　○B ②　○C ③　○D ④　○E ⑤

❷ 条件bを表す式はどれか。

○A $x=8$　○B $x<8$　○C $x\leqq 8$

❸ 条件a〜eに、さらに「鉛筆と消しゴムの総数5個以上」という条件を加えた。この条件を表す式はどれか。

○A $xy=5$　○B $x+y>5$　○C $x+y\geqq 5$

いちばん速く解ける解法

❶鉛筆の数10本と消しゴムの数10個を結んでいる直線③。

正解　C

❷鉛筆の数xが、8本以下を表す式。$x\leqq 8$
直線②を含んで、その左側の領域になる。

正解　C

❸鉛筆の数xと消しゴムの数yの和が5個以上を表す式。
$x+y\geqq 5$

正解　C

●グラフの線上にある点（x, y）の値を条件と対応させる。
●グラフの線を数式にして条件と対応させる。

1

ある実験に必要な合金Zを作るために、金属Xと金属Yを次のような条件で購入することにした。

① Xは20kg以上
② Xは70kg以下
③ YはXの1/4以上
④ YはXの3/2倍以下
⑤ XとYは合わせて100kg以下

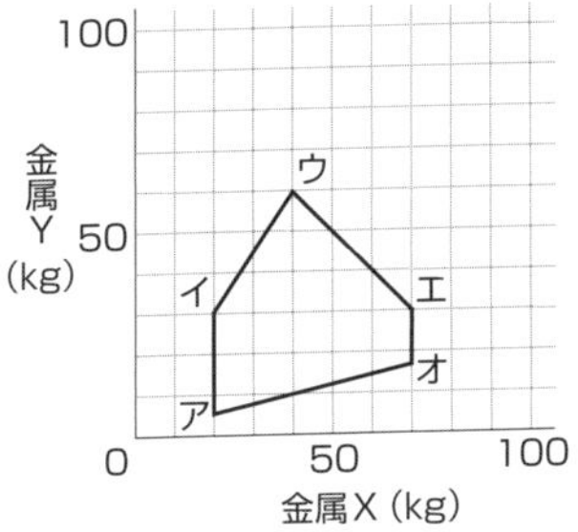

金属Y (kg) 100 50 0 ア イ ウ エ オ 50 100 金属X (kg)

上の条件に当てはまる量は、上図の点ア、イ、ウ、エ、オで囲まれた領域で示される。

❶ 点エと点オを通る直線で示される境界は、条件①〜⑤のどれによるものか。

○A ①
○B ②
○C ③
○D ④
○E ⑤

❷ 条件⑤で定められる領域の境界は、次のどの直線で示されるか。

○A 直線アイ
○B 直線イウ
○C 直線ウエ

❸ 金属Xと金属Yを同量買いたい。金属Xが10kgで1万円、金属Yが10kgで3万円のとき、条件内で最も安く購入する場合の費用はいくらか。

○A 4万円
○B 6万円
○C 8万円

解答&解説

❶直線エオを下に延ばすと、金属Xの70kgから出ていることがわかる。70kgという言葉がある条件②が正解。

正解　B

❷条件⑤の境界は、XとYの和が100になる直線なので、
X＋Y≦100
点(100,0)と点(0,100)を結んだ直線ウエが正解。
条件⑤は、右下がりの直線ウエから下の領域になる。

正解　C

❸同じ量なので、Y＝Xの直線上になる。上図に、(0,0)と(50,50)を通る右上がりの直線をひくとわかりやすい。領域内で最も少ない量になるのは、X20kg、Y20kgの点。
2万円＋6万円＝8万円。

正解　C

2 あるパソコンの講習会には、Xコースと Y コースの2つがあり、受講人数には以下のような条件がある。

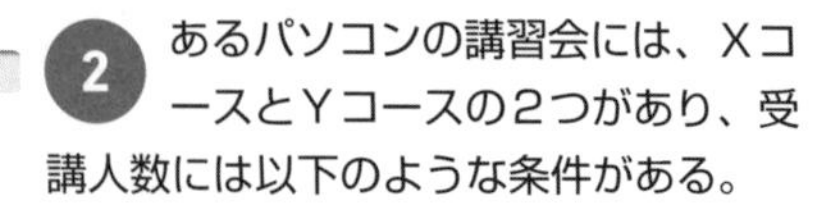

a 両コースの受講人数の和は30人以下

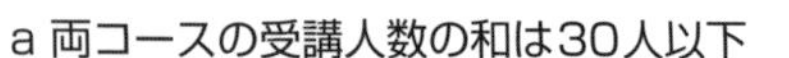

b Xコースの受講人数は8人以上
c Yコースの受講人数は6人以上
d Xコースの受講人数は20人以下
e Yコースの受講人数は14人以下

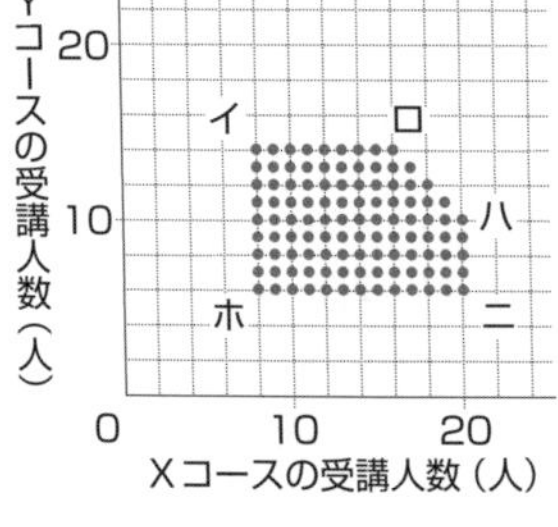

Xコースの受講人数を横軸、Yコースの受講人数を縦軸にとって図示すると、上の5つの条件を満たすものは図の点●のようになる。

❶ Xコースの受講料が6000円、Yコースの受講料が12000円のとき、受講料が最も多くなるのはどの点か。

○A ロ
○B ハ
○C ニ

❷ 条件a～eの5つの条件に、「両コースの受講人数の和は16人以上」という条件 f が加わったとき、点●の集合が作る図形はどれか。

○A 四角形
○B 五角形
○C 六角形

❸ 条件a～eの5つの条件に、「Yコースの受講人数の上限は、Xコースの受講人数＋4人」という条件 g が加わったとき、点●の集合が作る図形の形はどれか。

○A 五角形
○B 六角形
○C 七角形

解答&解説

❶受講人数が最も多く、かつYコースが多い点を探す。受講人数が最も多くなるのは、条件a（受講人数の和）の境界を表す線上（ロハを通る直線上）の点で、最大受講人数30人を表している。選択肢にあるロかハで、Yコースが多いのはロ。

正解 A

❷条件 f の領域は、(0, 16)と(16, 0)の点を結んだ右下がりの（イーホ間とホーニ間を通る）直線の上の領域。X＋Y≧16（変形するとY≧−X＋16）という不等式で表される。図形の形は六角形になる。

正解 C

❸条件 g の領域は、(0, 4)と(18, 22)の点を結んだ右上がりの（イーホ間とイーロ間を通る）直線の下の領域。Y＝X＋4の下側で、Y≦X＋4という不等式で表される。図形の形は六角形になる。

正解 B

3 ある金属Mと金属Nという2つの金属から、合金Lを以下の条件で作る。

Ⅰ　金属Nは金属Mの量の3分の1以上、かつ2倍以下
Ⅱ　金属Mと金属Nの量の和は40kg以上60kg以下

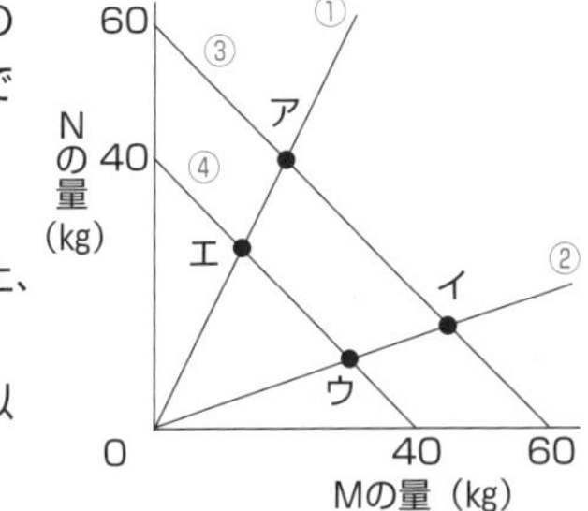

金属Mの量を横軸に、金属Nの量を縦軸にとると、条件Ⅰ、Ⅱを満たすのは点ア、イ、ウ、エで囲まれた領域となる。

❶　金属Nの割合が大きいほど合金Lが硬くなる場合、最も硬い合金Lを一番多く作れるのはどの点か。

○A ア
○B イ
○C エ

❷　点イにおける金属Mの量はどれだけか。

○A 30kg
○B 45kg
○C 50kg

❸　金属Mと金属Nを4：3の割合で用いて合金Lをなるべく多く作るとき、金属Mの量はどれだけか（必要なときは、最後に小数点以下第1位を四捨五入すること）。

○A 15kg
○B 26kg
○C 34kg

解答&解説

❶条件Ⅰより、金属Nは金属Mの量の3分の1以上、かつ2倍以下。最も硬い合金Lは、金属Nが金属Mの量の2倍のときにできる。→直線①の線上
条件Ⅱより、「金属M＋金属N」（つまり合金Lの量）は40kg以上60kg以下。一番多く作れる量は60kg。→直線③の線上
①と③の交点アが正解。

正解　A

❷金属Mの量をx、金属Nの量をyとおくと、点イを通る2つの直線を示す式は、
直線②　$y=x/3$
直線③　$x+y=60$
$y=x/3$を③に代入すると、
$x=45$

正解　B

❸条件Ⅱより、一番多く作れるLの量は60kg。
60kgを金属Mと金属Nの量の比4：3で作るので、金属Mの量は4＋3＝7のうちの4になる。従って、
60÷7×4＝34.28…kg

正解　C

4 ある工場では1個3万円の製品Xと1個2万円の製品Yを生産している。工場の1週間の生産量には以下のような条件が与えられており、図のイ、ロ、ハ、ニ、ホで囲まれる領域で表される。

P 製品Xの生産数は20個以上
Q 製品Yの生産数は40個以上
R 製品Xの生産数は180個以下
S 製品Yの生産数は100個以下
T 製品Yの生産数は製品Xの
　生産数の2分の1以上

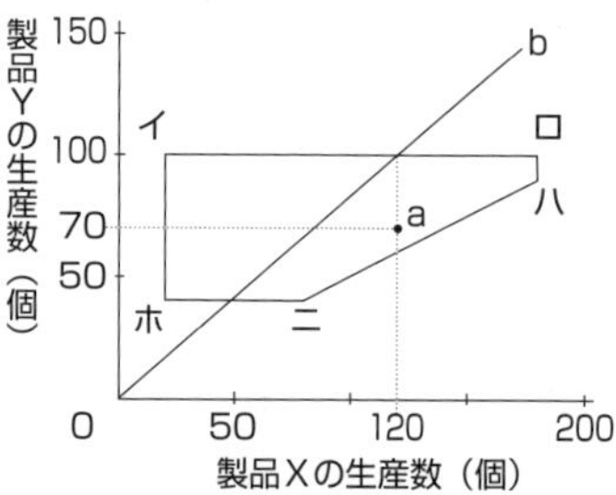

❶ 条件Tで定められる境界が通る点はどれか。

○A イとロ　○B ロとハ　○C ハとニ

❷ 点aでの売り上げはいくらか。

○A 500万円
○B 600万円
○C 720万円

❸ P～Tの5つの条件に、さらに「製品Yの生産数は製品Xの生産数のZ倍以上」という条件が加えられ、この条件が直線bで表された。Zはいくつか。

○A 5/6　○B 1　○C 6/5

❹ P～Tの5つの条件に、さらに「製品Xの生産数と製品Yの生産数の2倍との和は200個以上」という条件を加えた。その領域は、およそどのような形で示されるか。

○A　○B　○C

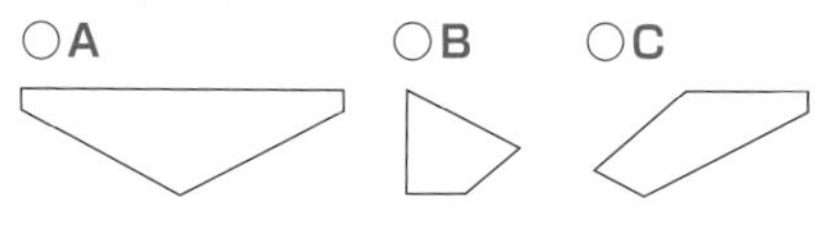

解答&解説

❶条件Tの境界は、Y＝X/2、またはX＝2Yで表され、Yが1上がるとXが2上がるグラフとなる。選択肢で、右上がりの直線上にあるものはハとニだけ。

正解 C

❷点aは、1個3万円の製品Xが120個、1個2万円の製品Yが70個の点。売り上げは、3×120+2×70=500万円

正解 A

❸直線bは右上がりの直線なので、Y＝ZX。点(120, 100)を通っているので、代入すると、100＝120Z
Z＝5/6

正解 A

❹条件はX＋2Y≧200で、変形するとY≧－x/2＋100。傾きaが－1/2で、切片bが100の右下がりの直線（下の赤線）の上の領域となる。

正解 A

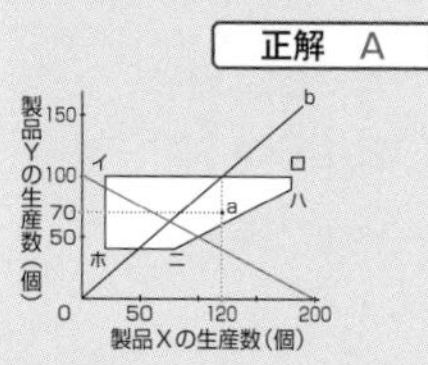

2章

SPI3【言語】再現問題演習

◉テストセンター、ペーパーテスティング、WEBテスティングに出題される言語分野の問題です。

◉解答＆解説を見ないで自分で解けるようにしておくことが大切です。

◉言語では、頻出語句の意味や使い方を覚えることが一番の対策になります。

01 二語の関係

◉ 二語の関係を考えて、同じ関係の語句の組み合わせを選ぶ問題。

 最初に示された二語の関係を考え、同じ関係の対を選びなさい。

民事：刑事

ア　異国：隣国
イ　声楽：器楽
ウ　音楽：芸術

○A アだけ　○B イだけ　○C ウだけ
○D アとイ　○E アとウ　○F イとウ

いちばん速く解ける解法

民事：刑事 ➡ 民事（私人の間の法律関係に関する事柄）と刑事（刑法の適用によって処理される事柄）は対義語。

ア　異国：隣国 ➡ 異国の一種が隣国。隣国は異国の1つ。

イ　声楽：器楽 ➡ 声楽と器楽は対義語。

ウ　音楽：芸術 ➡ 音楽は芸術の一種。

正解　B

民事と刑事は対義語 ➡「○と○は対義語」に合う選択肢を選ぶ。

●二語の関係のパターンと解き方

関係	問題例	解き方
包含 含む、含まれる、1つ、一種、一部	コーヒー：嗜好品（しこうひん）	コーヒーは嗜好品の1つ
	はかり：体重計	はかりの一種が体重計
	ノブ：ドア	ノブはドアの一部
対義語	創造：模倣	創造と模倣は対義語
同義語	殊勝：健気	殊勝と健気は同義語
並列	昭和：平成	昭和と平成はどちらも元号
役目	定規：計測	定規の役目は計測
一組	弓：矢	弓と矢はワンセット
原材料	納豆：大豆	納豆の原材料は大豆
目的語と動詞	株式：発行	株式を発行する

● 同じ関係の対を選びなさい。

解答&解説

1 絹：まゆ

ア ニラ：ネギ
イ リンゴ：果物
ウ ワイン：ブドウ

○A アだけ ○B イだけ ○C ウだけ
○D アとイ ○E アとウ ○F イとウ

●絹の原材料はまゆ。
ア ニラとネギはどちらも野菜。
イ リンゴは果物の一種。
ウ ワインの原材料はブドウ。
「○の原材料は○」と考えながら当てはまる選択肢を探す。

正解 C

2 年鑑：刊行物

ア 能楽：狂言
イ 長唄：邦楽
ウ 短歌：俳句

○A アだけ ○B イだけ ○C ウだけ
○D アとイ ○E アとウ ○F イとウ

●年鑑は刊行物の一種。
ア 能楽は狂言を含む。能楽は能と狂言を併せていう用語。
イ 長唄は邦楽の一種。
ウ 短歌と俳句はどちらも定型詩。

正解 B

3 行事：入学式

ア 果樹：樹木
イ 飲料：酒
ウ 制服：衣服

○A アだけ ○B イだけ ○C ウだけ
○D アとイ ○E アとウ ○F イとウ

●入学式㊨は行事㊧の一種。
ア 果樹㊧は樹木㊨の一種だが、左右が逆。
イ 酒㊨は飲料㊧の一種。
ウ 制服㊧は衣服㊨の一種だが、左右が逆。

正解 B

4 筆記具：鉛筆

ア 全集：単行本
イ 調味料：香辛料
ウ 水質汚染：公害

○A アだけ ○B イだけ ○C ウだけ
○D アとイ ○E アとウ ○F イとウ

●筆記具の一種が鉛筆。
ア 単行本は全集の中に入らず、単独で刊行される本のこと。
イ 調味料の一種が香辛料。
ウ 公害の一種が水質汚染。包含の向きが違う。

正解 B

5 傍観：座視

ア 腐心：苦心
イ 緊張：弛緩
ウ 心酔：傾倒

○A アだけ ○B イだけ ○C ウだけ
○D アとイ ○E アとウ ○F イとウ

●傍観（かかわりを持たずわきで見ていること）と座視（見ていて手出しをしないこと）は同義語。
ア 腐心と苦心は同義語。
イ 緊張と弛緩は対義語。
ウ 心酔と傾倒は同義語。

正解 E

6 雪：結晶

ア 新春：季節
イ 五月雨：雨
ウ 風：木枯らし

○A アだけ ○B イだけ ○C ウだけ
○D アとイ ○E アとウ ○F イとウ

●雪は結晶の一種。雪は水蒸気が昇華して成長した氷の結晶。
ア 新春は季節の一種。
イ 五月雨は雨の一種。
ウ 風の一種が木枯らし。包含の向きが違う。

正解 D

解答&解説

7 シャンプー：洗髪

ア マイク：集音
イ アンテナ：受信
ウ カメラ：現像

○A アだけ ○B イだけ ○C ウだけ
○D アとイ ○E アとウ ○F イとウ

●シャンプーの役目は洗髪。
ア マイクの役目は集音。
イ アンテナの役目は受信。
ウ カメラの役目は現像ではなく撮影。

正解 D

---

8 箸：食事

ア 鞍：乗馬
イ 柵：牧場
ウ 靴：皮革

○A アだけ ○B イだけ ○C ウだけ
○D アとイ ○E アとウ ○F イとウ

●箸は食事で用いる。あるいは箸は食事の道具。
ア 鞍は乗馬で用いる。あるいは鞍は乗馬の道具。
イ 牧場の一部が柵。
ウ 靴の原材料は皮革。

正解 A

---

9 まな板：調理

ア 雪：雨
イ 砂糖：調味料
ウ ペン：筆記

○A アだけ ○B イだけ ○C ウだけ
○D アとイ ○E アとウ ○F イとウ

●まな板は調理で用いる。
ア 雪も雨も天気の一種。
イ 砂糖は調味料の1つ。
ウ ペンは筆記で用いる。

正解 C

---

10 安価：廉価

ア 不意：唐突
イ 需要：供給
ウ 熟読：卒読

○A アだけ ○B イだけ ○C ウだけ
○D アとイ ○E アとウ ○F イとウ

●安価と廉価は同義語。
ア 不意と唐突は同義語。
イ 需要と供給は対義語。
ウ 熟読(じっくり読むこと)と卒読(ざっと読むこと)は対義語。

正解 A

---

11 弓：矢

ア 針：糸
イ のり：はさみ
ウ 太鼓：ばち

○A アだけ ○B イだけ ○C ウだけ
○D アとイ ○E アとウ ○F イとウ

●弓と矢でワンセット。
ア 針と糸でワンセット。
イ のりとはさみはどちらも文具の一種。
ウ 太鼓とばちでワンセット。

正解 E

---

12 星霜：光陰

ア 異端：正統
イ 総合：分析
ウ 慇懃(いんぎん)：丁寧

○A アだけ ○B イだけ ○C ウだけ
○D アとイ ○E アとウ ○F イとウ

●星霜(月日、歳月)と光陰は同義語。
ア 異端と正統は対義語。
イ 総合と分析は対義語。
ウ 慇懃と丁寧は同義語。

正解 C

13 信用金庫：金融機関

ア　時価：価格
イ　財産：私財
ウ　出納（すいとう）：収支

○A アだけ　○B イだけ　○C ウだけ
○D アとイ　○E アとウ　○F イとウ

●信用金庫は金融機関の一種。
ア　時価は価格の一種。
イ　私財㊨は財産㊧の一種。
ウ　出納と収支は同義語。どちらも「収入と支出」という意味。

正解 A

---

14 明白：歴然

ア　草案：成案
イ　奇抜：平凡
ウ　寄与：貢献

○A アだけ　○B イだけ　○C ウだけ
○D アとイ　○E アとウ　○F イとウ

●どちらも「はっきりして疑う余地のないこと」で同義語。
ア　草案と成案は対義語。
イ　奇抜と平凡は対義語。
ウ　寄与と貢献は同義語で「社会や人のために役に立つこと」。

正解 C

---

15 比率：百分率

ア　整数：小数
イ　学問：数学
ウ　演算：割り算

○A アだけ　○B イだけ　○C ウだけ
○D アとイ　○E アとウ　○F イとウ

●百分率㊨は比率㊧の一種。
ア　整数と小数はどちらも数の仲間。
イ　数学㊨は学問㊧の一種。
ウ　割り算㊨は演算㊧の一種。

正解 F

---

16 貯水：ダム

ア　濾過（ろか）：フィルター
イ　文具：コンパス
ウ　縫製：ミシン

○A アだけ　○B イだけ　○C ウだけ
○D アとイ　○E アとウ　○F イとウ

●ダムの役目は貯水。
ア　フィルターの役目は濾過（こして固形物を除くこと）。
イ　コンパスは文具の一種。
ウ　ミシンの役目は縫製（ぬうこと）。

正解 E

---

17 確執：反目

ア　精通：知悉
イ　皮相：本質
ウ　帰納：演繹

○A アだけ　○B イだけ　○C ウだけ
○D アとイ　○E アとウ　○F イとウ

●確執（互いに意見を譲らない争い）と反目（仲が悪いこと）は同義語。
ア　精通（詳しく知っていること）と知悉は同義語。
イとウは対義語。

正解 A

---

18 軽率：慎重

ア　中原：辺境
イ　具申：進言
ウ　墨守（ぼくしゅ）：進取

○A アだけ　○B イだけ　○C ウだけ
○D アとイ　○E アとウ　○F イとウ

●軽率と慎重は対義語。
ア　対義語。中原は天下の中心の地。
イ　具申と進言は同義語。
ウ　対義語。墨守はかたくなに守って変えないこと。

正解 E

19 馬：家畜

ア　牛：酪農
イ　ペット：人間
ウ　鶏：家禽

○A アだけ　○B イだけ　○C ウだけ
○D アとイ　○E アとウ　○F イとウ

●馬は家畜の一種。
ア　牛は酪農の一種とはいえないので不適。
イ　語句の上で特に関係はない。
ウ　鶏は家禽（家畜として飼育される鳥）の一種。

正解　C

20 発行：雑誌

ア　投与：薬
イ　投票：選挙
ウ　投入：資本

○A アだけ　○B イだけ　○C ウだけ
○D アとイ　○E アとウ　○F イとウ

●雑誌を発行する。
ア　薬を投与する。
イ　選挙で投票する。
ウ　資本を投入する。
「〜を〜する」が正解。

正解　E

21 消炎：湿布

ア　接着：のり
イ　頭痛薬：鎮痛
ウ　洗浄：石けん

○A アだけ　○B イだけ　○C ウだけ
○D アとイ　○E アとウ　○F イとウ

●消炎（炎症を消すこと）を役目とする湿布。
ア　接着を役目とするのり。
イ　頭痛薬の役目は鎮痛。
ウ　洗浄を役目とする石けん。

正解　E

22 温度：高低

ア　貧富：大小
イ　音：強弱
ウ　天候：湿気

○A アだけ　○B イだけ　○C ウだけ
○D アとイ　○E アとウ　○F イとウ

●例外。物事と測定基準の関係。
ア　貧富を大小で測定するとはいえない。
イ　音は強弱で測定できる。
ウ　天候を湿気で測定するとはいえない。

正解　B

23 番付：大関

ア　昭和：元号
イ　季節：晩秋
ウ　敬称：陛下

○A アだけ　○B イだけ　○C ウだけ
○D アとイ　○E アとウ　○F イとウ

●番付の中に大関がある。
ア　昭和は元号の一種。
イ　季節の中に晩秋がある。
ウ　敬称の中に陛下（天皇・皇后・皇太后などの敬称）がある。

正解　F

24 紙：はさみ

ア　大工：のこぎり
イ　調理：包丁
ウ　缶詰：缶切り

○A アだけ　○B イだけ　○C ウだけ
○D アとイ　○E アとウ　○F イとウ

●紙とはさみは一緒に使う。はさみは紙を切るともいえる。
ア　大工が使うのこぎり。
イ　調理には包丁を使う。
ウ　缶詰と缶切りは一緒に使う。缶切りは缶詰を切る。

正解　C

25 設計：建築

ア　劇：演出
イ　作曲：演奏
ウ　舞踏：振付

○A アだけ　○B イだけ　○C ウだけ
○D アとイ　○E アとウ　○F イとウ

●例外パターン。
設計したものを建築する。
ア　劇の演出をする。
イ　作曲したものを演奏する。
ウ　舞踏の振付をする。

正解 B

---

26 故人：死者

ア　泰斗：大家（たいか）
イ　起工：竣工
ウ　知己：知人

○A アだけ　○B イだけ　○C ウだけ
○D アとイ　○E アとウ　○F イとウ

●故人と死者は同義語。
ア　泰斗（その道で最も権威のある人）と大家は同義語。
イ　起工と竣工（工事が終了すること＝落成）は対義語。
ウ　知己（知り合い）と知人は同義語。

正解 E

---

27 くもり：天候

ア　天災：地震
イ　国語：科目
ウ　女優：俳優

○A アだけ　○B イだけ　○C ウだけ
○D アとイ　○E アとウ　○F イとウ

●くもりは天候の一種。
ア　天災の一種が地震。
イ　国語は科目の一種。
ウ　女優は俳優の一種。

正解 F

---

28 落語家：高座

ア　芸人：舞台
イ　ダンサー：舞踏
ウ　力士：土俵

○A アだけ　○B イだけ　○C ウだけ
○D アとイ　○E アとウ　○F イとウ

●役目の変形。落語家の仕事場（役目を果たす場所）は高座。
ア　芸人の仕事場は舞台。
イ　ダンサーの役目は舞踏。
ウ　力士の仕事場は土俵。

正解 E

---

29 丑（うし）：干支

ア　京都：都道府県
イ　天然：人工
ウ　赤道：緯線

○A アだけ　○B イだけ　○C ウだけ
○D アとイ　○E アとウ　○F イとウ

●丑は干支の1つ。
ア　京都は都道府県の1つ。
イ　天然と人工は対義語。
ウ　赤道（緯度0度）は緯線の1つ。

正解 E

---

30 めでる：ほめる

ア　侮る：見くびる
イ　くさす：おだてる
ウ　閉口する：困る

○A アだけ　○B イだけ　○C ウだけ
○D アとイ　○E アとウ　○F イとウ

●めでるとほめるは同義語。
ア　どちらも「相手を軽く見る、見下す」という意味の同義語。
イ　くさすとおだてるは対義語。
ウ　「閉口する（悩まされる）」と「困る」は同義語。

正解 E

解答&解説

31 先負：仏滅
ア 夏至：立秋
イ 動詞：副詞
ウ 植物：生物

○A アだけ ○B イだけ ○C ウだけ
○D アとイ ○E アとウ ○F イとウ

●先負も仏滅も六曜（先勝・友引・先負・仏滅・大安・赤口）の1つ。
ア どちらも二十四節気の1つ。
イ どちらも品詞の1つ。
ウ 植物は生物の1つ。

正解 D

32 迎合：追従（ついしょう）
ア 比肩する：伍する
イ 挫折：蹉跌（さてつ）
ウ 陳腐：希代（きたい）

○A アだけ ○B イだけ ○C ウだけ
○D アとイ ○E アとウ ○F イとウ

●迎合と追従は同義語。
ア 比肩すると伍するは同義語。
イ 挫折と蹉跌は同義語。
ウ 陳腐（ありふれていること）と希代（世にもまれなこと）は対義語。

正解 D

33 主菜：食事
ア 笑顔：表情
イ 散文：文章
ウ 才能：文才

○A アだけ ○B イだけ ○C ウだけ
○D アとイ ○E アとウ ○F イとウ

●主菜は食事の一種。食事の種類は「主食・主菜・副菜」。
ア 笑顔は表情の一種。
イ 散文は文章の一種。
ウ 文才は才能の一種。包含の向きが違う。

正解 D

34 過食：肥満
ア 人災：天災
イ 余震：地震
ウ 漏電：火災

○A アだけ ○B イだけ ○C ウだけ
○D アとイ ○E アとウ ○F イとウ

●過食が原因で肥満になる。
ア 人災と天災は対義語。
イ 余震は地震の一種。
ウ 漏電が原因で火災が起きる。

正解 C

35 求心：遠心
ア 応答：返答
イ 訥弁：能弁
ウ うつつ：夢

○A アだけ ○B イだけ ○C ウだけ
○D アとイ ○E アとウ ○F イとウ

●求心（中心に近づこうとすること）と遠心（中心から遠ざかろうとすること）は対義語。
ア 応答と返答は同義語。
イ 訥弁と能弁は対義語。
ウ うつつと夢は対義語。

正解 F

36 航空機：尾翼
ア 戦車：飛行機
イ 穀物：豆
ウ 短歌：上の句

○A アだけ ○B イだけ ○C ウだけ
○D アとイ ○E アとウ ○F イとウ

●航空機の構成要素が尾翼。
ア 戦車と飛行機はどちらも乗り物。
イ 穀物の一種が豆。
ウ 短歌の構成要素が上の句（短歌の前半五・七・五の3句）。

正解 C

37 炊事：家事

ア 工業：産業
イ 和風：古風
ウ 掃除：洗濯

○A アだけ ○B イだけ ○C ウだけ
○D アとイ ○E アとウ ○F イとウ

●炊事は家事の一種。
ア 工業は産業の一種。
イ 風が語尾で、どちらも様式を表す。
ウ 掃除も洗濯も家事。

正解 A

38 洋画：邦画

ア 経緯：経過
イ 率直：婉曲
ウ 明白：端的

○A アだけ ○B イだけ ○C ウだけ
○D アとイ ○E アとウ ○F イとウ

●洋画と邦画は対義語。
ア 経緯と経過は同義語。
イ 率直（隠すところがないこと）と婉曲（遠回しなさま）は対義語。
ウ 明白と端的は同義語。

正解 B

39 強化：規制

ア 経済：不況
イ 所得：消費
ウ 維持：現状

○A アだけ ○B イだけ ○C ウだけ
○D アとイ ○E アとウ ○F イとウ

●規制㊨を強化㊧する。目的語と動詞の関係。
ア 経済状況の1つが不況。
イ 所得：消費は語句の上で特別な関係はない。
ウ 現状㊨を維持㊧する。

正解 C

40 放任：干渉

ア 統一：分裂
イ 国会：立法
ウ 介抱：看護

○A アだけ ○B イだけ ○C ウだけ
○D アとイ ○E アとウ ○F イとウ

●放任（放っておくこと）と干渉（口出しをしたり考えを押しつけたりすること）は対義語。
ア 統一と分裂は対義語。
イ 国会の役目は立法。
ウ 介抱と看護は同義語。

正解 A

41 ソバ：穀類

ア 冷蔵庫：家電
イ 器械体操：運動
ウ 花見：春

○A アだけ ○B イだけ ○C ウだけ
○D アとイ ○E アとウ ○F イとウ

●ソバは穀類の一種。
ア 冷蔵庫は家電の一種。
イ 器械体操は運動の一種。
ウ 花見が行われるのは春。

正解 D

42 俳優：演技

ア 飛行機：操縦
イ 医者：治療
ウ 大工：設計

○A アだけ ○B イだけ ○C ウだけ
○D アとイ ○E アとウ ○F イとウ

●俳優の役目は演技。
ア 飛行機の役目は操縦ではない。操縦はパイロットの役目。
イ 医者の役目は治療。
ウ 大工の役目は設計ではなく、建築。

正解 B

● 同じ関係の対になるように語句を選びなさい。

解答&解説

43
時計：長針
漢字：（　　）

○A 中国
○B つくり
○C かな
○D 国語
○E にんべん

●時計の一部が長針。
漢字の一部がつくり。漢字はへんとつくりから構成されている。

正解 B

44
理論：実践
多弁：（　　）

○A 毒舌
○B 能弁
○C 寡黙
○D 弁論
○E 優秀

●理論（原理・原則による、納得できる説明）と実践（理論などを実際に自分で行うこと）は対義語。
多弁（よくしゃべること）と寡黙（口数が少ないこと）も対義語。

正解 C

45
治療：疾病
報道：（　　）

○A 記者
○B 事件
○C マスコミ
○D テレビ
○E 中継

●「～を～する」に当てはめる。
疾病を治療する。
事件を報道する。

正解 B

46
鍬（くわ）：耕作
教師：（　　）

○A 勉強
○B 学校
○C 教育
○D 職業
○E 試験

●鍬は、田畑を耕す農具。鍬の役目・用途は耕作。
教師の役目は教育。

正解 C

47
平野：盆地
能：（　　）

○A 芸能
○B 文楽
○C 面
○D 舞台
○E 芸術

●平野と盆地はどちらも地形。
能と文楽はどちらも伝統芸能（舞台芸術）。

正解 B

48
寺院：建立
論理：（　　）

○A 推理
○B 口述
○C 破綻
○D 論文
○E 構築

●寺院を建立する。
論理を構築する。
Cの破綻は、論理が破綻するので不適。

正解 E

49 芸術：彫刻
書籍：(　　)
○A 読書
○B 月間
○C 聖書
○D 本棚
○E 書店

●㊨から㊧へ、彫刻は芸術の一種。
聖書は書籍の一種。

正解 C

50 積極的：消極的
相対的：(　　)
○A 一般的
○B 普遍的
○C 原理的
○D 具体的
○E 絶対的

●積極的と消極的は対義語。
相対的(他との関係や比較の上に成り立つさま)と絶対的(他の何物ともくらべようがない状態・存在であるさま)は対義語。

正解 E

51 書留：郵便
水彩画：(　　)
○A 油絵
○B 絵筆
○C 絵画
○D 画家
○E 画材

●書留は郵便の一種。
水彩画は絵画の一種。

正解 C

52 症状：発熱
感染症：(　　)
○A 予防
○B 病気
○C ウイルス
○D インフルエンザ
○E 伝染

●発熱は症状の一種。
インフルエンザは感染症の一種。

正解 D

53 辞書：書籍
障子：(　)
○A 桟
○B 建具
○C 建築
○D 和紙
○E ふすま

●辞書は書籍の一種。
障子は建具の一種。

正解 B

54 触覚：感覚
果樹：(　　)
○A 食糧
○B 畑
○C リンゴ
○D 樹木
○E 栽培

●触覚は感覚の一種。
果樹は樹木の一種。

正解 D

解答&解説

55 野球：硬球
演奏：（　）

○A 指揮
○B CD
○C 録音
○D ベース
○E 音楽

●役目の変形パターン。硬球（硬式の野球やテニスで用いる球のこと）は野球で使う。同じく、ベースは演奏で使う。

正解 D

56 麺（めん）：ソバ
料理：（　）

○A 野菜
○B 雑炊
○C 食材
○D 調理
○E 魚類

●㊨から㊧へ、ソバは麺の一種。雑炊は料理の一種。

正解 B

57 作家：文壇
裁判官：（　）

○A 司法
○B 法曹界
○C 検察
○D 法律
○E 役所

●包含の関係。作家が属する世界は文壇。
同じく裁判官、検察官、弁護士が属する世界を法曹界という。

正解 B

58 マイク：音
レンズ：（　）

○A 望遠
○B 集中
○C 太陽
○D 光
○E 熱

●例外的なパターン。マイクは音を集める。
レンズは光を集める。

正解 D

59 過失：故意
合成：（　）

○A 統合
○B 分解
○C 断絶
○D 人造
○E 自然

●過失（不注意などによる過ち）の対義語は故意（わざとすること）。
合成の対義語は分解。

正解 B

60 わな：捕獲
暗室：（　）

○A 印刷
○B 写真
○C 現像
○D カメラ
○E 撮影

●わなの役目は捕獲（獲物を捕らえること）。
暗室の役目は現像。
ちなみにカメラの役目は撮影。

正解 C

61 包丁：まな板
うす：（　）

○A 打撃
○B もち
○C 正月
○D 木材
○E きね

●包丁とまな板はワンセットで用いる。
うすときねはワンセットで用いる。どちらも餅つきの道具。

正解　E

62 県：地方自治体
月：（　）

○A 宇宙
○B 地球
○C 恒星
○D 衛星
○E 惑星

●県は地方自治体の1つ。
月は衛星の1つ。恒星は「自ら光を出す星：太陽」。惑星は「恒星の周りを回る星：地球」。衛星は「惑星の周りを回る星：月」。

正解　D

63 寺院：本堂
絹糸：（　）

○A 木綿
○B 生糸
○C まゆ
○D シルク
○E 準備

●包含の関係。寺院は本堂を含む。
同じく絹糸は生糸を含む。絹糸には生糸、練糸、玉糸などがある。絹糸とシルクは同義語。

正解　B

64 自転車：サドル
船：（　）

○A バイク
○B 鉄
○C 船長
○D 甲板
○E 航海

●サドル（自転車やオートバイの腰掛ける部分）は、自転車の一部。
甲板（船の上部の、平らな床＝デッキ）は船の一部。

正解　D

65 米：せんべい
ブドウ：（　）

○A ワイン
○B モモ
○C 果物
○D アルコール
○E 醸造

●せんべいは米から作る。同じく、ワインはブドウから作る。
または、米からせんべいができる。
ブドウからワインができる。

正解　A

66 雛祭り：正月
神社：（　）

○A 宗教
○B 神道
○C 神主
○D 寺
○E 境内

●雛祭りも正月も行事の一種。
神社も寺も宗教建築の一種。

正解　D

02 語句の意味

◉ 下線部と似た意味をもつ語句を選ぶ問題。かなり難しい言葉も出る。

例題 下線部と意味が最も合致する語を1つ選びなさい。

❶ 自由勝手にはねまわること

○A 躍動
○B 跳躍
○C 躍如
○D 跳梁（チョウリョウ）
○E 躍起

❷ 容易ならない事態

○A ものものしい
○B かいがいしい
○C おこがましい
○D ゆゆしい
○E まがまがしい

いちばん速く解ける解法

❶熟語、漢字の意味から考えて消去していく。正解は跳梁。
躍動＝いきいきと動くこと。「～感あふれる」×
跳躍＝飛びはねること。「助走をつけて～する」×
躍如（やくじょ）＝いきいきと目の前に見えるさま。「面目～」×
躍起＝むきになること。必死なさま。「～になる」×

正解 D

❷語句を当てはめてぴったりおさまる選択肢が正解。「ゆゆしい事態」がぴったり当てはまる。
ものものしい＝いかめしい。おおげさだ。「～警備」
かいがいしい＝きびきびしている。けなげだ。「～妻」
おこがましい＝身の程知らずだ。なまいき。「口出しするのは～」
まがまがしい＝不吉である。「～出来事」

正解 D

語句の意味を知らないと解けない問題が多い。難しい言葉が出題されるため、次ページからの出題語句を覚えておくことが大切。

重要
●訓読みしたりして、1字1字の漢字の意味から考える。
●文章に当てはめて考える。

● 下線部と意味が最も合致する語を1つ選びなさい。

解答&解説

1 働かないでただ遊び暮らすこと

○A 徒食
○B 粗食
○C 蚕食(サンショク)
○D 飽食
○E 寄食

徒食（としょく）○
粗食＝粗末な食事
蚕食＝カイコが桑の葉を食うように片っ端から侵略すること
飽食＝腹いっぱい食べること
寄食＝他人の家でめんどうをみてもらうこと

正解　A

2 ゆらゆら揺れ動く

○A ぶれる
○B そよぐ
○C たゆたう
○D たなびく
○E はためく

ぶれる＝正しい位置からずれる
そよぐ＝風に吹かれてかすかに音を立てて揺れ動く
たゆたう○
たなびく＝横に長くただよう
はためく＝風に吹かれてひらひら動く

正解　C

3 はっきりと見て取れること

○A 蜿蜿(エンエン)
○B 煌煌(コウコウ)
○C 滔滔(トウトウ)
○D 歴歴(レキレキ)
○E 朦朦(モウモウ)

蜿蜿＝うねうねと長く続くさま
煌煌＝きらきら輝くさま
滔滔＝よどみなく流れるさま
歴歴○
朦朦＝煙やほこりなどが立ちこめるさま

正解　D

4 のんびりして静かな様子

○A 安寧
○B 安逸
○C 安泰
○D 安閑
○E 安息

安寧＝世の中が平和で安定していること
安逸＝気楽に過ごすこと
安泰＝無事でいること。平穏
安閑（あんかん）○
安息＝何の心配もなくくつろいで休むこと

正解　D

5 意見に同意して仲間になる

○A 与する
○B 配する
○C 介する
○D 会する
○E 挺する

与（くみ）する○
配する＝割り当てる。配る
介する＝両者の間の仲立ちとする
会する＝ある場所に集まる
挺する＝他に先んじて進む

正解　A

6 事の成り行きや入り組んだ事情

○A 経緯
○B 過程
○C 段階
○D 顚末(テンマツ)
○E 真相

経緯（けいい、いきさつ）○
過程＝物事の進行の道筋
段階＝変化する過程の一区切り
顚末＝最初から最後までの事情
真相＝本当の事情

正解　A

7 問題とされながら解決がつかない事柄

○A 不断
○B 未決
○C 棚上げ
○D 懸案
○E 保留

不断＝絶え間のないこと
未決＝まだ決定していないこと
棚上げ＝一時保留して、未解決のままにしておくこと
懸案（けんあん）○
保留＝そのまま保ちとどめておくこと

正解　D

8 二等分にする

○A 山分け
○B 均分
○C 等分
○D 応分
○E 折半

山分け＝関係者がほぼ均等に分け合うこと
均分＝同じ割合に分けること
等分＝等しい分量に分けること
応分＝分相応
折半（せっぱん）○

正解　E

9 細かい点まではっきりしているさま

○A あきらか
○B あざやか
○C きわやか
○D こまやか
○E つまびらか

あきらか＝明白であるさま
あざやか＝はっきりしていて、目立つさま
きわやか＝くっきりときわだつさま
こまやか＝細かいさま
つまびらか○

正解　E

10 主張がぶつかってもめること

○A 確執
○B 誤解
○C 討論
○D 不和
○E 相克

確執（かくしつ）○
誤解＝思い違い
討論＝議論をたたかわせること
不和＝仲が悪いこと
相克（そうこく）＝互いに勝とうとして争うこと

正解　A

11 相手の計略を見抜く

○A 看過する
○B 看破する
○C 凝視する
○D 露見する
○E 透視する

看過する＝見逃してしまう
看破（かんぱ）する○
凝視する＝じっと見つめる
露見する＝ばれる
透視する＝物を通して向こう側にあるものを見る

正解　B

12 めったにないこと

○A 希代
○B 珍奇
○C 奇抜
○D 未聞
○E 異変

希代（きたい）○
珍奇＝珍しくて風変わりなこと
奇抜＝風変わりで意表をつくこと
未聞＝まだ聞いたことがない
異変＝普通には考えられないような出来事

正解　A

解答&解説

13 せっせと仕事に励む
○A 朗朗と
○B 営営と
○C 段段と
○D 着着と
○E 懇懇と

朗朗＝声が澄んでいて、はっきり聞こえるさま
営営（えいえい）○
段段＝しだいしだいに
着着＝次々と順序よく
懇懇＝真心こめて丁寧に詳しく説くさま
正解 B

14 心がいやしいさま
○A あくどい
○B さもしい
○C はしたない
○D がめつい
○E いじきたない

あくどい＝ひどくたちが悪い
さもしい○
はしたない＝みっともない
がめつい＝抜け目がなくて強欲
いじきたない＝飲食物や金品を欲しがる気持ちが強い
正解 B

15 必ずしも間違いではない
○A あながち
○B いみじくも
○C 断じて
○D えてして
○E おそらく

あながち○
いみじくも＝適切に。うまく
断じて＝何が何でも。必ず
えてして＝ややもすると。とかく
おそらく＝きっと。たぶん
正解 A

16 誰よりも早く何かをすること
○A 先立つ
○B 先駆ける
○C 先細る
○D 先を争う
○E 先を越す

先立つ＝先に行く
先駆（さきが）ける○
先細る＝衰えていく。減っていく
先を争う＝われ先に争って進む
先を越す＝相手に先んじて事を行う
正解 B

17 その分野での広く深い知識、理解
○A 度量
○B 透徹
○C 造詣
○D 蘊蓄（ウンチク）
○E 裁量

度量＝人を受け入れる寛容な心
透徹＝澄みきっていること。筋がはっきり通っていること
造詣（ぞうけい）○
蘊蓄＝研究して身につけた知識
裁量＝自分の考えで判断、処理すること
正解 C

18 身に余る処遇
○A 役不足な
○B 過分な
○C 応分な
○D 余分な
○E 適度な

役不足な＝役が軽すぎる
過分（かぶん）な○
応分な＝身分や能力にふさわしい
余分な＝必要や予定より多い
適度な＝程度がほどよい
正解 B

解答&解説

19 概して、高齢者ほど朝が早いものだ

○A すべからく
○B 大して
○C 明らかに
○D おしなべて
○E しかして

すべからく＝当然
大して＝さほど
明らかに＝はっきりと
おしなべて○
しかして＝それから

正解 D

20 文化や社会が乱れて不健全になること

○A 低落
○B 衰退
○C 退廃
○D 落剥（ラクハク）
○E 凋落（チョウラク）

低落＝相場、評判などが低くなること
衰退＝衰えて勢いを失うこと
退廃（たいはい）○
落剥＝はげ落ちること
凋落＝おちぶれること

正解 C

21 関心を引くようそれとなく誘いかける

○A 呼び水になる
○B 手を回す
○C 打診する
○D 水を向ける
○E はっぱをかける

呼び水になる＝きっかけになる
手を回す＝ひそかに働きかける
打診する＝相手の意向を知るため前もって反応をみる
水（みず）を向（む）ける○
はっぱをかける＝激励し気合いを入れる

正解 D

22 人の心中をおしはかること

○A 意中
○B 想像
○C 推定
○D 洞察
○E 忖度（ソンタク）

意中＝心の中
想像＝頭だけで思い描くこと
推定＝根拠をもとにあれこれ考えて決めること
洞察＝鋭い観察力で物事を見通すこと
忖度○

正解 E

23 悲しくて声を上げて泣くこと

○A 号泣
○B 慟哭（ドウコク）
○C 嗚咽（オエツ）
○D 悲痛
○E 悲涙

号泣＝大声をあげて泣くこと。うれしくて号泣することもある
慟哭○
嗚咽＝声をつまらせて泣くこと
悲痛＝悲しくて心が痛むこと
悲涙＝悲しみのあまりに流す涙

正解 B

24 進んで新しいことをしようとすること

○A 推進
○B 先進
○C 進取
○D 進出
○E 新進

推進＝前へおし進めること
先進＝他より進歩していること
進取（しんしゅ）○
進出＝新しい方面や分野に進み出て活動領域を広げること
新進＝新しく現れて活躍すること

正解 C

解答&解説

25 何かにとらわれず自由に振る舞うこと

○A 奔放
○B 邁進(マイシン)
○C 身勝手
○D 破天荒
○E 天真爛漫(テンシンランマン)

奔放(ほんぽう)○
邁進=突き進むこと
身勝手=わがまま
破天荒=前人のできなかったことを初めてすること
天真爛漫=純真で無邪気で明るいさま

正解 A

26 どうにもならないことを残念がる

○A 気に病む
○B ほぞをかむ
○C 胸を痛める
○D 腕をこまねく
○E こうべをたれる

気に病む=心配する
ほぞをかむ○
胸を痛める=心を悩ます
腕をこまねく=傍観する
こうべをたれる=うなだれる。腰を低くする

正解 B

27 神妙な心がけ

○A 慎重な
○B 優雅な
○C 不思議な
○D 殊勝な
○E 真面目な

慎重な=注意深く軽々しくない
優雅な=しとやかで気品がある
不思議な=普通は考えられない
殊勝(しゅしょう)な○
神妙、殊勝は「けなげなこと」
真面目な=真剣な、誠実な

正解 D

28 成功する確率

○A 目算
○B 試算
○C 概算
○D 公算
○E 打算

目算=もくろみ、計画、見込み
試算=ためしに行う計算
概算=大まかな計算や勘定
公算(こうさん)○=それが起こる確からしさ
打算=利害や損得を見積もること

正解 D

29 人を威嚇するような態度

○A 尊大
○B 鉄面皮
○C 威丈高
○D 威風堂々
○E 横柄

尊大=人を見下した態度
鉄面皮=恥知らずで厚かましい
威丈高(いたけだか)○「居丈高」とも書く
威風堂々=立派で威厳ある様子
横柄=いばって、人を無視した態度

正解 C

30 心の中でのおおまかな見積もり

○A 皮算用
○B 丼勘定
○C 懐具合
○D 目分量
○E 胸算用

皮算用=実現しないうちからあてにしてあれこれ計画を立てる
丼勘定=大雑把な金の出し入れ
懐具合=所持金の額や金回り
目分量=目で見て量ること
胸算用(むなざんよう)○

正解 E

解答&解説

31 争いをやめて仲直りすること

○A 平静
○B 和睦
○C 平和
○D 停戦
○E 親睦

平静＝静かで落ち着いた様子
和睦（わぼく）○
平和＝いさかいがなく、安穏であること
停戦＝戦いを中止すること
親睦（しんぼく）＝仲良くすること

正解 B

32 他より目立ってすぐれていること

○A 出色
○B 優越
○C 希有（ケウ）
○D 格別
○E 破格

出色（しゅっしょく）○＝傑出
優越＝他よりすぐれていること
希有＝めったにないこと
格別＝特別の取り扱いをすること。格式に拘束されないこと
破格＝普通ではなく、並はずれていること

正解 A

33 物事を正しく判断する力

○A 心得
○B 識見
○C 卓見
○D 識別
○E 眼力

心得＝心がまえ。心がけ
識見（しきけん）○
卓見＝すぐれた意見・見識
識別＝種類や性質などを見分けること
眼力＝善悪・真偽・成否などを見抜く能力

正解 B

34 知識が不十分である

○A いたらない
○B つたない
○C いぶかしい
○D おぼつかない
○E うとい

いたらない＝行き届かない
つたない＝巧みでない。へただ
いぶかしい＝物事が不明であることを怪しく思う
おぼつかない＝うまくいきそうもない
うとい○

正解 E

35 罪や不正を問いただし、非難すること

○A 罵倒
○B 詰問
○C 糾弾
○D 誹謗（ヒボウ）
○E 懲戒

罵倒＝ひどくののしること
詰問＝厳しく問いつめること
糾弾（きゅうだん）○
誹謗＝悪口を言うこと
懲戒＝不正・不当な行為に制裁を加えるなどして、こらしめること

正解 C

36 ありふれていてつまらないこと

○A 陳腐
○B 常套
○C 卑俗
○D 駄作
○E 一般

陳腐（ちんぷ）○
常套（じょうとう）＝ありふれたやり方。古くからの習慣
卑俗＝卑しく低俗なこと
駄作＝出来の悪い作品
一般＝広く認められていて普通なこと

正解 A

解答&解説

37 初めからその組織に属していること

- ○A 古参(コサン)
- ○B 古株
- ○C 子飼い
- ○D えり抜き
- ○E 生え抜き

古参＝古くからその職にいる人
古株＝集団に古くからいる人
子飼い（こがい）＝子供のときから育てること
えり抜き＝選び抜かれているさま
生え抜き（はえぬき）○

正解 E

38 差し障りがあることを感じて遠慮する

- ○A はばかる
- ○B ゆだねる
- ○C あまんずる
- ○D かしこまる
- ○E へりくだる

はばかる○
ゆだねる＝人にまかせる
あまんずる＝そのまま受け入れる。しかたがないとがまんする
かしこまる＝恐れ慎む
へりくだる＝謙遜する。卑下する

正解 A

39 気持ちなどを隠さず打ち明けること

- ○A 弁明
- ○B 供述
- ○C 白状
- ○D 披露
- ○E 披瀝

弁明＝言いわけすること
供述＝尋問に答えること
白状＝自分の秘密や罪を申し述べること
披露＝公に発表すること
披瀝（ひれき）○

正解 E

40 こじつけの弁論

- ○A 詭弁
- ○B 能弁
- ○C 雄弁
- ○D 毒舌
- ○E 訥弁

詭弁（きべん）○
能弁＝弁舌が達者なこと
雄弁＝話し方が巧みで力強いこと
毒舌＝皮肉や悪口のこと
訥弁（とつべん）＝つかえがちで下手な話し方

正解 A

41 いばって偉そうに振るまうさま

- ○A 無礼
- ○B 横柄
- ○C 横暴
- ○D 粗野
- ○E 無法

無礼＝礼儀からはずれたさま。失礼なこと
横柄（おうへい）○
横暴＝勝手で乱暴なさま
粗野＝性質や行動が荒々しい
無法＝道理や秩序をないがしろにするさま

正解 B

42 意志や信念を貫き物事に動じないさま

- ○A 精悍(セイカン)
- ○B 毅然(キゼン)
- ○C 強固
- ○D 一徹
- ○E 泰然

精悍＝容貌などが鋭く力強い
毅然○
強固＝強くかたいこと
一徹＝かたくなで、自分のやり方を押し通すこと
泰然＝落ち着いていて物事に動じない様子

正解 B

解答&解説

43 心の奥底から信頼している人のこと

○A 腹心
○B 同志
○C 分身
○D 畏友
○E 信徒

腹心（ふくしん）○
同志＝志を同じくする人
分身＝一つの身体から分かれ出たもの
畏友（いゆう）＝尊敬する友人
信徒＝その宗教を信仰する人

正解 A

44 双方の良いところをまとめること

○A 共存
○B 統合
○C 折衷
○D 妥協
○E 混交

共存＝複数が共にあること
統合＝複数をまとめること
折衷（せっちゅう）○
妥協＝一方、あるいは双方が譲って意見をまとめること
混交＝いろいろなものが入りまじること

正解 C

45 自分の立場や主義主張を変えること

○A 洗脳
○B 改心
○C 転向
○D 変心
○E 感化

洗脳＝主義や思想を特定の内容に改めさせること
改心＝悪い心を改めること
転向（てんこう）○
変心＝心変わり
感化＝影響を与えて心を変えさせること

正解 C

46 物が十分にある様子

○A 大量
○B 潤沢
○C 余分
○D 裕福
○E 余裕

大量＝量が多いこと。多量
潤沢（じゅんたく）○
余分＝あまった分。残り
裕福＝財産、生活が豊かなこと
余裕＝必要分以上に余りがあること。ゆとり

正解 B

47 なりふり構わず懸命にやっている様子

○A けなげ
○B ひたむき
○C やみくも
○D おおわらわ
○E てんてこまい

けなげ＝心がけが殊勝なこと
ひたむき＝一つの物事だけに心を向けているさま。いちず
やみくも＝むやみ
おおわらわ○
てんてこまい＝あわて騒ぐこと

正解 D

48 優れている相手をねたましく思う

○A うとむ
○B うらむ
○C そしる
○D ひがむ
○E そねむ

うとむ＝いやだと思う。嫌う
うらむ＝相手を憎く思う気持ちを持ち続ける
そしる＝非難する。けなす
ひがむ＝誤解して、自分が悪く扱われていると思う
そねむ○

正解 E

解答&解説

49 問題に割り込んで関係を持つこと

○A 後見
○B 斡旋
○C 介入
○D 干渉
○E 調停

後見=後ろ盾。補佐すること
斡旋=双方を取り持つこと
介入（かいにゅう）○
干渉=人のことに立ち入って自分の意思に従わせようとする
調停=第三者が間に入って争いをやめさせる

正解 C

50 ひろく物事を知っていること

○A 見聞
○B 博識
○C 熟知
○D 考察
○E 学識

見聞=見たり聞いたりすること
博識（はくしき）○
熟知=よく知っていること
考察=明らかにするためによく考えること
学識=学問で得た知識

正解 B

51 それとなく知らせること

○A 示唆
○B 教唆
○C 指示
○D 明示
○E 啓示

示唆（しさ）○=暗示
教唆=教えそそのかすこと
指示=さし示すこと
明示=はっきりと示すこと
啓示=よくわかるように表し示すこと

正解 A

52 損失や損害を埋め合わせること

○A 保証
○B 保障
○C 保全
○D 補償
○E 補充

保証=大丈夫だと請け合うこと
保障=生命や財産、権利を保護して守ること
保全=安全を保つこと
補償（ほしょう）○
補充=足りないものを補いみたすこと

正解 D

53 世の中のありさま

○A 世事
○B 世相
○C 世論
○D 風潮
○E 景気

世事（せじ）=世間のこと。俗事
世相（せそう）○
世論=世間一般の見方
風潮=世間一般の傾向。時勢
景気=社会経済の状況

正解 B

54 荒々しくすさみ、温かみのない様子

○A 漠然
○B 殺伐
○C 凄惨
○D 相殺
○E 恬淡

漠然=はっきりしないさま
殺伐（さつばつ）○
凄惨（せいさん）=非常にむごたらしくて悲惨な様子
相殺=差し引きゼロにすること
恬淡（てんたん）=無欲であっさりしていること

正解 B

55 世俗の物事にこだわらないさま

○A 超然
○B 孤立
○C 卓越
○D 独立
○E 孤高

超然（ちょうぜん）○
孤立＝仲間、助けがないこと
卓越＝他のものより飛び抜けてすぐれていること
独立＝他に頼らない。独り立ち
孤高＝一人、他と離れて高い境地にいること

正解 A

56 くやしく残念に思うこと

○A 後悔
○B 忍耐
○C 観念
○D 無念
○E 断念

後悔＝自分の行為をくいること
忍耐＝こらえること
観念＝あきらめること。覚悟すること
無念（むねん）○
断念＝あきらめること

正解 D

57 無駄が多くだらだらと長い様子

○A 冗長
○B 延長
○C 長大
○D 放漫
○E 拡張

冗長（じょうちょう）○
延長＝さらに長く延ばすこと
長大＝長くて大きいこと
放漫＝だらしなく、いい加減なこと
拡張＝範囲をひろげること

正解 A

58 程度や状態が尋常でなく大変なさま

○A ひときわ
○B はなはだ
○C もっぱら
○D ことごとく
○E とりわけ

ひときわ＝他と比べて一段と。いっそう
はなはだ○
もっぱら＝それだけをひたすら
ことごとく＝すべて。残らず
とりわけ＝特に

正解 B

59 物事の詳しい事情

○A 子細
○B 詳細
○C 些細
○D 微細
○E 委細

子細（しさい）○
詳細＝詳しく細かいこと
些細＝わずかで取るに足りないこと
微細＝非常に細かいこと
委細＝こまかく詳しいこと。対義語は「概略」

正解 A

60 誤解が生じるような言い方

○A 舌禍（ゼッカ）
○B 造言
○C 豪語
○D 苦言
○E 語弊

舌禍＝自分の言葉から招く災難
造言＝つくりごと。デマ
豪語＝自信ありげに大きなことを言うこと
苦言＝人のためにいさめる言葉
語弊（ごへい）○

正解 E

61 一部から次々に崩れてだめになること
- ○A 分解
- ○B 瓦解
- ○C 崩壊
- ○D 破壊
- ○E 壊滅

分解＝個々の部分に分けること
瓦解（がかい）○
崩壊＝崩れ壊れること
破壊＝壊すこと。壊れること
壊滅＝すっかり壊れてなくなること

正解 B

62 職務上の身の処置
- ○A 職責
- ○B 処遇
- ○C 出世
- ○D 任命
- ○E 進退

職責＝職務上の責任
処遇＝待遇、あつかい
出世＝高い地位を得ること
任命＝職務を命ずること
進退（しんたい）○

正解 E

63 まったく問題にしないこと
- ○A 無視
- ○B 軽視
- ○C 無関心
- ○D 無頓着
- ○E 度外視

無視＝存在価値を認めないこと
軽視＝軽くみること
無関心＝関心がないこと
無頓着＝気にかけないで平気でいること
度外視（どがいし）○

正解 E

64 予想と違ったので残念に思うこと
- ○A 驚嘆
- ○B 心配
- ○C 心外
- ○D 意表
- ○E 意外

驚嘆＝ひどく感心すること
心配＝不安に思うこと
心外（しんがい）○
意表＝考えてもいないこと
意外＝思いがけないこと

正解 C

65 そうなることが避けられないこと
- ○A 必須
- ○B 必中
- ○C 必至
- ○D 逼迫
- ○E 必死

必須＝必要。なくてはならない
必中＝必ず命中すること
必至（ひっし）○
逼迫＝行き詰まって余裕がなくなること
必死＝死ぬ覚悟で全力を尽くすこと

正解 C

66 思うようにならず苦労の多い身の上
- ○A 難航
- ○B 難渋
- ○C 不肖
- ○D 逆境
- ○E 薄幸(ハッコウ)

難航＝障害が多く物事がはかどらないこと
難渋＝事の運びに苦労すること
不肖（ふしょう）＝（父や師匠に似ないで）愚かなこと
逆境（ぎゃっきょう）○
薄幸＝不幸せ

正解 D

解答&解説

67 ある事を行うように説き勧めること

○A 勧告
○B 説得
○C 推薦
○D 説教
○E 勉励

勧告（かんこく）○
説得＝話して納得させること
推薦＝ある事や人を高く評価して採用を促すこと
説教＝教訓をたれること
勉励（べんれい）＝つとめはげむこと

正解 A

68 出生率がしだいに低下していく

○A 暫時
○B 漸次
○C 順次
○D 往時
○E 随時

暫時（ざんじ）＝しばらくの間
漸次（ぜんじ）○
順次＝順序に従って。順に
往時＝昔。以前
随時＝その時々。好きなときにいつでも

正解 B

69 的を射た言葉

○A 諫(カン)言
○B 至言
○C 直言
○D 極言
○E 進言

諫言＝目上の者をいさめること
至言（しげん）○
直言＝遠慮せずに自分の信じるところを言うこと
極言＝極端な言い方
進言＝目上の者に意見を申し述べること

正解 B

70 様子がどうも変だと思う

○A こだわる
○B あやぶむ
○C かんぐる
○D たぶらかす
○E いぶかる

こだわる＝気にしてとらわれる。気にかける
あやぶむ＝危なく思う。悪い結果にならないか心配する
かんぐる＝悪いように推量する
たぶらかす＝だます。欺く
いぶかる○

正解 E

71 よく行き届いていること

○A 網羅
○B 繊細
○C 周到
○D 配慮
○E 緻密

網羅＝残らず取り入れること
繊細＝ほっそりして優美なこと
周到（しゅうとう）○
配慮＝心をくばること。他人や他の事に対して気をつかうこと
緻密＝きめが細かいこと

正解 C

72 ある物事を行うのに役立つ

○A 与(アズカ)る
○B 充てる
○C 供する
○D 支える
○E 資する

与る＝かかわりをもつ
充てる＝ある目的に割り当てる
供する＝差し出す
支える＝倒れたり落ちたりしないようにつっぱってくいとめる
資（し）する○

正解 E

解答&解説

73 昔のことをなつかしく思うこと

○A 旧式
○B 回顧
○C 懐古
○D 過去
○E 太古

旧式＝古い型や様式のこと
回顧＝過去を振り返ること
懐古（かいこ）○
過去＝過ぎ去った時
太古＝大昔のこと

正解 C

74 自分の思うまま

○A 得意
○B 私意
○C 心意
○D 留意
○E 恣意(シイ)

得意＝思いどおりになって満足していること
私意＝自分一人の考え
心意＝こころ。精神
留意＝心にとめ注意すること
恣意○

正解 E

75 見つからないようにこっそり隠すこと

○A 隠匿
○B 隠蔽
○C 秘蔵
○D 機密
○E 内密

隠匿（いんとく）○
隠蔽＝故意に隠すこと
秘蔵＝大切にしまっておくこと
機密＝政治上・軍事上の秘密
内密＝表ざたにしないこと

正解 A

76 子どもが機嫌を悪くして泣く

○A すねる
○B わめく
○C ふてくされる
○D しゃくりあげる
○E むずかる

すねる＝すなおに従わないで、不平がましい態度をとる
わめく＝大声で叫ぶ
ふてくされる＝不満で反抗する
しゃくりあげる＝息を吸い上げるように激しく泣く
むずかる○

正解 E

77 心に深く刻みつける

○A 鑑みる
○B 期する
○C 留める
○D 念ずる
○E 銘じる

鑑みる＝手本に照らして考える
期する＝そうなるように期待する。心に誓う
留める＝移動させないでおく
念ずる＝心の中で祈る
銘じる○「肝に～」

正解 E

78 あわてふためく様子

○A 驚異
○B 混迷
○C 困窮
○D 狼狽
○E 自失

驚異＝不思議で驚くべきこと
混迷＝複雑に入り組んで、わけがわからなくなる様子
困窮＝生活、処置に困ること
狼狽（ろうばい）○
自失＝我を忘れてぼんやりすること

正解 D

解答&解説

□ **79** 心や力を一つのことに集中すること

○A 傾注
○B 殺到
○C 収斂(シュウレン)
○D 執着
○E 耽溺(タンデキ)

傾注（けいちゅう）○
殺到＝多数の人や物が一度にどっと押し寄せること
収斂＝ちぢみ、まとまること
執着＝心がとらわれること
耽溺＝一つに夢中になって他を顧みないこと

正解 A

□ **80** 遅かれ早かれ彼は成功するだろう

○A 始終
○B 早晩
○C 適時
○D 巧遅
○E 常時

始終＝事の始めから終わりまで
早晩（そうばん）○ いずれ。
適時＝ちょうどよい時
巧遅（こうち）＝巧みだが遅いこと
常時＝ふだん。いつも

正解 B

□ **81** 苦しめ悩ます

○A 忌む
○B 脅かす
○C 苛(サイナ)む
○D 凄(スゴ)む
○E 謗(ソシ)る

忌む＝不吉なものとして避ける
脅かす＝人を恐れさせる
苛む○
凄む＝おどすような言葉や態度をとる
謗る＝人のことを悪く言う。非難する

正解 C

□ **82** 物事が進行して面白くなったところ

○A 正念場
○B 醍醐味
○C 土壇場
○D 修羅場
○E 佳境

正念場＝真価を問われる場面
醍醐味＝本当の面白さ、味わい
土壇場＝せっぱつまった場面
修羅場＝戦いや争いで悲惨をきわめている場面
佳境（かきょう）○

正解 E

□ **83** 人の言動を受け入れる広い心

○A 料簡
○B 大器
○C 技量
○D 器量
○E 度量

料簡＝考え。気持ち。分別
大器＝大きな才能。大きな器量
技量＝物事を行う腕前
器量＝物事を行う才能、力量。顔立ち
度量（どりょう）○

正解 E

□ **84** 暮らしていくための経済的な手段

○A 経世(ケイセイ)
○B 経常
○C 会計
○D 家計
○E 生計

経世＝世を治めること
経常＝一定の状態で続くこと
会計＝金銭や物品の出納の記録、計算、管理
家計＝一家の収入や支出
生計（せいけい）○

正解 E

解答&解説

85 ものごとをひといきに成しとげること

○A 一騎当千
○B 一気呵成
○C 一触即発
○D 一意専心
○E 一石二鳥

一騎当千＝一騎で千人の敵を相手にできるほど強いこと
一気呵成（いっきかせい）○
一触即発＝緊迫した状態や状況
一意専心＝心を集中すること
一石二鳥＝一つの事で二つの利益を得ること

正解 B

86 窮地から逃れる方法

○A 秘策
○B 迂回
○C 便法
○D 活路
○E 妙案

秘策＝秘密にしている計略
迂回＝まわり道すること
便法＝便利な方法。一時しのぎの便宜上の手段
活路（かつろ）○「～を見いだす」
妙案＝とてもいい思いつき

正解 D

87 決断をためらってぐずぐずすること

○A 不断
○B 果敢
○C 遅延
○D 逡巡
○E 悠然

不断＝決断力に乏しいこと。優柔不断
果敢＝思い切って事を行うさま
遅延＝遅れ、長引くこと
逡巡（しゅんじゅん）○
悠然＝ゆったりと落ち着いているさま

正解 D

88 あとで証拠となるような言葉

○A 証左
○B 言下
○C 検証
○D 提言
○E 言質

証左＝証拠
言下＝言い終わった直後
検証＝事実を確認、証明すること
提言＝提出した意見、考え
言質（げんち）○

正解 E

89 伝わり広がっていくこと

○A 伝承
○B 伝聞
○C 伝播
○D 伝導
○E 伝染

伝承＝伝え聞くこと。後世に伝えていくこと
伝聞＝伝え聞くこと
伝播（でんぱ）○
伝導＝伝え導くこと
伝染＝病気や良くない傾向が他にうつること

正解 C

90 物事の根本。おおもと

○A 要点
○B 大綱
○C 大筋
○D 概要
○E 大局

要点＝物事の中心となる重要な点
大綱（たいこう）○
大筋＝大まかな所。あらまし
概要＝物事のおおすじ
大局＝全体の情勢やなりゆき

正解 B

解答&解説

91 文章に無駄が多くしまりのないさま
○A 散漫
○B 放漫
○C 漫然
○D 冗漫
○E 杜撰(ズサン)

散漫=まとまりのないさま
放漫=しまりがなくいいかげんなこと
漫然=ぼんやりとしていること
冗漫(じょうまん)○
杜撰=いい加減で誤りが多いさま
正解 D

92 その場に応じた適切な対応ができる才知
○A 知略
○B 俊敏
○C 機略
○D 機知
○E 俊才

知略=才知に富んだはかりごと
俊敏=判断や行動が速いこと
機略=その場に応じたはかりごと
機知(きち)○
俊才=人並みはずれてすぐれた才能
正解 D

93 一時の間に合わせ。その場しのぎ
○A 姑息(コソク)
○B 救急
○C 仮託
○D 皮相
○E 抜本

姑息○「姑」は「しばらく」、「息」は「休むこと」
救急=急場の難儀をすくうこと
仮託=他の物にことよせること
皮相(ひそう)=物事の表面
抜本=根本の原因を取り除くこと
正解 A

94 ある物をしきりに欲しがること
○A 要求
○B 貪欲(ドンヨク)
○C 強欲
○D 願望
○E 垂涎(スイゼン)

要求=必要だとして求めること
貪欲=欲が深いこと=強欲
強欲=非常に欲が深いこと
願望=願い望むこと
垂涎○「何かがほしくて涎(よだれ)を垂らす」意。
正解 E

95 偶然の利益や成功を当てにすること
○A 山勘
○B 投資
○C 棚牡丹(タナボタ)
○D 野心
○E 射幸

山勘=勘で山をはること
投資=資金を投下すること
棚牡丹=思いがけない好運を得ること。「棚から牡丹餅」の略
野心=ひそかに抱く大きな望み
射幸(しゃこう)○「射幸心」
正解 E

96 祝福、祝賀の言葉を述べる
○A たまわる
○B へつらう
○C ことほぐ
○D あげつらう
○E かしずく

たまわる=いただく。くださる
へつらう=こびる。おもねる
ことほぐ○「新春をことほぐ」
あげつらう=ささいなことをおおげさに言い立てる
かしずく=人に仕えて世話をする
正解 C

解答&解説

97 いかにも利口なさま
○A 半可通
○B 小利口
○C さかしげ
○D 物知り顔
○E 知ったかぶり

半可通＝いいかげんな知識しかないのに通人ぶること
小利口＝抜けめがないさま
さかしげ○
物知り顔＝知っているような顔
知ったかぶり＝知っているかのようなそぶり
正解 C

98 たびたびで飽きること
○A 食傷
○B 食指
○C 食通
○D 食客(ショッカク、ショッキャク)
○E 食害

食傷（しょくしょう）○
食指＝人差し指
食通＝料理について詳しいこと
食客＝客の待遇で抱えておく人
食害＝虫や動物の食い荒らしによる害
正解 A

99 何の考えもなく人の意見に賛成すること
○A 唯々諾々(イイダクダク)
○B 意志薄弱
○C 優柔不断
○D 付和雷同
○E 拱手傍観(キョウシュボウカン)

唯々諾々＝言いなりに従うこと
意志薄弱＝意志の力が弱いこと
優柔不断＝ぐずぐず決断のにぶいこと
付和雷同（ふわらいどう）○
拱手傍観＝何もせずただ見ていること
正解 D

100 相手の事情や心情などをくみとること
○A 憶測
○B 英断
○C 斟酌
○D 勘案
○E 同調

憶測＝自分で勝手に推測すること。当て推量
英断＝優れた決断
斟酌（しんしゃく）○
勘案＝色々と考え合わせること
同調＝調子を合わせること。同じ調子
正解 C

101 他と同等の位置にいる
○A 位する
○B 呈する
○C 値する
○D 伍する
○E 類する

位する＝その地位、場所をしめる
呈する＝差しあげる。表す
値する＝その値打ちがある
伍（ご）する○
類する＝似ている。共通点がある
正解 D

102 経験を積み物事に習熟していること
○A 老境
○B 老獪(ロウカイ)
○C 老練
○D 老健
○E 老残

老境（ろうきょう）＝老人の境涯
老獪＝経験を積み悪賢いこと
老練○＝老成
老健＝老いても健康なこと
老残＝年老いて生きながらえていること
正解 C

03 複数の意味

◉ 下線部が最も近い意味で使われている選択肢を選ぶ問題。

例題 下線部が最も近い意味で使われている語句を１つ選びなさい。

❶ 果報は寝て待て

○A 高くてまずい
○B 書いて覚える
○C 頭が痛くて休む
○D 見て見ぬふりをする
○E 届けて帰る

❷ 勇気がわく

○A お湯がわく
○B 議論がわく
○C 観客席がわく
○D 非難がわく
○E 麹（コウジ）がわく

いちばん速く解ける解法

わかりやすい言葉で言い換えて選択肢に当てはめる。

❶ 果報は寝て待て → 寝る「という方法で」という意味

A 高くてまずい → ×（高くてしかも：添加）
B 書いて覚える → 書く「という方法で」覚える○
C 頭が痛くて休む → ×（痛いので：原因）
D 見て見ぬふりをする → ×（見ているのに：逆接）
E 届けて帰る → ×（届けてから：推移）

正解　B

❷ 勇気がわく → 勇気が「生じる」という意味。

A お湯がわく → ×（沸騰する）
B 議論がわく ×（盛んになる）
C 観客席がわく ×（感情が高ぶる、興奮する）
D 非難がわく → 非難が「生じる」○
E 麹がわく ×（カビなどが発生する）

正解　D

重要 ●下線部をもっと明解な言葉で言い換える。

● 下線部が最も近い意味の語句を１つ選びなさい。

1 箱の中にある
○A 心の中で思う
○B 名簿の中にはない
○C ハムを中にはさむ
○D 表を中にして巻く
○E 家の中で遊ぶ

解答&解説
「空間的な内部」の意味。
A→抽象的なものの内部
B→範囲内、うち
C→（二つのものの）間
D→裏面、中側
E→空間的な内部
正解 E

2 駅に通じている道
○A 相手先に電話が通じる
○B 四季を通じて温暖な気候
○C ラジオを通じて情報を得る
○D 誠意が通じる
○E 内情に通じている

「達する」という意味。
A→達する
B→（全体を）通して
C→介して、経由して
D→相手に理解される
E→よく知っている
正解 A

3 感情にはしる
○A 使いにはしる
○B 痛みがはしる
○C 東西にはしる道
○D 悪事にはしる
○E ペンがはしる

「（ある方向に）かたむく」の意味。
A→急いで行く
B→あらわれてすぐ消える
C→通る、貫く
D→かたむく
E→すらすら動く
正解 D

4 うわの空で聞いている
○A 手でたたく
○B 電車で行く
○C 成績優秀で素行もよい
○D あの言葉で救われました
○E 手放しで喜ぶ

「という状態で」の意味。
A→を使って
B→という手段で
C→にしてしかも
D→によって（理由、原因）
E→という状態で
正解 E

5 味をしめる
○A 味なまね
○B おふくろの味
○C 味のある絵
○D 勝利の味を知る
○E 味がよい魚

「経験した感触、実感」の意味。
A→生意気
B→飲食物による味覚
C→おもしろみ、味わい
D→経験した感触、実感
E→飲食物による味覚
正解 D

6 頭角をあらわす
○A 詩にあらわす
○B 雪をあらわす記号
○C 顔に喜色をあらわす
○D 著作をあらわす
○E 会場に姿をあらわす

「出現する」の意味。→現す
A→表現する→表す
B→意味を示す→表す
C→（感情が）表に出る→表す
D→書物として世に出す→著す
E→出現する→現す
正解 E

解答&解説

7 雪をものともせず
○A だれでも孫には甘くなるものだ
○B ものの数ではない
○C ものが落ちてきた
○D ものがわかっている人
○E 私のものだ

「問題にする対象、相手」の意味。
A→傾向
B→問題にする対象、相手
C→物体
D→道理
E→所有物

正解 B

8 道をとく
○A 道が続く
○B 救う道をさがす
○C その道の達人
○D 我が道をいく
○E 人の道からはずれる

「人の行うべき道、道理」の意味。
A→通行する道
B→手段、方法
C→分野、方面
D→目的に至る道筋。人生
E→人の行うべき道。道理

正解 E

9 働いたことがある
○A 一朝ことあるとき
○B 早起きすることにしている
○C リーダーの言うことに従う
○D 野球はやったことがない
○E ことをなしとげる

「経験」の意味。
A→何かの出来事、事件
B→習慣
C→（言葉の）内容
D→経験
E→仕事、要件

正解 D

10 天地無用の荷物を運ぶ
○A 天寿をまっとうする
○B 天災は忘れた頃にやってくる
○C 名声が天下に知れ渡る
○D 天井を見上げる
○E 天国の母に思いをはせる

上下の「うえ」の意味。
A→生まれつきの（寿命）
B→自然の（災害）
C→大空の（下）
D→上の（井）。井は、井の字の木材、井戸など諸説ある
E→神の（国）

正解 D

11 悪い仲間と手を切る
○A いそがしくて手が足りない
○B 隣国と手を結ぶ
○C 大役で手に余る
○D 宝を手に入れる
○E 今はこれしか手がない

「縁、関係」の意味。
A→労働力、手間
B→関係
C→能力
D→自分のもの、所有
E→手段、方法

正解 B

12 思い出の地に立つ
○A 無我の境地に入る
○B 地の利がある
○C 天と地の開きがある
○D 敵地に忍び込む
○E 地上に降り積もった雪

「特定の土地。場所」の意味。
A→状態、状況
B→位置、立場
Cは天に対する「地面」
D→特定の土地。場所
E→大地

正解 D

解答&解説

13 独身で通す
○A 歩き通す
○B 企画案を通す
○C 針の穴に糸を通す
○D バスを先に通す
○E 注文を通す

「最後まで続ける」という意味。
A→最後まで続ける
B→通過、パスさせる
C→抜けさせる
D→通行させる、行かせる
E→意向などを伝える

正解 A

14 別れがつらい
○A 風が吹く
○B 我らが母校
○C 私が先に行きます
○D うれしいがやめておきます
○E 数学が得意だ

感情や能力の対象を表す。
A→主格を表す
B→の（所属や所有関係を表す）
C→主格を表す
D→けれども（逆接を表す）
E→感情や能力の対象を表す

正解 E

15 捜査本部を置く
○A 本人に聞かないとわからない
○B 本名を隠している
○C 本末転倒である
○D 本流を下る
○E 本番が始まる

「中心、主である」（部）の意味。
A→当の。この（人）
B→正式の、本当の（名前）
C→物事のもと（と末端）
D→中心、主である（流れ、川）
E→本式、実際の（番）

正解 D

16 ひもの結びめがほどける
○A 痛いめにあう
○B 季節の変わりめ
○C 見ためが悪い
○D 人を見るめがある
○E 台風のめの中に入る

「点、箇所、所」の意味。
A→体験
B→点、箇所、所
C→物の様子
D→見定める能力
E→中心

正解 B

17 兄は口が悪いのが欠点だ
○A 働き口を紹介する
○B 口の横に出来物ができた
○C 口直しにお茶を飲む
○D 口が達者で演説がうまい
○E 叔母は口が肥えている

「言葉（づかい）」の意味。
Aは就職する「先、場」
Bは顔の「口」
C→味覚
D→言葉づかい
E→味覚の鋭さ

正解 D

18 母は耳が早い
○A 耳をピクピクと動かす
○B 耳にけがをする
○C パンの耳を切る
○D 祖母は耳が遠い
○E もうけ話を耳にはさむ

「(話を）聞くこと」の意味。
Aは顔の「耳」
Bも顔の「耳」
C→端の部分、縁
D→（音に対する）聴力
E→（話を）聞くこと

正解 E

解答&解説

19 現地までの足を確保する
○A 当初の予算から足が出る
○B 客の足が遠のく
○C 魚介類は足がはやい
○D 会場まで足を運ぶ
○E 豪雪で住民の足が奪われる

「交通手段」の意味。
A→「足が出る」で「支出が超過する」
B→訪問
C→食品のいたみ具合
D→歩く、行くこと
E→交通手段
正解 E

20 腕の見せどころ
○A 腕ずくでとり返す
○B 祖父の腕をとって歩く
○C 板前が腕をふるった逸品
○D 腕っ節の強さが自慢だ
○E 腕まくりをして働く

「技能、技術」の意味。
A→腕力
B→身体の「腕」
C→技能、技術
D→腕力
E→「腕まくり」で「袖をまくり上げること」
正解 C

21 兄の顔を立てる
○A 会合に顔を出す
○B 不安な気持ちが顔に出る
○C 重役が顔をそろえる
○D 会社の顔に泥を塗る
○E いやな顔ひとつしない

「面目、評判」の意味。
AとC→存在、出席
BとE→表情、顔つき
D→面目、評判
正解 D

22 腹を据えて人前に出る
○A 腹を割って話し合う
○B 腹の太い男だと評判だ
○C 腹をこわして寝込む
○D 相手の腹を読む
○E 腹を痛めた息子と離別する

「度胸、胆力」の意味。
A→考え、心の動き
B→度胸、胆力
C→胃腸
D→考え、心の動き
E→母胎
正解 B

23 頭の回転がはやい人
○A 山の頭に雲がかかる
○B 話の頭からもう一度聞きたい
○C 出家して頭を丸める
○D 容姿端麗で頭もきれる
○E 彼を組織の頭に据える

「考え、思考」の意味。
A→頂上
B→最初
C→「頭を丸める」で「髪を剃る」
D→考え、思考
E→上層部、かしら
正解 D

24 身に余る光栄だ
○A 身のほどを知らない言動だ
○B 相手の身になって考える
○C 研究に身をささげる
○D 勉強に身が入らない
○E 最後まで身が持たない

「身分、地位」の意味。
A→身分、地位
B→立場、気持ち
C→自分
D→気持ち、真心
E→体力、健康
正解 A

解答&解説

25 先を切って走る我が子の姿
○A 荷物の送り先は東京都だ
○B 先に着いて待っている
○C この先が思いやられる
○D 行列の先に父がいた
○E 指の先をドアにはさむ

「先頭」と言い換える。
A→行き先、目的地
B→（時間的な）前
C→将来
D→先頭
E→突端、先端
正解 D

26 空とぼける
○A 人の話をうわの空で聞く
○B 秋の空は変わりやすい
○C 異国の空で一生を終える
○D 空泣きにだまされる
○E 空で円周率を言う

「見せかけ、うそ」という意味。
Aの「うわの空」→ぼんやり集中しない」さま
B→天候
C→場所、境遇
D→見せかけ、うそ
E→暗記
正解 D

27 仕事が山を越えたら休みたい
○A ご飯を山盛りにする
○B 借金の山で首が回らない
○C 今夜が山だ
○D 試験の山が見事に当たる
○E 故郷の山に思いをはせる

「困難で重要な過程、峠」の意味。
A→高く積み上げる様子
B→数量が多いこと
C→困難で重要な過程、峠
D→予想、かけ
E→周りの土地より著しく高くなった所
正解 C

28 母に便りを寄せる
○A アンケートの回答を寄せる
○B 思いを寄せる人がいる
○C 椅子を壁際に寄せる
○D 身を寄せる場所もない
○E 波が打ち寄せる岩場

「送り届ける」で言い換えられる。
A→送り届ける
B→好意をもつ
C→近づける
D→まかせる、ゆだねる
E→近づく、来る
正解 A

29 見聞したところを述べる
○A 居眠りしているところを見た
○B ところ変われば品変わる
○C 今、着いたところだ
○D 見たところ命に別状はない
○E 信じるところを貫く

「所見、考え」で言い換えられる。
A→場面
B→場所、地域
C→時、時点
D→限り、部分
E→所見、考え
正解 E

30 犯人がぼろを出す
○A 母に手紙を出す
○B 新聞に広告を出す
○C 白い歯を出す
○D 臨時の列車を出す
○E 猫を庭に出す

「表に出す、露出させる」という意味。
A→発信する
B→発表、掲載する
C→表に出す、露出させる
D→出発、運行させる
E→外へ移す
正解 C

解答&解説

31 肩の荷がおりる
○A バスからおりる
○B 会長の座からおりる
○C 山からおりる
○D 胸のつかえがおりる
○E 勝負をおりる

「なくなる」と言い換える。
A→乗り物から出る
B→退く
C→低いところに移る
D→なくなる
E→途中でやめる

正解 D

---

32 貯金に利子がつく
○A 泥が靴につく
○B 船が港につく
○C 新しい任務につく
○D モリで魚をつく
○E 自分の席につく

何かが「くっつく」の意味。漢字で「付く」。
A→付く
B→着く
C→就く
D→突く
E→着く

正解 A

---

33 外国との国交をたつ
○A 鎖をたつ
○B 新しい家がたつ
○C 宿をたつ
○D 敵の望みをたつ
○E 卒業して3年がたつ

「終わらせる」。漢字で「絶つ」。
A→「断つ」で「切断する」
B→「建つ」で「建築する」
C→「発つ」で「出発する」
D→「絶つ」で「終わらせる」
E→「経つ」で「経過する」

正解 D

---

34 新商品で市場の拡大をはかる
○A 完成までの時間をはかる
○B 土地の面積をはかる
○C 友人なので便宜をはかる
○D 車体の重さをはかる
○E 県の教育審議会にはかる

「計画する、考える」の意味。漢字で「図る」。
A→計る
B→測る
C→図る
D→量る
E→諮る

正解 C

---

35 商品を期日までにおさめる
○A 税務署に税金をおさめる
○B 女王が国をおさめる
○C 大学で経済学をおさめる
○D 書類をファイルにおさめる
○E ある程度の成果をおさめる

「渡す、納入する」の意味。漢字で「納める」。
A→納める
B→治める
C→修める
D→収める
E→収める

正解 A

---

36 よく気がきく嫁だ
○A 痛み止めの薬がきく
○B テレビでの宣伝がきく
○C ピアノの演奏をきく
○D 警察犬は鼻がきく
○E 遠くに雷の音をきく

「働く」の意味。漢字で「利く」。
A→効く（効果がある）
B→効く（効果がある）
C→聴く（聞く）
D→利く（働く）
E→聞く

正解 D

37 恋人の心がかわる

- ○A 経営者が入れかわる
- ○B 運転を父にかわる
- ○C 信号の色がかわる
- ○D 作物が金にかわる
- ○E 説明のために電話をかわる

「変化する」と言い換えられる。漢字で「変わる」。
A→替わる
B→代わる
C→変わる
D→換わる
E→代わる

正解 C

38 写真をピンでとめる

- ○A 友人を家にとめる
- ○B 機械の運転をとめる
- ○C 夜間の外出をとめる
- ○D シャツのボタンをとめる
- ○E 明日は港に船をとめる

物を「固定する」という意味。漢字で「留める」。
AとE→泊める
BとC→止める
D→留める

正解 D

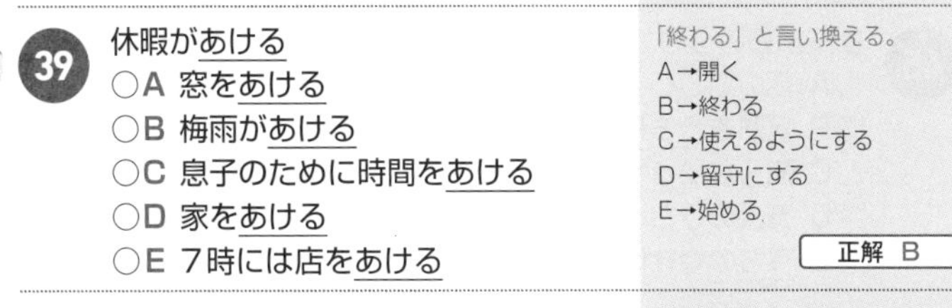

39 休暇があける

- ○A 窓をあける
- ○B 梅雨があける
- ○C 息子のために時間をあける
- ○D 家をあける
- ○E 7時には店をあける

「終わる」と言い換える。
A→開く
B→終わる
C→使えるようにする
D→留守にする
E→始める

正解 B

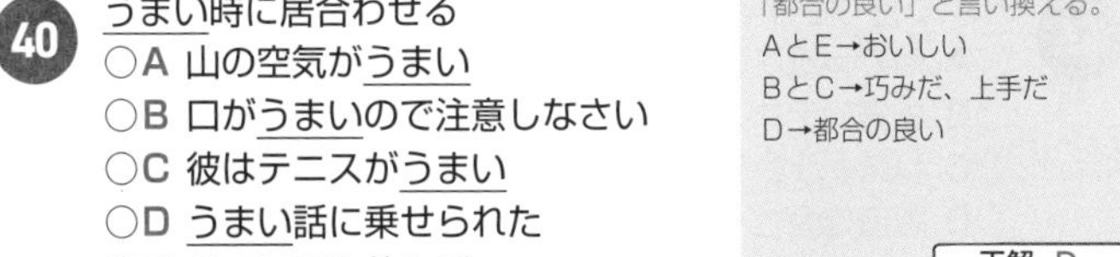

40 うまい時に居合わせる

- ○A 山の空気がうまい
- ○B 口がうまいので注意しなさい
- ○C 彼はテニスがうまい
- ○D うまい話に乗せられた
- ○E うまい酒を飲んだ

「都合の良い」と言い換える。
AとE→おいしい
BとC→巧みだ、上手だ
D→都合の良い

正解 D

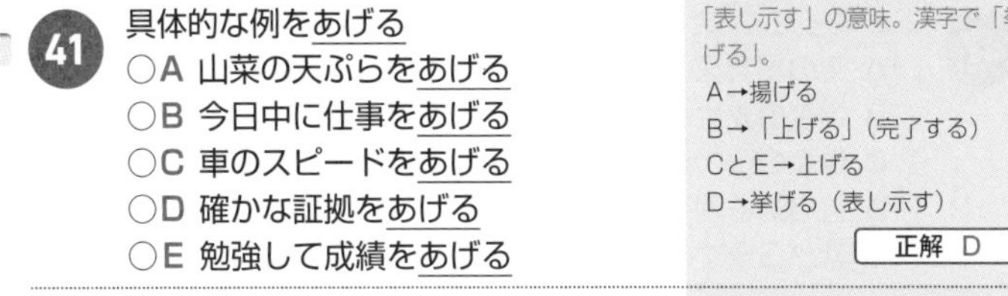

41 具体的な例をあげる

- ○A 山菜の天ぷらをあげる
- ○B 今日中に仕事をあげる
- ○C 車のスピードをあげる
- ○D 確かな証拠をあげる
- ○E 勉強して成績をあげる

「表し示す」の意味。漢字で「挙げる」。
A→揚げる
B→「上げる」（完了する）
CとE→上げる
D→挙げる（表し示す）

正解 D

42 暗くなってきた

- ○A ここまで歩いてきた
- ○B 仕事は済ませてきた
- ○C 何となくわかってきた
- ○D チャンスがめぐってきた
- ○E 今日まで研究を続けてきた

「だんだん（暗くなって）きた」。
A→（歩く）状態のままきた
B→（済ませて）帰ってきた
C→だんだん（わかって）きた
D→こちらの方にやってきた
E→ずっとこれまで（続けて）きた

正解 C

解答&解説

43 手術をしたらなお悪くなった
- ○A 君が来ればなお都合がいい
- ○B 昼なお暗い道を行く
- ○C 過ぎたるはなお及ばざるが如し
- ○D 試験までなお一週間ある
- ○E 今もなお異彩を放っている

「もっと、さらに」という意味。
A→もっと、さらに
B→でさえも
C→あたかも、ちょうど
D→まだ
E→相変わらず
正解 A

44 ただ時間が過ぎていく
- ○A 今はただ無事を祈る
- ○B 賛成したのはただ一人だった
- ○C 家に帰ればただの父親となる
- ○D ただ読めばいいだけだ
- ○E ただですむとは思えない

「ひたすら、もっぱら」。
A→ひたすら、もっぱら
B→わずか、たったの
C→普通、特別ではない
D→単に
E→無事、このまま
正解 A

45 営業部員のうちでは彼がトップだ
- ○A 朝の涼しいうちに勉強する
- ○B 情熱をうちに秘めた女性だ
- ○C 知らないうちにビルが建つ
- ○D 五人のうちの三人が休む
- ○E うちの会社は給料がいい

何人かの「なか」という意味。
AとC→（時間的な）あいだ
B→心の中
D→なか
E→自分が所属する組織や団体
正解 D

46 片手で持ち上げる
- ○A 筆で手紙を書く
- ○B 夫婦でテニスをする
- ○C レストランで食事をする
- ○D 腹痛で会社を休む
- ○E あと一週間で完成する

「を使って、という手段で」などで言い換えられる。
A→を使って
B→という単位で
C→という場所で
D→が原因で
E→の期限で
正解 A

47 車の入ってこない道
- ○A 空の星を見る
- ○B 学校の先生と話し合う
- ○C 作家の田中氏を紹介する
- ○D 雪の降る朝
- ○E 昔から泳ぐのが得意だ

主語を表す「が」で言い換えられる。
A→にある
B→にいる
C→である
D→が
E→こと
正解 D

48 大声に驚く
- ○A 毎晩9時に帰宅する
- ○B 合格に向かって勉強する
- ○C 弟は歌手になった
- ○D 田舎に住んでいる
- ○E 風の冷たさに震える

「という原因、理由によって」。
A→という時刻に
B→という目的で
C→という結果（職業）に
D→という場所に
E→という原因によって
正解 E

49 昔と同じ里山の風景にほっとする
○A 監督の考えはコーチと違う
○B 新任の先生は美人だと評判だ
○C 候補者の当選は確実となった
○D 仲間と冬山登山に行く
○E 母と妹は性格がそっくりだ

比較の基準。昔「と比べて」。
A→と比べて
B→という（引用）
C→という結果に
D→といっしょに
E→および
正解 A

50 来年から料金が値上がりする
○A タバコの不始末から火事になる
○B 開けた窓から風が吹きこむ
○C 前から三列目の席に座る
○D この酒は地元の米から作った
○E 肩こりから頭痛を引き起こす

「を起点として」と言い換える。
A→という原因で
B→を通って
C→を起点として
D→を材料に
E→が原因で
正解 C

51 昔の生活がしのばれる写真だ
○A 寝る前に薬を飲まれるとのことだ
○B 社長も会議に出席される予定だ
○C この量なら食べられる
○D 功労賞で表彰されることになる
○E 楽しかったことが思い出される

自発を表す助動詞。「自然と（しのばれる）」の意味。
AとBは尊敬
Cは可能
Dは受身
Eが自発で「自然と（思い出される）」
正解 E

52 無理とは承知しつつ引き受けた
○A 村は変わりつつある
○B ゲームをしつつ話を聞いた
○C 町の人口は減少しつつある
○D 危険と知りつつ飛び込んだ
○E 解説書を読みつつ将棋をさす

相反することを結ぶ接続助詞。「にもかかわらず、ながらも」などで言い換える。
AとC→「つつある」で継続、進行中を表す
BとE→ながら。同時進行
D→ながらも
正解 D

53 わが子ながら感心する態度だ
○A 彼の遅刻はいつもながらのことだ
○B テレビを見ながら食事をする
○C ささやかながら結婚式を挙げる
○D 歌いながら踊るのはたいへんだ
○E 昔ながらの郷土料理が献立に並ぶ

矛盾する関係を表す。「ではあるが」に言い換えられる。
AとE→と同じ
BとD→～すると同時に、～しつつ
C→ではあるが
正解 C

54 新聞に掲載されたそうだ
○A 熱があって具合が悪そうだ
○B この冬は寒くなりそうだ
○C 思いきり遊べて楽しそうだ
○D 外国へ語学留学するそうだ
○E 今にも雨が降りそうだ

伝聞を表す。「とのことだ」で言い換えられる。
AとC→という様子だ
BとE→と予想される
D→とのことだ
正解 D

04 文節の並べ換え

◉ 順序がばらばらにされた選択肢の文節を正しい順番にする問題。

AからEの語句を［ １ ］から［ ５ ］に入れて文の意味が通るようにしたとき、［ ４ ］に当てはまるものを選びなさい。

日本の俳句が［ １ ］［ ２ ］［ ３ ］［ ４ ］［ ５ ］不可欠です。

○A 正しい翻訳はもちろん
○B 理解できるようにするためには
○C 詠まれたかという説明が
○D それがどういう精神で
○E 異なる文化圏の人たちにも

いちばん速く解ける解法

①最初の［ １ ］に当てはまる語句をさがす。
文頭の「日本の俳句が」に続けて選択肢を読んでいくと、「E異なる文化圏の人たちにも」がぴったり当てはまる。
②最後の［ ５ ］に当てはまる語句をさがす。
選択肢と文末の「不可欠です」を続けて読んでいくと、「C詠まれたかという説明が」→「不可欠です」がぴったり当てはまる。
③残った選択肢を含めてつながりを見つける。
「E異なる文化圏の人たちにも→B理解できるようにするためには」でひとくくり、「Dそれがどういう精神で→C詠まれたかという説明が」でひとくくりになる。残ったAは開いている［ ３ ］に入ることがわかる。従って、E→B→A→D→C
日本の俳句が［E異なる文化圏の人たちにも］［B理解できるようにするためには］［A正しい翻訳はもちろん］［Dそれがどういう精神で］［C詠まれたかという説明が］不可欠です。

正解　D

●最初と最後の空欄に当てはまる選択肢を見つける。
●選択肢同士でつながる組み合わせを見つける。

解答&解説

1 AからEの語句を[1]から[5]に入れて文の意味が通るようにしたとき、[3]に当てはまるものを選びなさい。

文字を持たないアボリジニが描く[1][2][3][4][5]手段の1つだった。

○A 地図、歴史や
○B 記号や模様で
○C 後世に伝える
○D 構成された絵は
○E 生活の知恵などを

①文頭の「文字を持たないアボリジニが描く」に続く選択肢は絞りきれない。
②文末の「手段の1つだった」の前には「A地図、歴史や→E生活の知恵などを→C後世に伝える」がぴったり当てはまる。
③Aの前には「B記号や模様で→D構成された絵は」が当てはまる。
従って、
文字を持たないアボリジニが描く[B記号や模様で][D構成された絵は][A地図、歴史や][E生活の知恵などを][C後世に伝える]手段の1つだった。

正解 A

2 AからEの語句を[1]から[5]に入れて文の意味が通るようにしたとき、[4]に当てはまるものを選びなさい。

竹は炭にすると[1][2][3][4][5]吸収したりする。

○A 放射したり
○B 遠赤外線を
○C 健康によい
○D 有害化学物質を
○E 住宅資源から出る

①文頭に続く選択肢、文末の前にくる選択肢が絞りきれないので、選択肢同士のつながりから考えていく。
②「C健康によい」に続くのは「B遠赤外線を」がぴったり当てはまる。
③残った選択肢では「E住宅資源から出る→D有害化学物質を」でひとくくりになる。
④ここで、炭が放射するのが健康によい遠赤外線で、吸収するのが有害化学物質だと推定できるので、
竹は炭にすると[C健康によい][B遠赤外線を][A放射したり][E住宅資源から出る][D有害化学物質を]吸収したりする。

正解 E

3 AからEの語句を［１］から［５］に入れて文の意味が通るようにしたとき、［２］に当てはまるものを選びなさい。

ある生命科学研究所のチームが［１］［２］［３］［４］［５］動物実験で突き止めた。

○A 働きがあるタンパク質「アクチン」が
○B 重要な役割を果たすことを
○C 記憶を保持するのに
○D 筋肉を収縮させる
○E 脳内においては

解答＆解説

①文頭の「ある生命科学研究所のチームが」に続く選択肢は絞りきれない。
②文末の「動物実験で突き止めた」の前には「B 重要な役割を果たすことを」が当てはまる。
③Bの前に入るつながりを探すと、「E 脳内においては→C 記憶を保持するのに→B 重要な役割を果たすことを」でひとくくりになる。残りは、「D 筋肉を収縮させる→A 働きがあるタンパク質「アクチン」が」でひとくくりになる。従って、
ある生命科学研究所のチームが[D 筋肉を収縮させる][A 働きがあるタンパク質「アクチン」が][E 脳内においては][C 記憶を保持するのに][B 重要な役割を果たすことを]動物実験で突き止めた。

正解 A

---

4 AからEの語句を［１］から［５］に入れて文の意味が通るようにしたとき、［３］に当てはまるものを選びなさい。

藻類とは一般に［１］［２］［３］［４］［５］作り出されるきっかけとなった。

○A 陸上植物以外で
○B 現在の地球環境の特徴が
○C この藻類の進化の過程で
○D 酸素やオゾン層が生み出され
○E 光合成をする生き物のことで

①文頭の「藻類とは一般に」に続く選択肢は絞りきれない。
②［５］には「B 現在の地球環境の特徴が」がぴったり当てはまる。
③ACDEでつながりを考えると、「A 陸上植物以外で→E 光合成をする生き物のことで→C この藻類の進化の過程で→D 酸素やオゾン層が生み出され」がひと続きになる。従って、
藻類とは一般に[A 陸上植物以外で][E 光合成をする生き物のことで][C この藻類の進化の過程で][D 酸素やオゾン層が生み出され][B 現在の地球環境の特徴が]作り出されるきっかけとなった。

正解 C

5 AからEの語句を［ 1 ］から［ 5 ］に入れて文の意味が通るようにしたとき、［ 3 ］に当てはまるものを選びなさい。

空気とは［ 1 ］［ 2 ］［ 3 ］［ 4 ］［ 5 ］ことがわかっている。

○A 約2割が酸素で
○B 水蒸気の含有量を除けば
○C その組成は約8割が窒素
○D ほぼ一定である
○E 地球表面を包んでいる気体のことで

解答&解説

①文頭の「空気とは」に続けて選択肢を読んでいくと、「E 地球表面を包んでいる気体のことで」がぴったり当てはまる。
②文末の「ことがわかっている」の前には「D ほぼ一定である」がぴったり当てはまる。
③「B 水蒸気の含有量を除けば→C その組成は約8割が窒素→A 約2割が酸素で→D ほぼ一定である」でひとくくりになる。
従って、
空気とは［E 地球表面を包んでいる気体のことで］［B 水蒸気の含有量を除けば］［C その組成は約8割が窒素］［A 約2割が酸素で］［D ほぼ一定である］ことがわかっている。

正解 C

6 AからEの語句を［ 1 ］から［ 5 ］に入れて文の意味が通るようにしたとき、［ 4 ］に当てはまるものを選びなさい。

オーストリアの田舎町ヴェルグルは［ 1 ］［ 2 ］［ 3 ］［ 4 ］［ 5 ］廃止に追い込んだ。

○A 短期間で失業者を減少させ
○B 大きな成果を上げたが
○C 税収が増えるという
○D 減価するスタンプ通貨を発行し
○E 中央銀行は禁止通達を出して

①文頭の「ヴェルグル」に続く選択肢は絞りきれない。
②文末の「廃止に追い込んだ」の前には「E 中央銀行は禁止通達を出して」がぴったり当てはまる。
③「D 減価するスタンプ通貨を発行し→A 短期間で失業者を減少させ→C 税収が増えるという→B 大きな成果を上げたが」のつながりがわかる。従って、
オーストリアの田舎町ヴェルグルは［D 減価するスタンプ通貨を発行し］［A 短期間で失業者を減少させ］［C 税収が増えるという］［B 大きな成果を上げたが］［E 中央銀行は禁止通達を出して］廃止に追い込んだ。

正解 B

05 文の並べ換え

◉ 選択肢にある文の順番を並べ換えて正しい文章にする問題。

アからオを並べ換えて文章の意味が通るようにしたとき、ウの次にくる文を選びなさい。

ア　果物や海藻類に多く含まれる水溶性植物繊維には、腸管内での食物の移動を緩やかにし、糖代謝やコレステロールの濃度を正常に保つ働きがある

イ　糖質・たんぱく質・脂質・ビタミン・ミネラルがいわゆる５大栄養素であるが、近年、第６の栄養素として注目を浴びているのが食物繊維だ

ウ　一方、不溶性食物繊維は野菜・豆・穀類に多く含まれ、腸の働きを活発にすると同時に有害物質を取りこんで排泄（はいせつ）を促す役目を持つ

エ　食物繊維には水溶性と不溶性の２種類がある

オ　健康維持のためには、どちらかに偏らず、両方の食物繊維を均等に摂取することが重要である

いちばん速く解ける解法

「食物繊維」「水溶性」「不溶性」という言葉を手がかりに文脈を追っていけば解ける。食物繊維がテーマなので、最初の文は食物繊維の説明であるイ、また次はその説明の続きでエがくることがわかる。またウの文頭に「一方、不溶性食物繊維は」とあるので、その前文は水溶性植物繊維について述べていると考えられ、ア→ウのつながりが確定。正しい文章のつながりは、

イ→エ→ア→ウ→オ

正解　オ

- 接続詞と指示語（これ・この・それ・その）がヒントになる。
- 文章に複数回出ている言葉のつながりを追っていく。

解答&解説

1 並べ換えて文章の意味が通るようにしたとき、ウの次にくる文を選びなさい。

ア　色から受ける印象により、色みの違いを「寒色系」や「暖色系」という言葉で区別することがある
イ　しかし実際には、やはり青いカードより赤いカードに暖かみを感じるはずだ
ウ　ところが、実際の色温度はバーナーの青みがかった炎の方が温度が高く、ろうそくの赤みがかった炎の方が温度が低い
エ　たとえば、蛇口に寒色の青いマークがあれば「水」が、暖色の赤いマークがあれば「お湯」が出ると、ほとんどの人が思うだろう
オ　人類と火との太古からのつきあいで、こうした印象を持つようになったのではないだろうか

「寒色系＝青」と「暖色系＝赤」の対比に注目する。
最初にくる文は、文章のテーマになっている言葉を説明している文である場合が多い。ここでは色味の違いを「寒色系」「暖色系」で区別するという導入部であるアが先頭にくることがわかる。あとは、文頭の接続詞「しかし」「ところが」「たとえば」のつながりを見ていけば解ける。
ア→エ→ウ→イ→オ

正解　イ

2 並べ換えて文章の意味が通るようにしたとき、イの次にくる文を選びなさい。

ア　抗原である花粉が体内に入って抗体ができ、細胞からアレルギー反応を引き起こすヒスタミンという物質が出されることで発症する
イ　そのほか、花粉エキスを微量注射する免疫療法や鼻粘膜をレーザーで軽く焼く反応抑制法もある
ウ　また、花粉症は環境的要因も大きいため、薬物治療だけに頼らず、花粉防除の対策も重要である
エ　花粉症は、植物の花粉が原因（抗原）となる代表的なアレルギー性疾患で
オ　これには薬物治療が一般的で、抗アレルギー薬や抗ヒスタミン薬、鼻噴霧用ステロイド薬などが使われる

花粉症の説明から治療法の紹介という流れになっていることに着目。文頭の「そのほか」「また」「これには」という語がヒントになる。
エが花粉症の説明なので先頭。アは発症の仕組み、イはそのほかの治療法、ウは薬物治療以外の対策について述べられている。正しい文章のつながりは、
エ→ア→オ→イ→ウ

正解　ウ

解答&解説

3 並べ換えて文章の意味が通るようにしたとき、オの次にくる文を選びなさい。

ア　近年は増産体制も整いつつあり、低価格化とともに利用拡大が見込まれている
イ　これに対し、土や水の中の微生物により、二酸化炭素と水などに分解される仕組みのプラスチック樹脂が開発されている
ウ　プラスチックは生活の各方面で活用されている便利な素材だが、焼却時に有害物質を発生する場合もあり、廃棄処分の方法に問題を抱えている
エ　これまでは価格が従来のものと比べ5〜10倍以上と非常に高く、普及の足かせとなっていたが
オ　この樹脂は生分解性プラスチックといい、環境問題の改善に貢献するという期待が高まっている

イ、エ、オは指示語から始まっているので、最初にはこない。アを最初にするのは不適なので、最初にくるのはウ。内容からイが次にくることはすぐわかる。次はオの文頭にある「この樹脂」がイの「プラスチック樹脂」を指していることに気づけば簡単。正しい文章のつながりは、
ウ→イ→オ→エ→ア

正解　エ

4 並べ換えて文章の意味が通るようにしたとき、オの次にくる文を選びなさい。

ア　水溶液は緑色になり、徐々に赤紫色に変化したことから、仮説が正しいとわかった
イ　すると、アンモニア水と石鹸水は緑色に、食塩水・砂糖水・酢水・レモン水は赤紫色になった
ウ　そこで、アルカリ性の水酸化ナトリウム水溶液に果汁を加え、次に酸性の薄い塩酸を少しずつ加えて、色の変化を調べた
エ　ある果汁を、アンモニア水・食塩水・砂糖水・石鹸（せっけん）水・酢水・レモン水という6種類の水溶液に加えたときの色の変化を調べた
オ　これにより果汁はアルカリ性水溶液では緑、酸性や中性の水溶液では赤紫になると仮説を立てた

まず実験がエ→イから始まることは簡単にわかるだろう。あとは「アルカリ性」と「酸性」という言葉を探して、内容がつながる順番を見つければよい。オの「仮説を立てた」から、仮説を証明する実験内容となっているのがウ。正しい文章のつながりは、
エ→イ→オ→ウ→ア

正解　ウ

5 並べ換えて文章の意味が通るようにしたとき、エの次にくる文を選びなさい。

ア　一つは全裸で官能的なポーズをとる「裸のマハ」、もう一つは同じポーズで薄い部屋着をまとった「着衣のマハ」である
イ　薄い着衣で豊満さがより強調され、生身のマハを感じさせられるためかもしれない
ウ　スペインの画家、ゴヤの作品の中でも、何かと話題性に富むのが、美女“マハ”を描いた二つの肖像画である
エ　当時、「裸のマハ」はわいせつで不道徳と騒がれたが、意外にも「着衣のマハ」の方が魅惑的に見えるという人も多い
オ　ちなみにモデルはゴヤの恋人だったアルバ公爵夫人とする説と、宰相ゴドイの愛人、ペピータ・トゥドーであるという説がある

最初はウ、次にウの「二つの肖像画」を説明した文のアであることがわかる。またエ→イはつながりが明白。さらにオのように「ちなみに」で始まる文章は、それまでの内容から一歩離れる場合が多いので、正しい文章のつながりは、
ウ→ア→エ→イ→オ

正解　イ

6 並べ換えて文章の意味が通るようにしたとき、オの次にくる文を選びなさい。

ア　こうした化合で、銅粉に結びついた酸素の分量だけ増えたことが、質量増加の理由として挙げられるだろう
イ　質量を正確に測った銅粉を、よくかき混ぜながらバーナーで加熱したところ、すべて黒色の物質に変化した
ウ　まず、黒色の物質は、加熱により空気中の酸素と銅が化合してできた酸化銅であると考えられる
エ　この物質は何か、また当初より質量が増加した理由を考察する
オ　さらに、熱を冷ましてから、この物質の質量を測ると、最初の銅粉の質量より微量ながら増えていた

実験→それに対する考察という流れとなっている。文末に注意して読めば、実験の経緯と結果は過去形、考察は現在形となっていることに気づく。また、指示語や接続詞に注意しながら「黒色の物質」＝「この物質」を推定していく過程を追うとわかりやすい。
正しい文章のつながりは、
イ→オ→エ→ウ→ア

正解　エ

06 空欄補充

◉ 文章の中にある空欄に当てはまる表現を選ぶ問題。

文中の空欄に入る最も適切な表現はどれか。AからFの中で1つ選びなさい。

多くの寺院や神社が過疎化や少子高齢化、後継者不足などにより存続の危機に直面している。人々の信仰や心の絆を結ぶ場などとして、古来より寺社の担ってきた役割の終焉は、現代社会における精神的な歪みをもたらすことにはなるまいか。廃墟化し物理的に消滅していく寺社と共に、［　　　］も進むことが懸念される。

○A 犯罪の増加
○B 宗教のビジネス化
○C 信仰と生活の分離
○D 心の崩壊
○E 信仰の場の喪失
○F 新興宗教の拡大

いちばん速く解ける解法

「何となく」や「常識で考えて当てはまりそう」という考え方でなく、文意に適した表現を選ぶことが大切。空欄の前後に必ずヒントになる語句、表現があるので、それにそった選択肢を選ぶ。
ここでは「精神的な歪みをもたらすことにはなるまいか」という表現と「［　　　］も進むことが懸念される」が同じ方向であることに注目する。「精神的な歪み」を言い換えている「心の崩壊」が選択肢の中では最も適切だと考えられる。また「心の崩壊」は、「廃墟化し物理的に消滅していく寺社」とも対応している。

正解　D

●文章全体の内容、流れに即した表現を選ぶ。
●空欄の前後の語句、表現が手がかりになる。

解答&解説

1 文中の空欄に入る最も適切な表現はどれか。AからFの中で1つ選びなさい。

患者側が医師を自由に選択できるフリーアクセスは日本の医療制度の長所であるとよく指摘されるが、［　　　］がない中では、選んだ医師が適切かどうか把握する手段がなく危険でもある。

○A 医師間の交流
○B 医師の育成体系
○C 医療体制の開示
○D 医療保険の改正
○E 医師の評価制度
○F 医療事故の防止対策

「［　　　］がない中では、選んだ医師が適切かどうか把握する手段がなく」とあるので、空欄には「選んだ医師が適切かどうかを判断できる手段」が入ることがわかる。その観点で選択肢を見ていくと、「E 医師の評価制度」が最適。

正解 E

2 文中の空欄に入る最も適切な表現はどれか。AからFの中で1つ選びなさい。

アイロニーとは単に真面目でないものを真面目に受け取るのではなく、建前上真面目とされているものを、その当の立場以上に、文字通り真面目に受け取ることによって、その立場の［　　　］を逆に暴露するのである。

○A あいまいさ
○B すばらしさ
○C 真の真面目さ
○D 難しさの程度
○E 不真面目さ加減
○F もとにある深刻さ

「アイロニーとは～真面目とされているものを、その当の立場以上に、文字通り真面目に受け取ることによって、その立場の［　　　］を逆に暴露する」とあるので、空欄には真面目とは逆の語句が入ることがわかる。その観点で選択肢を見ていくと、「E 不真面目さ加減」が最適。

正解 E

解答&解説

3 文中の空欄に入る最も適切な表現はどれか。AからFの中で1つ選びなさい。

生物多様性を脅かすものとしては、人間活動や開発による第一の危機、また第一とは逆に耕作放棄など［　　］による第二の危機、さらに人間が持ち込んだ外来種などによる第三の危機が知られている。しかし、地球温暖化の問題ほどには理解されていないのが実情だ。

○A 環境保全の失敗
○B 企業活動の影響
○C 気候変動の拡大
○D 経済効率の優先
○E 天然資源の枯渇
○F 人間活動の縮小

「人間活動や開発による第一の危機、また第一とは逆に耕作放棄など［　　］による第二の危機」とあるので、空欄に入るのは、人間活動や開発とは逆の意味の語句だとわかる。選択肢の中では「F人間活動の縮小」が正答だとわかる。

正解 F

4 文中の空欄に入る最も適切な表現はどれか。AからFの中で1つ選びなさい。

和銅銭や古代中国の銅銭は、溶けた金属を鋳型に流し込む鋳造技法で作られた。量目には多少のばらつきが生じる。一方、ギリシア、ローマ、西アジアなどの貨幣は一定量の金属塊を型でプレスして文様を刻印する鍛造技法で作られた。貨幣に［　　］が求められたのである。

○A 権威
○B 量産
○C 均一さ
○D 芸術性
○E 豪華さ
○F 普遍性

「量目には多少のばらつきが生じる。一方、～」という言葉に着目する。和銅銭や古代中国の銅銭では、量目（重さ）にばらつきが生じるが、ギリシア、ローマ、西アジアなどの貨幣では生じないという文脈になっているので、空欄には「C均一さ」が当てはまる。

正解 C

解答&解説

5 文中の空欄に入る最も適切な表現はどれか。AからFの中で1つ選びなさい。

鳩を単独で飼育していると、その鳩は時期が来ても所定の性行動を行わない。しかし、飼育室に鏡を入れておくと、それだけで性徴を発現させるようになる。自分の鏡像を見ることが、[　　　]ことから得られる何らかの効果を、代行する形で鳩に与えるのである。

○A 野生の鳥として育つ
○B 異性から求められている
○C 発情の時期をむかえる
○D 他の鳩とともに生きる
○E 多くの人に観賞される
○F 自分の姿を見る

鳩の性行動・性徴についての文章なので、空欄に入る言葉は「B 異性から求められている」「C 発情の時期をむかえる」のどちらかだと判断できる。自分の鏡像を見ることが「異性から求められている」ことから得られる効果を代行するのか、あるいは自分の鏡像を見ることが「発情の時期をむかえる」ことから得られる効果を代行するのか。この2つを比べてみると、自分の鏡像を異性に見立てることで異性から求められている効果を代行するとした方がぴったりくる。

正解 B

6 文中の空欄に入る最も適切な表現はどれか。AからFの中で1つ選びなさい。

科学を発展させるためには研究開発のための資源を社会に求めなければならないが、その量は[　　　]の限界に迫りつつある。その結果、パイの奪い合いをせざるを得なくなってきている。

○A 倫理上許されるもの
○B 社会が供給できるもの
○C 人類が開発できるもの
○D 国家単位で管理できるもの
○E 科学の発展に期待できるもの
○F 研究テーマとして考えられるもの

「社会に求めなければならないが、その量は[　　　]の限界に迫りつつある」のだから、「B 社会が供給できるもの」がぴったり当てはまる。
以上、空欄補充の問題は、文意と前後の言葉にそぐうものを選べば間違うことはないだろう。

正解 B

07 長文読解

◉「文章中に書かれていない内容は誤答」と考える。

本文で述べられていることと合致するものはどれか。AからDの中で１つ選びなさい。

——誰でも自分自身のことは最もよく知っている。そして最も知らないのはやはり自己である。「汝自身を知れ」という古い語も、私には依然として新しい刺激を絶たない。

思索によってのみ自分を捕らえようとする時には、自分は霧のようにつかみ所がない。しかし私は愛と創造と格闘と痛苦との内に——行為の内に自己を捕らえ得る。そして時には、思わず顔をそむけようとするほどひどく参らされる。私はそれを自己と認めたくない衝動にさえ駆られる。しかし私は絶望する心を鞭うって自己を正視する。悲しみのなかから勇ましい心持ちが湧いて出るまで。私の愛は恋人が醜いゆえにますます募るのである。　和辻哲郎『生きること作ること』

○A 自己が美しいものならば、自己を愛することはできない。
○B 考えることだけで自己を捕らえることはできない。
○C 自分のことより人のことのほうがよくわかる。
○D 自己を見る時には必ず苦痛を伴う。

いちばん速く解ける解法

A　美しい自己については、どこにも書かれていない。

B　「思索によってのみ自分を捕らえようとする時には、自分は霧のようにつかみ所がない」という表現を言い換えたもので、内容的に合致している。

C　人のことについては、どこにも書かれていない。

D　「そして時には、思わず顔をそむけようとするほどひどく参らされる」と書かれているが、「必ず苦痛を伴う」とは書かれていない。

本文に書かれている内容と確実に合っている選択肢だけが正解。

正解　B

設問：次の文章を読んで、問1～5に答えよ。

　人間にとって最大の不幸は、もちろん、この物質的欲望さへ満足されないことであるが、そのつぎの不幸は、欲望が無限であることではなくて、それがあまりにも簡単に満足されてしまふことである。食物をむさぼる人にとって、何よりの悲しみは胃袋の容量に限度があり、食物の美味にもかかはらず、一定度の分量を超えては喰べられない、といふ事実であらう。それどころか、しばしば人間の官能の喜びは［　1　］な構造を示すものであって、欲望が満たされるにつれて快楽そのものが逓減し、つひには苦痛にまで変質してしまふといふことは、広く知られてゐる。いはば、物質的な欲望の満足は、それがまだ成就されてゐないあひだにだけ成立し、完全に成就された瞬間に消滅するといふ、きはめて皮肉な構造によって人間を翻弄する。かつてプラトンが、人間の世俗的な快楽はけっして純粋な快楽ではありえず、必ず苦痛をうちに含んで成立すると考へたのは、けだし、この意味においてだったのである。

　このことは、いひかへれば、物質的な消費が行動としていささか特殊な構造を持ち、一定の目的を志向しながら、けっしてその実現を求めない、といふことを意味してゐる。この場合、目的とは、もちろん、なんらかのものを消耗することであるが、欲望はそれをめざしながら、［　2　］、同時にそれにいたる過程をできるだけ引きのばさうとする。ここでは、いはば目的と過程の意味が逆転するのであって、ものの消耗といふ目的は、むしろ、消耗の過程を楽しむための手段の地位に置かれるのである。

　食欲についていへば、それは、最大量の食物を最短時間に消耗しようとするのではなく、むしろ逆に、より多く楽しむために、少量の食物を最大の時間をかけて消耗しようとする。さうするのは、人間がものの乏しさを知ってゐるからではなくて、食欲そのものの乏しさを知ってゐるからであって、その証拠に、あらゆる食事の贅沢はこの奇妙な吝嗇から生まれてきた、と見ることができる。われわれは、一片の牛肉を楽しむために、たんにその調理に時間をかけるだけではなく、それを給仕人の手をわづらはせて食卓に飾らせ、おごそかな手つきで切りわけておもむろに口に運ぶことを喜びとする。

山崎正和『柔らかい個人主義の誕生』中公文庫

解答&解説

1 文中の［ 1 ］に入る言葉として最も適切なものはどれか。

○A 否定的
○B 例外的
○C 享楽的
○D 非現実的
○E 逆説的

7行目「欲望が満たされるにつれて快楽そのものが逓減し、つひには苦痛にまで変質してしまふ」という構造を言い表す言葉。「快楽が苦痛になる」という逆転を起こすことから、「E逆説的」が正解。11行目で「皮肉な構造」、15行目では「特殊な構造」と言い換えられていることも手がかりになる。

正解 E

---

2 文中の下線部「この意味」が指し示す内容として最も適切なものはどれか。

○A 人間の世俗的な快楽はけっして純粋な快楽ではありえず、必ず苦痛をうちに含んで成立するという意味
○B 物質的欲望さえ満足されないという意味
○C 物質的な欲望の満足は、それがまだ成就されていないあいだにだけ成立し、完全に成就された瞬間に消滅するという意味
○D 物質的な消費が行動としていささか特殊な構造を持ち、一定の目的を志向しながら、けっしてその実現を求めないという意味
○E 欲望が無限であることではなくて、それがあまりにも簡単に満足されてしまうという意味

「この」は、直前の内容を指し示すことが多い。選択肢ではAが直前の部分だが、これはこの意味を含む文の主語の一部なので不正解。
その前にある文の「物質的な欲望の満足は、それがまだ成就されてゐないあひだにだけ成立し、完全に成就された瞬間に消滅するといふ、きはめて皮肉な構造によって人間を翻弄する」の中に指し示す内容が含まれている。

正解 C

---

3 文中の［ 2 ］に入る接続詞として最も適切なものはどれか。

○A しかし
○B ゆえに
○C また
○D なぜなら
○E あるいは

前後がどのような関係になっているかを読み取る。「めざしながら→引きのばす」という後の部分が前の部分を打ち消す内容を述べているので、逆接の接続詞「しかし」が入ることがわかる。

正解 A

4 文中の「この奇妙な吝嗇」とは、何に対する吝嗇なのか。次のうちから最も適切なものを選べ。

○A 食物
○B 食欲
○C 食事
○D 時間
○E 贅沢

解答&解説

「吝嗇」の意味は、「物惜しみすること。けち」。何に対する物惜しみなのかを読み取る。
食物や時間を惜しんでいるのではなく、乏しい食欲を惜しんでいるのである。

正解　B

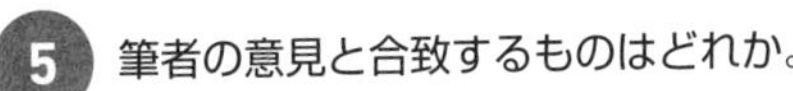

5 筆者の意見と合致するものはどれか。

ア　物質的な欲望の満足は、完全に成就された瞬間に消滅するので、できるだけ成就を遅らせることが大切である
イ　欲望は満たされるためより、満たされないためにこそ存在意義がある
ウ　物質的な消費行動では、ものを消耗することという目的の実現を求めない

○A アだけ
○B イだけ
○C ウだけ
○D アとイ
○E アとウ
○F イとウ

筆者の意見と合致する内容を選ばせる問題では、文章中に書かれていない内容が含まれている選択肢は×。
ア「できるだけ成就を遅らせることが大切」とは、どこにも書かれていないので×。
イ　どこにも書かれていない内容なので×。
ウ　15行目からの「物質的な消費が〜けっしてその実現を求めない、といふことを意味してゐる。この場合、目的とは、もちろん、なんらかのものを消耗することである」という部分の言い換えなので、○。

正解　C

頻出語句▶Check 200

【意味】に合致する熟語を□に入れなさい。

	問題	意味	解答
001	上司の長話に□する	【うんざりして嫌になること＝閉口(へいこう)】	辟易(へきえき)
002	裏で□する	【人に知られないように策動すること】	暗躍(あんやく)
003	事態が□している	【状態を保って進展しないこと】	膠着(こうちゃく)
004	□を切り開く	【狭い道。物事を進める際の難所】	隘路(あいろ)
005	甘い言葉で□する	【巧みに手なずけて思い通りに操ること】	籠絡(ろうらく)
006	研究に□する日々	【精神を集中して努力すること】	精進(しょうじん)
007	けだし□といえよう	【物の本質を適切に言い当てた言葉】	至言(しげん)
008	□な振る舞い	【不行き届きでけしからぬこと】	不埒(ふらち)
009	民族□の文化	【そのものだけが持っているさま】	固有(こゆう)
010	文章の内容を□する	【よく考えて十分に理解し味わうこと】	咀嚼(そしゃく)
011	例をあげて□する	【他人の主張、批判に対して論じ返すこと】	反駁(はんばく)
012	運河を□する	【水底の土砂などを取り除くこと】	浚渫(しゅんせつ)
013	紙面の都合で□する	【惜しいと思いながら省くこと】	割愛(かつあい)
014	道徳心を□する	【無理なく、じっくり養い育てること】	涵養(かんよう)
015	先生から□を受ける	【優れた人格で感化し、よい方へ導くこと】	薫陶(くんとう)
016	□な人柄	【さっぱりしていて洗練されていること】	洒脱(しゃだつ)
017	家庭の□を逃れる	【手かせと足かせ。自由を束縛するもの】	桎梏(しっこく)
018	証拠を□する	【でっち上げること】	捏造(ねつぞう)
019	□な態度	【丁寧で礼儀正しいさま】	慇懃(いんぎん)
020	□に流れる	【度を過ぎてぜいたくなこと】	奢侈(しゃし)
021	未来を□する	【出来事などをあらかじめ見通すこと】	予見(よけん)
022	情状を□する	【相手の事情をくみ取ること＝酌量(しゃくりょう)】	斟酌(しんしゃく)
023	□に値する活躍	【目をこすってよく見ること。刮はこする】	刮目(かつもく)
024	相手の説に□する	【相手の説に反対して論じ攻撃すること】	論駁(ろんばく)
025	□にめぐりあう	【偶然の幸運。思いがけない幸い】	僥倖(ぎょうこう)
026	前例から□する	【類似点をもとに、他を推しはかること】	類推(るいすい)

※【意味】だけを赤シートで隠して、語句の意味を復習することもできます。

	問題	意味	答え
027	派閥の□	【集団を率いる指導者】	領袖（りょうしゅう）
028	海外に□する	【志をいだいて盛んに活動すること】	雄飛（ゆうひ）
029	手柄を□して回る	【あちこちで言いふらすこと】	吹聴（ふいちょう）
030	□注意をした	【たびたび。二度も三度も】	再三（さいさん）
031	事件を□していた	【わきでただ見ていること＝座視（ざし）】	傍観（ぼうかん）
032	天下の□	【景色のよいことで知られる土地＝景勝（けいしょう）】	名勝（めいしょう）
033	作品を□する	【手厳しく批評すること】	酷評（こくひょう）
034	□を許さない状況	【前もって判断すること】	予断（よだん）
035	材料を□する	【物事を念入りに調べること】	吟味（ぎんみ）
036	本の□を述べる	【あらすじ】	梗概（こうがい）
037	□政策	【敵対的な態度を許して仲よくすること】	宥和（ゆうわ）
038	□な問題にすぎない	【わずかで取るに足りないこと】	些細（ささい）
039	□円熟の境地	【経験を積んで、熟達していること】	老成（ろうせい）
040	解決策を□する	【手探りで探ること】	模索（もさく）
041	師の教えを□する	【心に深く刻みつけて忘れないこと】	銘記（めいき）
042	奥義を□する	【物事を理解して自分のものにすること】	会得（えとく）
043	若手が□してきた	【新たな勢力が伸びてくること】	台頭（たいとう）
044	医学界の□	【その道で最も権威のある人＝大家（たいか）】	泰斗（たいと）
045	敵を□する	【思うままに弄（もてあそ）ぶこと。手玉に取ること】	翻弄（ほんろう）
046	朝晩の運動を□する	【決め事をその通りに実行すること】	励行（れいこう）
047	□の限りを尽くす	【酒色にふけるなど不品行なこと】	放蕩（ほうとう）
048	会社の□	【組織などの移り変わり】	沿革（えんかく）
049	□な要求をされる	【並外れていること。度外れ】	法外（ほうがい）
050	悟りの□に達する	【ある段階に達した心や体の状態】	境地（きょうち）
051	歌舞伎に□が深い	【その分野の深い知識や優れた技量】	造詣（ぞうけい）
052	外務省に□する	【公の職につくこと】	奉職（ほうしょく）
053	□を正す	【まちがった意見や考え。謬は間違い】	謬見（びゅうけん）
054	財政が□する	【行き詰まって余裕がないこと】	逼迫（ひっぱく）
055	財産を□する	【秘密にして隠すこと】	秘匿（ひとく）

番号	問題	意味	答え
056	市場を□する	【片っ端から攻め取ること】	席巻（せっけん）
057	問題を□に付す	【いい加減に見過ごすこと。なおざり】	等閑（とうかん）
058	資金を□に調達する	【表立たず。こっそり】	内内（ないない）
059	うわべを□する	【一時しのぎにごまかすこと】	糊塗（こと）
060	同僚から□される	【嫌ってのけものにすること】	疎外（そがい）
061	目標に向けて□する	【順を追って次第に進むこと⇔急進】	漸進（ぜんしん）
062	的に□を合わせる	【狙いを定めること】	照準（しょうじゅん）
063	経典を□とする	【もとになった確かなよりどころ。出典】	典拠（てんきょ）
064	意思の□を図る	【意思などが妨げられずよく通ずること】	疎通（そつう）
065	□な処置をする	【ためらわず思い切って行うこと】	果断（かだん）
066	時代の□	【時流に乗って、もてはやされる人】	寵児（ちょうじ）
067	□できない問題	【見逃すこと。見過ごすこと】	看過（かんか）
068	前途を□されている	【前途や将来に望みをかけること】	嘱望（しょくぼう）
069	紛争解決の□	【物事の始まり。手掛かり。いとぐち】	端緒（たんしょ）
070	中東を□する大国	【権利をふみにじること。侵害すること】	蹂躙（じゅうりん）
071	□政権を取るだろう	【いずれ。遅かれ早かれ】	早晩（そうばん）
072	兄と比べて□がない	【劣っているところ。見劣り】	遜色（そんしょく）
073	後輩が□してきた	【次第につけあがってくること】	増長（ぞうちょう）
074	公私を□する	【厳しくはっきり区別すること】	峻別（しゅんべつ）
075	工事が□する	【障害が多くて物事がはかどらないこと】	難航（なんこう）
076	兄の行方を□する	【話し合いながら物事を明らかにすること】	詮議（せんぎ）
077	□の江戸っ子	【まじりけがまったくないこと】	生粋（きっすい）
078	決算を□する	【うわべをつくろってよく見せること】	粉飾（ふんしょく）
079	社長に□する	【心から尊敬して従うこと】	心服（しんぷく）
080	モネの□にすぎない	【一流の真似をして劣っているもの】	亜流（ありゅう）
081	□にしばられる	【古くから伝えられている風習】	因習（いんしゅう）
082	眠気を□する	【障害を取り除くこと。打ち破ること】	打破（だは）
083	自己を□する	【自分をかえりみて考えること】	省察（せいさつ）
084	食事を忘れて□する	【夢中で読みふけること】	耽読（たんどく）

No.	問題	意味	答え
085	□を凝らした演出	【面白みや味わいを出すための工夫】	趣向（しゅこう）
086	計画が□する	【つまずくこと。失敗すること＝挫折（ざせつ）】	蹉跌（さてつ）
087	正体が□する	【隠れていた事がさらけ出ること＝露顕（ろけん）】	露呈（ろてい）
088	□の急	【眉が焦げること。危険が迫っていること】	焦眉（しょうび）
089	大会を□する	【まねきよせること】	招致（しょうち）
090	□の事情	【さまざまな事柄。いろいろ】	諸般（しょはん）
091	□が高い	【自分の品位を誇り、保とうとする気持ち】	気位（きぐらい）
092	□な顔で進み出る	【かしこまった様子。けなげ＝殊勝（しゅしょう）】	神妙（しんみょう）
093	官庁に□する	【民間から官職に就くこと＝奉職（ほうしょく）】	出仕（しゅっし）
094	友人に□された	【影響を与えて考えを変えさせること】	感化（かんか）
095	□に供する	【広く一般の人々が見ること】	博覧（はくらん）
096	□でございます	【めでたいことが重なり大変満足なこと】	重畳（ちょうじょう）
097	新入社員を□する	【大声で叱ること】	叱咤（しった）
098	□を開く	【心配そうな顔。「―を開く」＝ほっとする】	愁眉（しゅうび）
099	編集□	【仕事の中心となる人】	主幹（しゅかん）
100	世の□を見極める	【なりゆき。ある方向へ動く勢い】	趨勢（すうせい）
101	争議を□する	【理非・善悪をさばいて決めること】	裁定（さいてい）
102	情状を□する	【事情をくみとって、手加減すること】	酌量（しゃくりょう）
103	□を負わされる	【ひどく心をいため苦しむこと】	惨痛（さんつう）
104	□で販売する	【値段が安いこと＝安価⇔高価】	廉価（れんか）
105	作業が□に終わる	【無駄な骨折り】	徒労（とろう）
106	□の情を抱く	【かわいそうに思うこと】	憐憫（れんびん）
107	抗議を□する	【にべもなく拒絶すること】	一蹴（いっしゅう）
108	□の人材を探す	【公職につかず民間にいること】	在野（ざいや）
109	時局を□する	【広く全体を見渡すこと】	大観（たいかん）
110	□ではございますが	【言うに及ばないほどわずかであること】	些少（さしょう）
111	長年□を積む	【学問や技芸をみがき深めること】	研鑽（けんさん）
112	それは□にすぎない	【無用の心配】	杞憂（きゆう）
113	世に□された事件	【盛んに言いふらして広めること】	喧伝（けんでん）

番号	問題	意味	答え
114	ライバルを□する	【ねたんだり疑ったりすること】	猜疑（さいぎ）
115	必要な条件を□する	【十分に備わっていること】	具備（ぐび）
116	社内の事情に□する	【すみずみまで知ること＝通暁（つうぎょう）・知悉（ちしつ）】	暁通（ぎょうつう）
117	部長の□に触れる	【目上の人の怒り】	逆鱗（げきりん）
118	□を通じる	【考えや気持ちのつながり】	気脈（きみゃく）
119	名誉□	【名誉や信用などをそこなうこと】	毀損（きそん）
120	□の判断	【ごくわずかな時間＝一瞬・瞬間・刹那（せつな）】	咄嗟（とっさ）
121	挑戦者の□を示す	【困難にくじけない強い意志や気性】	気概（きがい）
122	青春時代を□する	【過去をふりかえること＝回顧】	回視（かいし）
123	市街を□する	【全体を大きく眺めわたすこと＝俯瞰（ふかん）】	鳥瞰（ちょうかん）
124	□を結ぶ	【友人としての親しいつきあい】	交誼（こうぎ）
125	□が生じる	【仲が悪くなること＝不和】	軋轢（あつれき）
126	東西貿易の□の地	【のど。転じて重要な通路。交通の要衝（ようしょう）】	咽喉（いんこう）
127	全力を□する	【心や力を一つに集中すること＝専心】	傾注（けいちゅう）
128	計画が□する	【物事の進行が急にくじけること】	頓挫（とんざ）
129	□な知識の持ち主	【学識の広いこと】	該博（がいはく）
130	五穀□を祈願する	【穀物が豊かにみのること＝豊作】	豊穣（ほうじょう）
131	□な例を挙げる	【身近でありふれていること】	卑近（ひきん）
132	偶然を装った□	【底の見えすいた、ばかげている物事】	茶番（ちゃばん）
133	人気取りに□する	【心をいため悩ますこと。心をくだくこと】	腐心（ふしん）
134	□の権威	【この分野。この専門の方面】	斯界（しかい）
135	□としない	【はっきりわかること⇔漠然】	判然（はんぜん）
136	□画家	【学問や芸術などにすぐれた女性】	閨秀（けいしゅう）
137	□な振る舞い	【軽はずみでそそっかしいこと＝軽率】	粗忽（そこつ）
138	□を起こす	【もめごと】	悶着（もんちゃく）
139	□を制する	【天下の中央。中心の地⇔辺境】	中原（ちゅうげん）
140	□な態度を取る	【礼儀が足りず思い上がっているさま】	不遜（ふそん）
141	□に振る舞う女性	【気持ちをしっかりと保っているさま】	気丈（きじょう）
142	法則から□される	【前提から個別の結論を得ること⇔帰納（きのう）】	演繹（えんえき）

No.	問題	意味	答え
143	□な干渉	【感情などを隠さずに表すこと⇔婉曲（えんきょく）】	露骨（ろこつ）
144	貸し借りを□する	【差引きして損得がないようにすること】	相殺（そうさい）
145	□協議する	【人々が集まって相談すること】	鳩首（きゅうしゅ）
146	失敗を□する	【あざけって笑いものにすること】	嘲笑（ちょうしょう）
147	異民族を□する	【容認できないとして、退けること】	排斥（はいせき）
148	□な手続き	【こみいっていてわずらわしいこと】	煩雑（はんざつ）
149	漱石に□する	【ひそかに、尊敬し師と仰ぐこと】	私淑（ししゅく）
150	部下を□する	【監督し、励ますこと】	督励（とくれい）
151	□な少年	【頭の回転が速いこと】	利発（りはつ）
152	社会の□	【人々を正しい方へと教え導く人】	木鐸（ぼくたく）
153	うわさが□する	【世の中に広まること】	流布（るふ）
154	試験問題を□する	【残らず取り入れること】	網羅（もうら）
155	□を施す	【色をつけること】	彩色（さいしき）
156	他の証言と□する	【ぴったり一致すること】	符合（ふごう）
157	□の子供好き	【比べるものがないこと＝無比】	無類（むるい）
158	□を打つ	【将来のために配置しておく備え】	布石（ふせき）
159	親の胸中を□する	【人の事情や心中を思いやること】	推察（すいさつ）
160	□するものがない	【同等のものとして並ぶこと＝匹敵】	比肩（ひけん）
161	□ながら	【立場を越えて出過ぎたことをすること】	僭越（せんえつ）
162	行動を□に記録する	【細部まで念を入れ手落ちがないこと】	克明（こくめい）
163	□に構えている	【事が迫っているのに急ごうとしない様子】	悠長（ゆうちょう）
164	草案の作成に□する	【企てや事業の計画に加わること】	参画（さんかく）
165	□な生活	【財産が多く生活が豊かなこと＝裕福】	富裕（ふゆう）
166	危険を□する	【物事の状態や変化を推測して知ること】	察知（さっち）
167	□にも涙を流す	【思わず知らずそうなること】	不覚（ふかく）
168	勢力が□する	【力に優劣がなく、互いに張り合うこと】	拮抗（きっこう）
169	方針を□する	【前のやり方をそのまま受け継ぐこと】	踏襲（とうしゅう）
170	□の思い	【はらわたがちぎれるほどに悲しいこと】	断腸（だんちょう）
171	上役に□する	【気に入られるよう調子を合わせること】	迎合（げいごう）

No.	問題	意味	答え
172	□裁判	【罪や不正をあばき、責任を追及すること】	弾劾（だんがい）
173	□をとりつくろう	【他人に対する見栄。外観】	体裁（ていさい）
174	ご□のご活躍	【身分ある人の娘。娘を敬って言う語】	息女（そくじょ）
175	一般論に□する	【言葉を加えたりして説明すること】	敷衍（ふえん）
176	作戦を□で決める	【自分だけの判断】	独断（どくだん）
177	労使で□を重ねる	【有利になるようにかけひきをすること】	折衝（せっしょう）
178	陛下が□される	【天皇が各地を回ること】	巡幸（じゅんこう）
179	□の意を示す	【つつしみ、かしこまって従うこと】	恭順（きょうじゅん）
180	文明の□	【衰えたり盛んになったりすること】	消長（しょうちょう）
181	□にふける	【快楽にふけり十分に楽しむこと⇔禁欲】	享楽（きょうらく）
182	士気を□する	【励まして奮い立たせること】	鼓舞（こぶ）
183	文章の□を重ねる	【詩文などを何度も練り直すこと】	推敲（すいこう）
184	新進□の作家	【意気込みが鋭く将来有望なさま】	気鋭（きえい）
185	博覧□で有名な人	【記憶力が優れていること】	強記（きょうき）
186	勘違いに□する	【思わず笑ってしまうこと】	失笑（しっしょう）
187	悪天候をついての□	【無理、障害を承知で思い切って行うこと】	敢行（かんこう）
188	裏で□する	【計画を立てて実現に努めること】	画策（かくさく）
189	□のいたり	【すっかり恥じ入ること】	汗顔（かんがん）
190	裏で□する	【不満そうな顔つき。苦りきった顔】	渋面（じゅうめん）
191	反対派を□する	【うまく扱って自分の側に従わせること】	懐柔（かいじゅう）
192	部下の□に任せる	【その人の考えで判断、処理すること】	裁量（さいりょう）
193	人格を□する	【性質や才能を鍛え育てること】	陶冶（とうや）
194	□を放つ	【普通とは異なっていて目立つ様子】	異彩（いさい）
195	軍の□を漏らす	【政治・軍事上の重大な秘密】	機密（きみつ）
196	客を□に扱う	【物事の扱いがいいかげんなこと】	粗略（そりゃく）
197	□な趣味	【程度が高く上品なこと】	高尚（こうしょう）
198	消費が□している	【だんだん少なくなること】	逓減（ていげん）
199	□を備えた人	【正しい判断、考え。物の見方】	見識（けんしき）
200	歯並びを□する	【欠点、悪習などを正しい状態に直すこと】	矯正（きょうせい）

3章

【WEBテスティング】再現問題演習

◉自宅等のパソコンで受検するSPI をWEBテスティングといいます。(⇒P12参照)

◉非言語問題は答えの数値を入力する形式と選択肢形式があります。

◉推論、割合と比、組み合わせ、確率、速度算など、様々な問題が出題されます。

◉WEBテスティングの頻出問題・良問を再現しました。問題演習で実力を養いましょう。

01【非言語】計算と推論

◉ WEBテスティング【非言語問題】の頻出問題を再現。

空欄にあてはまる数値を求めなさい。

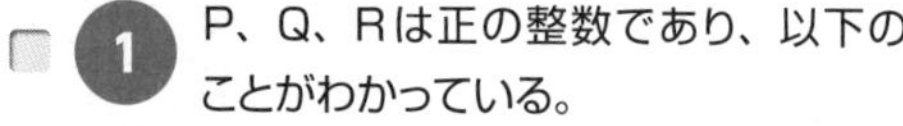

1 P、Q、Rは正の整数であり、以下のことがわかっている。

ア P×Q×R＝24
イ P−Q＝4

このとき、Rは□である。

アが成り立つ(P、Q、R)の組み合わせは、次の6つ(順不同)。(24、1、1)(12､2､1)(8､3､1)(6、4、1)(6、2、2)(4、3、2)このうちイが成り立つのは、(P、Q)＝(6、2)のみ。Pが6、Qが2、Rが2となる。

正解 2

---

2 3つの整数X、Y、Zがあり、0＜X＜Y＜Z＜10である。いま、X、Y、Zについて以下のことがわかっている。

ア X＝Z−Y
イ 2Z＝XY

このとき、Yは□である。

最も小さい数のXに、1から順に当てはめていく。
X＝1…2Z＝XYより、2Z＝Y。Y＞Zとなるので不適。
X＝2…2Z＝XYより、2Z＝2Y。Y=Zとなるので不適。
X＝3…2Z＝XYより、2Z＝3Y。(Y、Z)は(4、6)(6、9)の2通り。アのX＝Z−Yを満たすのは、3＝9−6で、(X、Y、Z)＝(3、6、9)。よってYは6である。

正解 6

---

3 P、Q、Rは1から9までの整数のいずれかで、Pは2の倍数、Rは3の倍数である。また、以下のことがわかっている。

ア P＋Q＝11
イ Q＋R＝14

このとき、Qは□である。

イの式からアの式を引くと、
Q＋R−(P＋Q)＝14−11
Q−Q＋R−P＝14−11
R−P＝3
3の倍数Rは(3、6、9)、2の倍数Pは(2、4、6、8)のいずれか。R−P＝3が成り立つのは、「R＝9、P＝6」だけ。
アより、P(＝6) ＋ Q ＝11なので、Qは5。

正解 5

解答&解説

4 P、Q、Rは1から9までの整数のいずれかで、P＞Q＞Rである。P＜7およびR＞3のとき、Qは□である。

QはP(6以下)より小さい整数→5以下。R(4以上)より大きい整数→5以上。よって5に確定する。(P、Q、R)＝(6、5、4)。

正解 5

5 2けたの整数Xについて、以下のことがわかっている。

ア Xは2で割り切れない

イ Xは3で割ると2余る

このとき、Xを6で割ると余りは□である。

ア Xは2の倍数＋1。
イ Xは3の倍数＋2。
Xに1を足すと2でも3でも割り切れるので、Xは「6の倍数−1(11、17、23…)」だとわかる。よってXを6で割ると余りは5。

正解 5

6 2つの整数X、Yがある。XはYより小さく、XとYの和は18で差は28である。

このとき、Xは□である。

X＋Y＝18…①
Y−X＝28…②
①＋②→
X−X＋Y＋Y＝18＋28
2Y＝46→Y＝23
X＝23−28＝−5

正解 −5

7 4つの異なる正の整数W、X、Y、Zがある。次のとき、Wの数値は□である。

W＋X＋Y＋Z＝25

W＝2X

Z＝4Y

W＋X＋Y＋Z＝25に、W＝2X、Z＝4Yを代入すると、3X＋5Y＝25。両辺を5で割って、3X/5＋Y＝5。Yは正の整数なので、X＝5。
W＝2×5＝10

正解 10

8 P、Q、R、S、Tはすべて異なる1から9までの整数のいずれかである。

P＋Q＋R＋S＋T＝31、S−T＝3、P＋Q＋R＝24のとき、Tは□である。

P＋Q＋R＋S＋T＝31…①
P＋Q＋R＝24…②
①−②→S＋T＝7…③
S−T＝3…④
③−④ → 2T＝4 → T＝2

正解 2

9 9で割ると8余り、10で割ると2余る正の整数のうち、最も小さい数は□である。

10で割ると2余るので、整数Xの一の位は2。9で割ると8余るので、(X＋1)は9で割り切れる数。(X＋1)の一の位は、Xの一の位である2に1を足した3。九の段で一の位が3になる最も小さい整数は、9×7＝63。よってX＝63−1＝62。

正解 62

10 O、P、Q、R、S、T、Uは、7階建てのデパートの各階の売り場責任者である。OはPより5階上、QはRより5階上、SはTとUの間の階であるとき、Sは□階の責任者である。

OをPの5階上、QをRの5階上になる順番で左からメモすると、「OQ●●●PR」となる。Sは●●●のうち、TとUの間なので、「OQTSUPR」。4階と決まる。

正解 4

11 14個のアメ玉をX、Y、Zの3人で分けた。アメ玉はX、Y、Zの順に多くもらい、XとYの個数の差はZの個数に等しい。このとき、Xがもらったアメ玉は□個である。

X+Y+Z=14…①
X−Y=Z…②
→X−Y−Z=0…②'
①+②'→
X+X+Y−Y+Z−Z=14
2X=14
X=7

正解 7

12 みかん60個をX、Y、Zの3人で分けた。Yの個数は、XとZがもらった個数の平均よりも9個少なかった。このとき、Yがもらったみかんは□個である。

X+Y+Z=60…①
(X+Z)/2=Y+9…②
→X−2Y+Z=18…②'
①−②'→
X−X+Y+2Y+Z−Z
=60−18
3Y=42
Y=14

正解 14

13 X、Y、Zの3人が数学の試験を受けた。その結果、3人の平均点は70点だった。また、Yの点数は、XとZの2人の平均点よりも6点低かった。このとき、Yの点数は□点である。

(X+Y+Z)÷3=70
→X+Y+Z=210…①
(X+Z)/2−6=Y…②
→X−2Y+Z=12…②'
① ②'の左辺の差は3Y。右辺の差は198 → 3Y=198
Y=66

正解 66

14 Pが一定の速さで走り始めてから10分後に、Qが自転車に乗って12km/時の一定の速さで追いかけたところ、Qの出発から15分後に、Pに追いついた。このとき、Pの速さは□km/時だった。

Qが15分で走った距離は、
15/60×12=3km
Pは、
(10+15)/60=5/12時間
かけて3kmを走ったので、
3÷5/12=7.2km/時

正解 7.2

15 タクシーに乗ってX駅を10時52分に出発し、12km離れたY駅に11時16分に到着した。このとき、XY駅間のタクシーの平均時速は□km/時である。

24分かけて12km進んだので、
平均時速は、
12÷24/60=30km/時

正解 30

16 商品Pに仕入れ値の50%の利益をのせて定価をつけた。40個を定価で売り、残りの20個を定価の30%引きにして、合計で60個を売ったとき、Pの1個あたりの利益は仕入れ値の□%である。

1個の仕入れ値がx円で、定価は1.5x円。売上は、(40×1.5x)+(20×0.7×1.5x)=81x円。仕入れ値合計60x円に対する売上は、81x/60x=1.35。
1個あたり35%の利益。

正解 35

17 定価3840円の商品を値引きして売ったところ、仕入れ値の28%にあたる672円の利益を得た。このとき、この商品の値引率は定価の□%である。

仕入れ値は、
672÷0.28 =2400円
定価のx率で売ったとき、
3840x−2400= 672円
x = 0.8
値引率は1−0.8=0.2→20%

正解 20

18 1から13までの数字が1つずつ書かれた13枚のカードの中から1枚を取り出したとき、そのカードの数字が3でも4でも割り切れない確率は□/□である。約分した分数で答えなさい。

1から13まで書いて、3の倍数と4の倍数を消していくとよい。3でも4でも割り切れない数字は、1、2、5、7、10、11、13の7つ。よって7/13。

正解 7/13

19 あるサークルでは、会員の20%が女性で、女性のうちの45%が40歳以上だった。このサークルでは40歳未満の女性の割合は□%である。

女性の比率は20%。女性のうち45%が40歳以上なので、55%は40歳未満。
従って全体のうち、
0.2×0.55=0.11が40歳未満の女性。

正解 11

20 ある工場では、受注した商品を81%作り終えたところで、今の受注量の35%にあたる量の追加注文がきた。現在完成している商品は、追加注文を含めた全受注量の□%である。

100の受注のうち81終えている。そこに35の受注がきたので、全受注量は、
100+35=135
完成率は、
81÷135=0.6

正解 60

21 8人がP、Qの2台の車に分乗することになった。Pには3人、Qには5人が乗るとすると、2台に分乗する人の組み合わせは□通りである。

Pの3人を選べば、残る5人はQに決まるので、8人からPに乗る3人を選ぶ組み合わせ。
${}_8C_3$= (8×7×6)÷(3×2×1)
=56通り

正解 56

解答&解説

22 月曜日から金曜日までの5日のうち、姉が2日、妹が3日、家事を担当する。2人が同じ日に家事を担当することはない場合、曜日の組み合わせは□通りである。

姉の2日を選べば、残りの3日は妹に決まる。5日のうち姉担当の2日を選ぶ組み合わせは、
$_5C_2$=(5×4)÷(2×1)
=10通り

正解 10

23 社長を含めて社員10人の会社がある。その中から4人のプロジェクトチームを作る。社長はその4人の中に必ず入るようにするとき、プロジェクトチームのメンバーの組み合わせは□通りである。

社長は4人の中に入ることが決まっているので、残りの9人から3人を選ぶ。
$_9C_3$=(9×8×7)÷(3×2×1)
=84通り

正解 84

24 2人で、ピザ6種類と飲み物4種類の中から、各自が1種類ずつ、互いに同じ種類が重ならないように選びたい。このとき、2人が注文するピザと飲み物の種類の組み合わせは□通りである。

6種類のピザから2種類選ぶ。
$_6C_2$=(6×5)÷(2×1)=15
4種類の飲み物から2種類選ぶ。
$_4C_2$=(4×3)÷(2×1)=6
15×6=90通り

正解 90

25 ある日、Pから4回、QとRから1回ずつ電話があった。電話のかかってきた順番は□通りと考えられる。

P、P、P、P、Q、Rを1列に並べる組み合わせと考える。
全部で6回なので、Qの順番は6通り。RはQを除いた5通り。
残りはPの1通りに決まるので、
6×5×1=30通り

正解 30

26 赤玉が2個と白玉が5個入った箱から同時に2個取り出す。このとき、赤玉と白玉が1個ずつである確率は□/□である。約分した分数で答えなさい。

赤2白5から、2個取り出す取り出し方は、
$_7C_2$=21通り
このうち赤1白1が出るのは、
$_2C_1$×$_5C_1$=10通り
従って、10/21

正解 10/21

27 赤玉5個、白玉2個が入った箱Xと、赤玉6個、白玉4個が入った箱Yがある。サイコロを振って偶数が出たらXから、奇数が出たらYから玉を1つ取り出すとき、白玉を取り出す確率は□/□である。

偶数と奇数のいずれかが出る確率は、それぞれ1/2。
Xから白が出る確率+Yから白が出る確率
=1/2×2/7+1/2×4/10
=12/35

正解 12/35

28 3人掛けと5人掛けのテーブルに8人が分かれて座ることになり、くじ引きで座る席を決めた。8人が順にくじを引いたとき、2番目と3番目と8番目に引いた人が3人掛けのテーブルに座る確率は□/□である。

何番目に引いても確率は同じ。3人が、3人掛けのテーブルになる確率は、
3/8×2/7×1/6＝1/56
別解 8人のうち3人が選ばれるので$_8C_3$＝56通り。このうちの1通り。

正解 1/56

29 25人が、りんごとみかんの入った箱の中から好きな2個をもらった。りんごを少なくとも1個もらった人は19人。箱から減ったみかんは22個だった。りんごとみかんを1個ずつもらった人は□人である。

りんごを少なくとも1個もらった人は19人なので、みかん2個の人は、25－19＝6人で、12個分。みかんは22個なので、りんごとみかんを1個ずつもらった人は、22－12＝10人

正解 10

30 Aランチを食べた90人のうち、サラダをつけた人は56人、ドリンクをつけた人は32人で、サラダをつけた人のうち、7分の2がドリンクもつけた。サラダとドリンクのどちらもつけなかった人は□人である。

サラダもドリンクもつけた人は、
56×2/7＝16人
サラダとドリンクのどちらもつけなかった人は、
90－(56＋32－16)＝18人

正解 18

31 美術館入場者240人のうち、展示Aを観た人は72人、展示Bを観た人は58人だった。また、入場者全体の2/3は展示AもBも観なかった。このとき、展示Aと展示Bの両方を観た人は□人である。

両方観なかった人は、
240×2/3＝160人
どちらか観た人は、
240－160＝80人
どちらも観た人は、
72＋58－80＝50人

正解 50

32 ある講習会の受講者500人のうち、初級を受講した人は220人、中級を受講した人は170人、初級も中級も受講しなかった人は150人だった。初級と中級のどちらか一方だけを受講した人は□人である。

どちらかを受講した人は、
500－150＝350人
両方受講した人は、
220＋170－350＝40人
一方だけ受講した人は、
350－40＝310人

正解 310

33 ある商業施設の来場者200人のうち、買い物をした人は73%、食事をした人は45%、買い物と食事の両方をした人は28%だった。このとき、買い物も食事もしなかった人は□人である。

来場者200人＝100%
両方しなかった人は、
100－(73＋45－28)
＝10%＝0.1
200×0.1＝20

正解 20

34 35人が読み1問と書き1問の漢字クイズをした。読みができた人は80%で、読みができた人の50%は書きもできていた。読みと書き2問ともできなかった人は3人だった。書きができた人は□人である。

読みができた人は35×0.8＝28人。両方できた人は28×0.5＝14人。両方できなかった人は3人。書きができた人は、35－3－28＋14＝18人

正解 18

35 ある本を3日間かけて読み終えた。3日目は2日目の読書量の4/5で、全体の1/4に相当した。最も読書量の多かった日は□日目である。

3日目は全体の1/4なので、
2日目は、1/4÷4/5＝5/16
1日目は、1－5/16－1/4＝7/16
最も読書量の多い日は、1日目。

正解 1

36 1から6までの数字が1つずつ書かれた6枚のカードの中から3枚を選ぶ。3枚の数字の和が12、積は30であるとき、選んだカードに書かれた3つの数字は□、□、□である。

1から6の数字で、和が12になる組み合わせは、1＋5＋6、2＋4＋6、3＋4＋5。
30を素因数分解すると、2×3×5。積が30になる組み合わせは、1×5×6と2×3×5。

正解 1、5、6

37 男子101人、女子98人の学校で運動部の女子は運動部の男子より2人少ない。また、運動部でない女子は運動部でない男子より1人少ない。この条件で運動部の女子の人数は、○求められる、×求められない。

運動部の女子が0人（運動部でない女子98人）なら運動部男子は2人。運動部の女子が1人（運動部でない女子97人）なら運動部男子は3人…で、求められない。

正解 ×

38 P、Q、R、Sの順に4つの駅が直線上に並んでいる。P駅とR駅の間の距離は5.5kmであり、Q駅とS駅の間の距離は8.3kmである。この条件で、P駅とS駅の間の距離は、○求められる、×求められない。

Pを起点（距離0）とすると、

P　Q　R　　S
P–R 5.5
Q–S 8.3

これだけの条件では、全長（P駅―S駅間）は求められない。

正解 ×

39 PとQがサイコロを1回ずつ振った。Pが出した目はQが出した目の3倍であった。また、Qの出した目は偶数であった。この条件で、Pが出した目がいくつであるかは、○求められる、×求められない。

サイコロの目は1～6。
PはQの3倍なので、
P＝3、Q＝1、あるいは
P＝6、Q＝2。
Qは偶数なので、
P＝6、Q＝2に決定する。

正解 ○

40 現在Pは10歳であり、6年後にPの年齢はQの年齢の半分になる。現在、Qは□歳である。

10歳のPは6年後に16歳。Qは6年後にPの2倍の32歳なので、現在は32－6＝26歳となる。

正解 26

41 P、Q、Rの3人で友人のお祝いをすることになり、Pが食事代を、Qがプレゼント代を支払った。食事代とプレゼント代を3等分することにし、PがQから800円、Rから6600円を受け取って精算した。このとき、食事代の総額は□円である。

何も支払っていないRが6600円で精算したので、1人分は、6600円。プレゼント代を支払ったQが800円で精算したので、プレゼント代は、6600－800＝5800円。食事代は、6600×3－5800＝14000円

正解 14000

42 酒Pと酒Qを1：3の割合で混ぜた酒Aと、2：3の割合で混ぜた酒Bを同量ずつ混ぜると、この酒に含まれる酒Pの割合は□%である（必要なときは、小数点以下第2位を四捨五入すること）。

Pの割合を合わせて2で割る。酒AのPの割合は1/4、酒BのPの割合は2/5なので、(1/4＋2/5)÷2＝13/20÷2＝0.65÷2＝0.325 → 32.5%

正解 32.5

43 ある会議で、参加者が長いすに4人ずつ座ると4人が座れなくなる。5人ずつ座ると最後の長いすには4人が座ることになり、長いすが5脚余る。長いすは□脚ある。

長いすをx脚、参加者をy人とする。
4人ずつ座ると4人余る。
4x＋4＝y…①
5人ずつ座ると最後の長いすには4人で、5脚余る。→最後の4人の長いすは空席1席。5脚余るので5×5＋1＝26席が空席になる。
5x－26＝y…②
①と②を解いて、x＝30。

正解 30

44 あるデータの入力をPが1人で行うと15時間，Qが1人で行うと16時間かかる。このデータの入力をPが3時間行った後，Qが4時間行った。残りをPが1人で行うとすると，□時間かかる（必要なときは，最後に小数点以下第3位を四捨五入すること）。

全体の仕事量を（15×16＝）240とする。Pの1時間当たりの仕事量＝240÷15＝16
Qの1時間当たりの仕事量＝240÷16＝15
Pが3時間で16×3＝48
Qが4時間で15×4＝60
残りの240－48－60＝132をP1人で行うので、
132÷16＝8.25（時間）

正解 8.25

以下の問題について、ア、イの情報のうち、どれがあれば[問い]の答えがわかるかを考え、A～Eの中から正しいものを1つ選び、答えなさい。

○A　アだけでわかるが、イだけではわからない
○B　イだけでわかるが、アだけではわからない
○C　アとイの両方でわかるが、片方だけではわからない
○D　アだけでも、イだけでもわかる
○E　アとイの両方があってもわからない

45 XとYがそれぞれの小遣いの半分ずつを出し合っておもちゃを買った。
[問い] Xが出した金額はおもちゃの値段のどれだけにあたるか。
　ア　Xの小遣いはYの小遣いの2倍である
　イ　Xの小遣いはYの小遣いより2500円多い

解答&解説

ア　Yが出したおもちゃの値段を1とすると、Xは2を出した。おもちゃの値段は3になり、Xが出した金額はおもちゃの値段の2/3。アだけでわかる。
イ　Xの出した金額がYよりも1250円多いことがわかるが、Xが出した割合はわからない。

正解　A

46 4cm × 6cmの長方形のタイルが正方形の枠内に同じ向きに隙間なく並べて貼られている。
[問い] タイルの枚数は何枚か。
　ア　縦の枚数は横の枚数の1.5倍である
　イ　縦、横のいずれかの枚数は12枚である

ア　縦4cm×横6cmでタイルを貼る。(縦、横)の枚数は(3、2)(6、4)(9、6)…と無限にある。アだけではわからない。
イ　正方形の1辺が4cm×12＝48cmなのか、6cm×12＝72cmなのか、イだけではわからない。
アとイの両方で、(12、8)(18、12)の2パターンに絞れるが、どちらかはわからない。

正解　E

47 ある部活には男性56人、女性75人のメンバーがいる。
[問い] 合宿の参加者は男女どちらが多かったか。
　ア　男性の25%が合宿に参加しなかった
　イ　女性の20%が合宿に参加しなかった

ア　合宿に参加した男性は56×0.75＝42人。男女どちらが多いかはアだけではわからない。
イ　参加した女性は75×0.8＝60人。男性56人より多いことが確定できるので、イだけでわかる。

正解　B

48 P、Q、Rの3人が1回ずつサイコロを振ったところ、3人が出した目の合計は13だった。

[問い] Pが出した目はいくつか。

ア　Pが出した目はQの2倍だった

イ　Pが出した目はRより2大きかった

ア　Q=1から順に(P、Q、R)を試算すると、Q=3の(6、3、4)だけが成立する。アだけで確定できる。

イ　R=1から順に試算すると、(P、Q、R)がすべて6以内となるのは(5、5、3)(6、3、4)の2パターンあるので、確定できない。

正解　A

---

49 アメとグミを合わせて80個購入した。アメは8個入り、グミは12個入りの袋に入っている。

[問い] グミの袋は何袋か。

ア　グミの袋の数はアメの袋の数より多い

イ　グミの個数はアメの個数より多い

アメをx袋、グミをy袋とする。

8x+12y=80

2x+3y=20

(x、y)は(1、6)(4、4)(7、2)。

ア　グミの袋の方が多いのは(1、6)だけ。アだけでわかる。

イ　(1、6)→(8個、72個)、(4、4)→(32個、48個)で、確定できない。

正解　A

---

50 X、Y、Zは1から9までの整数のいずれかで、X>Y>Zである。

[問い] Yはいくつか。

ア　X=4Y

イ　Z=1/2 Y

ア　Yは2以上なので、(X、Y、Z)は(8、2、1)に確定できる。

イ　(Y、Z)は(2、1)、(4、2)、(6、3)、(8、4)の4通りがあるので確定できない。

正解　A

---

51 500gの砂糖を3つの袋X、Y、Zに分けて入れた。

[問い] 最も重いのはどれか(ただし袋の重さは考えない)。

ア　XはZより250g重い

イ　XはZの6倍の重さである

ア　Xは250g(500gの半分)より重いことになるので、アだけでXが最も重いとわかる。

イ　例えばXが6g、Zが1gのとき、493gのYが最も重い。Xが300gでZが50gのときYは150gで、Xが最も重い。イだけではわからない。

正解　A

---

52 合計100枚の切手をP、Q、R、Sの4人で買った。4人が買った枚数はそれぞれ異なっており、Sは35枚である。

[問い] QとSはどちらが多く買ったか。

ア　PはQより多く買った

イ　RはQより多く買った

P、Q、Rで65枚となる。

ア　Rが0枚のとき、PとQで65枚。Qは最も多くて32枚(P33枚)になり、Sより少ない。

イ　Pが0枚のとき、QとRで65枚。Qは最も多くて32枚(R33枚)になり、Sより少ない。アだけでもイだけでもわかる。

正解　D

02【言語】熟語の成り立ち

◉ 二字熟語の中にある漢字同士の関係を選択肢から選ぶ【言語問題】。

以下の5つの熟語の成り立ち方としてあてはまるものをA～Dの中から1つずつ選びなさい。

❶ 習慣
❷ 授受
❸ 反映
❹ 耐震
❺ 市営

○A 似た意味を持つ漢字を重ねる
○B 反対の意味を持つ漢字を重ねる
○C 前の漢字が後の漢字を修飾する
○D A～Cのどれにもあてはまらない

いちばん速く解ける解法

漢字を訓読みで読んで、漢字の意味で判別する。

❶ 習慣… 習も慣も「ならわし」◀似た意味 正解 A
❷ 授受…「授ける」⇔「受ける」◀反対の意味 正解 B
❸ 反映…「反射して」「映る」◀前の漢字が後の漢字を修飾 正解 C
❹ 耐震…「地震」に「耐える」◀動詞の後に目的語 正解 D
❺ 市営…「市」が「営む」◀主語と述語 正解 D

●熟語の成り立ちのパターンと解き方

関係	問題例	解き方
似た意味を持つ	威嚇	ともに「おどす」。漢字の意味が似ていれば「似た意味」
反対の意味を持つ	悲喜	悲しみ⇔喜び。漢字の意味が逆であれば「反対の意味」
主語と述語の関係	波動	波が動く。○が○する
動詞の後に目的語をおく ※「～に」もあることに注意	借金	金を借りる。○を○する
	即位	位に即く(つく)。○に○する
前の漢字が後の漢字を修飾する	王政	王の政治。○の○。○のする○
	益鳥	「益になる」「鳥」。○になる○
	急病	「急な」「病」。前の漢字が後ろの名詞に意味を加えていれば「修飾」

● 以下の熟語の成り立ち方としてあてはまるものをA～Eの中から選びなさい。

○A 似た意味を持つ漢字を重ねる
○B 反対の意味を持つ漢字を重ねる
○C 主語と述語の関係である
○D 動詞の後に目的語をおく
○E 前の漢字が後の漢字を修飾する

	熟語	▼読み	解答&解説	
❶	献身	けんしん	「身」を「献(ささ)げる」	D
❷	加熱	かねつ	「熱」を「加える」	D
❸	媒介	ばいかい	媒も介も「間でとりもつ」	A
❹	輪郭	りんかく	輪も郭も「外まわり」	A
❺	直轄	ちょっかつ	「直接に」「管轄する」	E
❻	視線	しせん	「視(目)の」「線(方向)」	E
❼	停泊	ていはく	停も泊も「とまる」	A
❽	失脚	しっきゃく	「脚(支えるもの)」を「失う」	D
❾	理非	りひ	「理」と「理に合わないこと」	B
❿	別荘	べっそう	「別の」「荘(仮の住まい)」	E
⓫	平均	へいきん	平も均も「差がないこと」	A
⓬	鳥瞰	ちょうかん	「鳥」が「瞰(みお)ろす)」	C
⓭	天命	てんめい	「天の」「命令」	E
⓮	続出	ぞくしゅつ	「続いて」「出る」	E
⓯	遭遇	そうぐう	遭も遇も「めぐりあう」	A
⓰	真実	しんじつ	真も実も「本当のこと」	A
⓱	初雪	はつゆき	「初めての」「雪」	E
⓲	修繕	しゅうぜん	修も繕も「なおす」	A
⓳	匿名	とくめい	「名」を「匿(かく)す」	D
⓴	賢明	けんめい	賢も明も「かしこい」	A
㉑	融資	ゆうし	「資(金)」を「融通する」	D
㉒	軽重	けいちょう(けいじゅう)	「軽い」と「重たい」	B
㉓	雲散	うんさん	「雲」が「散る」	C

※実際の試験では前ページの「例題」のような4つの選択肢から選びます。

		▼読み	解答&解説	
㉔	鋭敏	えいびん	鋭も敏も「するどい」	A
㉕	首尾	しゅび	「首(始)」と「尾(終)」	B
㉖	河岸	かし(かがん、かわぎし)	「河(大きな川)の」「岸」	E
㉗	話題	わだい	「話の」「題(主題)」	E
㉘	炉辺	ろへん	「炉の」「辺(そば)」	E
㉙	偽造	ぎぞう	「偽って(似せて)」「造る」	E
㉚	避暑	ひしょ	「暑さ」を「避ける」	D
㉛	連載	れんさい	「連ねて」「載せる」	E
㉜	法則	ほうそく	法も則も「きまり」	A
㉝	年長	ねんちょう	「年齢」が「長い(上である)」	C
㉞	表裏	ひょうり	「表」と「裏」	B
㉟	繁栄	はんえい	繁も栄も「さかん・さかえる」	A
㊱	遷都	せんと	「都」を「遷(うつ)す」	D
㊲	墜落	ついらく	墜も落も「おちる」	A
㊳	高貴	こうき	高も貴も「たかい」	A
㊴	公私	こうし	「公」と「私」	B
㊵	屈折	くっせつ	屈も折も「おれまがる」	A
㊶	凝視	ぎょうし	「凝らして」「視る」	E
㊷	供給	きょうきゅう	ともに「足りるようにする」	A
㊸	禍福	かふく	「わざわい」と「しあわせ」	B
㊹	歌人	かじん	「歌う」「人」	E
㊺	早熟	そうじゅく	「早く」「熟する」	E
㊻	瓦解	がかい	「瓦」が「解体する(ばらける)」	C
㊼	好漢	こうかん	「好ましい」「漢(男)」	E
㊽	去年	きょねん	「去った」「年」	E
㊾	巡回	じゅんかい	巡も回も「めぐる・まわる」	A
㊿	光陰	こういん	「光(日)」と「陰(月)」	B
51	剣道	けんどう	「剣の」「道」	E
52	傑作	けっさく	「傑出した(優れた)」「作品」	E

		▼読み	解答&解説	
(53)	苦楽	くらく	「苦」と「楽」	B
(54)	留意	りゅうい	「意（心）を」「留める」	D
(55)	造形	ぞうけい	「形」を「造る」	D
(56)	比肩	ひけん	「肩」を「比べる（並べる）」	D
(57)	天誅	てんちゅう	「天」が「誅する（罰する）」	C
(58)	挑戦	ちょうせん	「戦い」を「挑む」	D
(59)	砕氷	さいひょう	「氷」を「砕く」	D
(60)	懐古	かいこ	「古（昔）」を「懐かしむ」	D
(61)	弱点	じゃくてん	「弱い」「点」	E
(62)	精密	せいみつ	精も密も「細かい」	A
(63)	遅速	ちそく	「遅い」と「速い」	B
(64)	道路	どうろ	道も路も「みち」	A
(65)	変形	へんけい	「形」を「変える」	D
(66)	雪崩	なだれ	「雪」が「崩れる」	C
(67)	霧散	むさん	「霧」が「散る」	C
(68)	変装	へんそう	「装い」を「変える」	D
(69)	投票	とうひょう	「票」を「投じる（入れる）」	D
(70)	尽力	じんりょく	「力」を「尽くす」	D
(71)	気絶	きぜつ	「気（意識）」が「絶える」	C
(72)	安泰	あんたい	安も泰も「落ち着いている」	A
(73)	隔離	かくり	隔は「へだてる」離は「はなす」	A
(74)	敬老	けいろう	「老人」を「敬う」	D
(75)	天地	てんち	「天」と「地」	B
(76)	壁画	へきが	「壁の」「絵画」	E
(77)	乾湿	かんしつ	「乾き」と「湿り気」	B
(78)	厳重	げんじゅう	「厳しい」と「重々しい」	A
(79)	新入	しんにゅう	「新しく」「入る」	E
(80)	白墨	はくぼく	「白い」「墨」	E
(81)	捕鯨	ほげい	「鯨」を「捕る」	D

		▼読み	解答&解説	
82	欠陥	けっかん	欠も陥も「足りない」	A
83	硬軟	こうなん	「硬い」と「軟らかい」	B
84	辛勝	しんしょう	「辛うじて」「勝つ」	E
85	断絶	だんぜつ	断も絶も「途切れる」	A
86	変心	へんしん	「心」を「変える」	D
87	貯蓄	ちょちく	貯も蓄も「たくわえる」	A
88	今昔	こんじゃく	「今」と「昔」	B
89	除湿	じょしつ	「湿気」を「除く」	D
90	策略	さくりゃく	策も略も「はかりごと」	A
91	実感	じっかん	「実際に」「感じる」	E
92	真贋	しんがん	「真(本物)」と「贋(偽物)」	B
93	破損	はそん	破も損も「こわれる」	A
94	変色	へんしょく	「色」を「変える」	D
95	干満	かんまん	干(かわく)と満(みちる)	B
96	少量	しょうりょう	「少ない」「量」	E
97	架橋	かきょう	「橋」を「架ける」	D
98	始業	しぎょう	「業務」を「始める」	D
99	得失	とくしつ	「得る」と「失う」	B
100	我流	がりゅう	「我の(自分の)」「流儀」	E
101	調髪	ちょうはつ	「髪」を「調える」	D
102	字典	じてん	「文字の」「辞典」	E
103	祖国	そこく	「先祖の」「国」	E
104	投書	とうしょ	「書」を「投じる」	D
105	波動	はどう	「波」が「動く」	C
106	碁石	ごいし	「囲碁用の」「石」	E
107	天賦	てんぷ	「天」が「賦与する(さずける)」	C
108	顕示	けんじ	「顕に(あきらかに)」「示す」	E
109	暗躍	あんやく	「暗に」「活躍する」	E
110	互譲	ごじょう	「互いに」「譲る」	E

4章

【構造的把握力検査】再現問題演習

◉構造的把握力検査は、テストセンターで受検するオプション検査です。

◉非言語問題では、同じような考え方や式で解ける選択肢を見つける問題です。

◉言語問題では、文の構造や流れが同じ、あるいは述べられている内容が同じ選択肢を見つける問題です。

01 非言語

◉ 同じような考え方や式で解ける問題の組み合わせを選ぶ。

ア～エの中から、問題の構造が似ている組み合わせを１つ選びなさい。

ア　A店にはミカンが50kgあり、そのうちの80%が愛媛産である。A店とB店を合わせるとミカンは合計80kgあり、そのうちの愛媛産は70%になる。B店の愛媛産のミカンは何kgあるか。

イ　ある会社では、社員250人のうち通勤に電車を利用していない社員が24%いる。通勤に電車を利用している社員は何人か。

ウ　ビンに入った小麦粉のうち3/8を使ったら、残りは400gだった。最初に小麦粉は何gあったか。

エ　ある大学では学生の45%が自宅から通っており、自宅以外から通う学生は7700人である。この大学の学生は何人か。

○A アとイ　○B アとウ　○C アとエ
○D イとウ　○E イとエ　○F ウとエ

いちばん速く解ける解法

ア　AとBの愛媛産(80×0.7＝56kg)からAの愛媛産(50×0.8＝40kg)を引けば、Bの愛媛産の量16kgが求められる。

イ　社員250人に電車利用者の割合76%をかければ求められる。

ウ　残りの量400g(部分)をその割合(1－3/8)でわって、全体を求める問題。400÷(1－3/8)＝640g

エ　自宅以外の学生7700人(部分)をその割合(1－0.45)でわって、全体を求める問題。7700÷(1－0.45)＝14000人

従って構造が最も似ているのは、ウとエ。

正解　F

- 答えまで求める必要はない。
- 同じような式で解ける問題の組み合わせを見つける。
- 答えの求め方が似ている問題の組み合わせを見つける。

1 ア～エの中から、問題の構造が似ている組み合わせを1つ選びなさい。

ア　商品P、Q、Rは合計10200円である。PとQの値段の比が3：5、QとRの値段の比が3：2のとき、Rはいくらか。

イ　父、母、息子の3人が体重を量った。父と息子の体重の比は11：4で、母と息子の体重の比は13：6だった。3人の体重の和が142kgのとき、父の体重は何kgか。

ウ　兄、姉、妹の3人で両親に16000円のプレゼントを買った。兄の出した額と姉妹2人の出した額の比が3：5で、姉と妹の出した額の比が7：3のとき、妹はいくら出したか。

エ　S、T、Uの3人が菓子を買った。SとTの買った菓子の個数の比は3：5で、TとUの買った個数の比は1：2であった。Sが12個買ったとき、Uは何個買ったか。

○A アとイ　○B アとウ　○C アとエ
○D イとウ　○E イとエ　○F ウとエ

X：Y＝2：3のとき、Xは5のうちの2で2/5となる。ア、イ、ウはこの考え方で解く。
ア　3つの比率を出してから、Rの値段を求める。
P：Q＝3：5＝9：15
Q：R＝3：2＝15：10
P：Q：R＝9：15：10
Rの値段は、全体10200円の10/34（＝5/17）で、
10200×5/17＝3000円
イ　3人の比率を出してから、父の体重を求める。アと同様。
父：息子＝11：4＝16.5：6
父：母：息子＝16.5：13：6
父の体重は体重の和142kgの16.5/35.5（＝33/71）で、
142×33/71＝66kg
ウ　姉妹2人が出した額は、
16000×5/8＝10000円
妹が出した額は、
10000×3/10＝3000円
エ　Sが12個なので、Tは12×5/3＝20個。Uは20×2＝40個
従って構造が最も似ているのは、アとイ。

正解　A

2 ア～エの中から、問題の構造が似ている組み合わせを1つ選びなさい。

ア　娘を生んだとき、母の年齢は24歳だった。今、母と娘の年齢の和は62歳である。今、娘は何歳か。

イ　父は母より5歳年上である。父の年齢が母の1.1倍になるのは、母が何歳のときか。

ウ　PとQの年齢の比は2：3で、2人の年齢の和は80歳である。年齢の差は何歳か。

エ　3800円でバラの花束とガーベラの花束を購入した。ガーベラよりバラのほうが600円高い。ガーベラの花束はいくらか。

○A アとイ　○B アとウ　○C アとエ
○D イとウ　○E イとエ　○F ウとエ

ア　和差算で解く。母と娘の年齢の差は24歳で年齢の和は62歳なので、
(62−24)÷2＝19歳
イ　母の年齢を1とすると、父との年齢差は0.1。
母は、5÷0.1＝50歳
ウ　和と比から年齢の差を求める問題。
エ　和差算で解く。バラとガーベラの値段の差は600円。
和は3800円なので、
(3800−600)÷2＝1600円
従って構造が最も似ているのは、アとエ。

正解　C

3 ア〜エの中から、問題の構造が似ている組み合わせを1つ選びなさい。

ア　1個100円のナシ5個と1個350円のモモを何個か買ったところ、合わせて1200円だった。モモは何個買ったか。

イ　赤バラ2本の値段が白バラ3本の値段と等しい。赤バラと白バラを30本ずつ買ったところ、合計で15000円だった。赤バラ1本の値段はいくらか。

ウ　赤ワイン1本とグラス1個を買うと合計金額は6000円で、赤ワイン2本とグラス3個を買うと合計金額は13000円になる。このとき、グラス1個の値段はいくらか。

エ　袋詰めのコーヒーには、標準サイズとその1.2倍量の徳用サイズがある。標準1つと徳用3つを買ったところ、合計で920gになった。標準サイズは1袋何gか。

○A アとイ　○B アとウ　○C アとエ
○D イとウ　○E イとエ　○F ウとエ

解答&解説

ア　合計金額1200円からナシ5個の値段を引いて、モモの値段で割る。
{1200−(100×5)}÷350
=2個
イ　赤1本をx円とすると、白1本は2/3×x＝2x/3円。
30x＋30×2x/3＝15000
30x＋20x＝15000
x＝300円
ウ　2x＋3(6000−x)
＝13000
を解いて、xは5000円。
X+Y=6000
2X+3Y=13000
としても解ける。
エ　標準サイズをxgとすると、徳用サイズは1.2×x＝1.2xg。
x＋1.2x×3＝920
4.6x＝920
x＝200g
従って構造が最も似ているのは、イとエ。

正解　E

4 ア〜エの中から、問題の構造が似ている組み合わせを1つ選びなさい。

ア　59個の栗を8個ずつ袋に入れると、何袋できるか。

イ　子どもに画用紙を1人に3枚ずつ配ると2枚余り、4枚ずつ配ると5枚不足するという。子どもは何人いるか。

ウ　52枚のトランプのカードを7人に同じ枚数ずつ、配れるだけ配った。1人に何枚配ったか。

エ　33個のお菓子を5個ずつ分けると、何人で分けられるか。

○A アとイ　○B アとウ　○C アとエ
○D イとウ　○E イとエ　○F ウとエ

割り算の商を答える問題には、何人（何個）に分けるかが決まっている「等分除」と、何個ずつに分けるかが決まっている「包含除」の2種類がある。
アは「8個ずつ分ける」包含除の問題。
イは過不足算の問題。
ウは「7人に分ける」等分除の問題。
エは「5個ずつ分ける」包含除の問題。
従って構造が最も似ているのは、アとエ。

正解　C

5 ア～エの中から、問題の構造が似ている組み合わせを１つ選びなさい。

ア　鉛筆、ボールペン、サインペンがたくさんある中から6本を取り出すとき、異なる組み合わせは全部で何通りあるか。

イ　南北に5本、東西に4本の道がある。図のP地点からQ地点まで最短距離で行く道順は全部で何通りあるか。

ウ　1円玉、50円玉、500円玉が5枚ずつある。この中から4枚を選ぶとき、その合計金額は全部で何通りありえるか。

エ　3個の文字x、y、zから、重複を許して3個取って並べる順列の総数は何通りか。

○A アとイ　○B アとウ　○C アとエ
○D イとウ　○E イとエ　○F ウとエ

ア　3種類から6個を取り出す「重複組み合わせ」の問題。

$_{3+6-1}C_6 = {}_8C_6 = {}_8C_2$

$= \frac{8\times7}{2\times1} = 28$通り

イ　同じものを含む順列の問題。南へ3回、東へ4回の移動。

7!/4!3! = 35通り

ウ　3種類から4個を取り出す「重複組み合わせ」の問題。

$_{3+4-1}C_4 = {}_6C_4 = {}_6C_2$

$= \frac{6\times5}{2\times1} = 15$通り

エ　重複順列の問題。

3×3×3＝27通り

従って構造が最も似ているのは、アとウ。

正解　B

6 ア～エの中から、問題の構造が似ている組み合わせを１つ選びなさい。

ア　定価5000円の万年筆を、3割引きで売ったところ、利益が500円あった。この万年筆の仕入れ値はいくらか。

イ　あるタオルの定価は、仕入れ値600円の4割増しである。このタオルを定価の2割引で売ると、利益はいくらか。

ウ　掃除機を定価から2割引きで売ったときの店頭価格は30000円であった。この掃除機の定価はいくらか。

エ　ある商品に、仕入れ値の4割の利益を見込んで1個420円の売値をつけた。この商品の仕入れ値はいくらか。

○A アとイ　○B アとウ　○C アとエ
○D イとウ　○E イとエ　○F ウとエ

ア　仕入れ値＝売値－利益

5000×0.7＝3500円

3500－500＝3000円

イ　定価＝仕入れ値×（1＋利益率）

利益＝定価－仕入れ値

600×1.4＝840円

840×0.8＝672

672－600＝72円

ウ　定価＝売値÷(1－損失率)

30000÷(1－0.2)

＝37500円

エ　仕入れ値＝売値÷（1＋予定利益率）

420÷（1＋0.4）＝300円

構造が最も似ているのは、売値を割合で割る解き方をするウとエ。

正解　F

02 言語

◉ ある基準で分類したときに、同じグループになる組み合わせを選ぶ。

例題 アからオは、庭に植える植物に関する意見である。言及されている内容によって、P（2つ）とQ（3つ）に分け、Pグループに分類されるものを選びなさい。

ア　落葉樹を植えて、冬は部屋に光が入るようにしよう。
イ　樹木の高さや配置を工夫して、奥行きを出すようにしよう。
ウ　高い樹木は少なくして、窓から風が入るようにしよう。
エ　花をたくさん咲かせて、雰囲気が明るくなるようにしよう。
オ　つたで緑のカーテンを作って、暑さをしのげるようにしよう。

○A アとイ　○B アとウ　○C アとエ　○D アとオ
○E イとウ　○F イとエ　○G イとオ　○H ウとエ
○I ウとオ　○J エとオ

いちばん速く解ける解法

ア　部屋に入る光
ウ　部屋に入る風
オ　部屋に入る日光(による温度)
というように、部屋の環境に関する意見になっている。
イ　奥行き
エ　雰囲気
というように、庭の眺めに関する意見になっている。
従って、P(2つ)のグループに入るのは、イとエ。

正解　F

- 解法のコツは、分類するときの基準を見つけること。
- 分類の基準には、内容、文のつながり方、答え方、間違え方、対処の方法、良いか悪いか、要望か不満かなど、様々なものがある。

解答&解説

1 社員食堂に関する意見である。意見の種類によって、P（2つ）とQ（3つ）に分け、Pグループに分類されるものを選びなさい。

ア　営業時間を午後8時までに延ばしてください。
イ　丼物のメニューを増やしてほしい。
ウ　他社の社員食堂に比べて値段が高いと思う。
エ　カロリー表示があるとよい。
オ　席が少ないのですぐ満員になってしまうのが困る。

○A アとイ　○B アとウ　○C アとエ
○D アとオ　○E イとウ　○F イとエ
○G イとオ　○H ウとエ　○I ウとオ
○J エとオ

意見の種類が同じものを見つける。文末に注目する。
ア　延ばしてください。
イ　増やしてほしい。
エ　あるとよい。
ア・イ・エは、「改善の要望」。
ウ　高いと思う。
オ　困る。
ウ・オは「現状への不満」。

正解　I

2 文中の数が表す意味によって、P（2つ）とQ（3つ）に分け、Pグループに分類されるものを選びなさい。

ア　取引先が、ようやく50社になった。
イ　24時間営業の店を見つけた。
ウ　今回の旅費は、36万円だった。
エ　練習して180度まで開脚することができるようになった。
オ　ニューオーリンズ市域の約半分が海抜0メートルを下回る。

○A アとイ　○B アとウ　○C アとエ
○D アとオ　○E イとウ　○F イとエ
○G イとオ　○H ウとエ　○I ウとオ
○J エとオ

ア　数えると50社になる。
ウ　数えると36万円になる。
エ　数えると180度になる。
ア・ウ・エは、数えていった結果の数値。
イ　24時間営業。
オ　海抜0メートル。
イ・オは、数えていった結果ではなく、あらかじめその数値に定まっているもの。

正解　G

3 作家について言及されている内容によって、P（2つ）とQ（3つ）に分け、Pグループに分類されるものを選びなさい。

ア　陸軍軍医の森林太郎は、森鴎外の筆名で小説家として活躍した。

イ　『不思議の国アリス』を著したルイス・キャロルは、数学者である。

ウ　平安時代前期の歌人である紀貫之は、『古今和歌集』の選者である。

エ　『吾輩は猫である』の作者である夏目漱石は、英文学の研究者である。

オ　推理小説家のコナン・ドイルは、『シャーロック・ホームズの冒険』の著者である。

○A アとイ　○B アとウ　○C アとエ
○D アとオ　○E イとウ　○F イとエ
○G イとオ　○H ウとエ　○I ウとオ
○J エとオ

書かれている内容を吟味する。
ア　森鴎外は陸軍軍医。
イ　ルイス・キャロルは数学者。
エ　夏目漱石は英文学の研究者。
ア・イ・エは、作家・小説家のもう一つの職業について言及している。
ウ・オは、作品についてのみ述べている。

正解　I

---

4 図書館について言及されている内容によって、P（2つ）とQ（3つ）に分け、Pグループに分類されるものを選びなさい。

ア　全館バリアフリーとなっており、お年寄りに親切です。

イ　新刊図書の紹介が充実しており、新しい1冊と出会えます。

ウ　司書に相談することができますから、調べ物がはかどります。

エ　絵本の読書会がありますので、親子で利用できます。

オ　喫茶店が併設されていますから、読書の合間に休憩ができます。

○A アとイ　○B アとウ　○C アとエ
○D アとオ　○E イとウ　○F イとエ
○G イとオ　○H ウとエ　○I ウとオ
○J エとオ

図書館の何について述べられているかを把握する。
ア　バリアフリー。
オ　喫茶店併設。
ア・オは、図書館の構造・設備について言及している。
イ　新刊図書の紹介。
ウ　司書に相談。
エ　読書会。
イ・ウ・エは、建物でなく、利用上の便宜、サービスについて言及している。

正解　D

5 Xの発言に対するYの応じ方によって、P（2つ）とQ（3つ）に分け、Pグループに分類されるものを選びなさい。

ア　X「明日は大雨みたいだ」
　　Y「会社は休みになるかな」
イ　X「気温26度の割には暑いね」
　　Y「湿度は何%かな」
ウ　X「雪が1mも降ったそうだよ」
　　Y「何時間で1m降ったのかな」
エ　X「台風で街路樹が3本も倒れたよ」
　　Y「最大瞬間風速は何mだったのかな」
オ　X「平年より気温が5度も低かったんだって。寒いわけだ」
　　Y「平年って何度なのかな」

○A アとイ　○B アとウ　○C アとエ
○D アとオ　○E イとウ　○F イとエ
○G イとオ　○H ウとエ　○I ウとオ
○J エとオ

Xの発言内容と、Yの発言内容の関係をみる。
ア　大雨→会社は
イ　気温→湿度は
エ　街路樹が倒れた→風速は
ア・イ・エは、Xの発言を受けて、話題をさらに発展させている。
ウ　1m→何時間で1m？
オ　平年より低い→平年は何度？
ウ・オは、Xの発言に直接関係している疑問を返している。

正解　I

6 2つの文の関係性の違いによって、P（2つ）とQ（3つ）に分け、Pグループに分類されるものを選びなさい。

ア　洋服を買いました。バーゲンセールでとても安かったので。
イ　散歩に行きました。暖かくて春の風が気持ちよかったです。
ウ　試験勉強をしました。赤点は嫌ですから。
エ　友だちから借りた本を読みました。とても面白かったです。
オ　アルバイトを始めました。どうしても買いたい物があって。

○A アとイ　○B アとウ　○C アとエ
○D アとオ　○E イとウ　○F イとエ
○G イとオ　○H ウとエ　○I ウとオ
○J エとオ

ア　買った→安かったので。
ウ　勉強した→嫌なので。
オ　始めた→買いたい物があるので。
ア・ウ・オは「行動→行動した理由」の順に述べている。
イ　散歩した→結果、気持ちよかった。
エ　読んだ→結果、面白かった。
イ・エは「行動→行動したことについての感想」の順に述べている。

正解　F

7 2つの文の関係性の違いによって、P（2つ）とQ（3つ）に分け、Pグループに分類されるものを選びなさい。

ア　夕べは飲み過ぎた。今日は二日酔いで気分が悪い。

イ　雪が降りそうだ。怪しい雲行きになってきた。

ウ　消防車がサイレンを鳴らして何台も通りすぎた。大きな火事に違いない。

エ　雨が少なく晴天が続いている。甘いブドウが育ちそうだ。

オ　いつもより早く到着しそうだ。予定より2本早い電車に乗った。

○A アとイ　○B アとウ　○C アとエ
○D アとオ　○E イとウ　○F イとエ
○G イとオ　○H ウとエ　○I ウとオ
○J エとオ

ア　飲み過ぎたので、二日酔い。
ウ　消防車が何台も通り過ぎたので、大きな火事。
エ　晴天が続いているので、甘いブドウが育つ。
ア・ウ・エは最初の句点（。）を「～ので、」に変えて意味が成り立つ。
イ・オは時系列に並べ替えると、
イ　怪しい雲行きになってきたので、雪が降りそうだ。
オ　予定より2本早い電車に乗ったので、いつもより早く到着しそうだ。
となり、前後（原因と結果の方向）が逆になっている。

正解　G

---

8 2つの文の関係性の違いによって、P（2つ）とQ（3つ）に分け、Pグループに分類されるものを選びなさい。

ア　英語を勉強し始めた。アメリカの映画を字幕なしで観たいので。

イ　自動車免許の有効期限が過ぎていた。うっかり更新手続きを忘れていたので。

ウ　足早に家に帰った。この冬一番の冷え込みだったので。

エ　普段より早めに駅に向かった。定期券を購入するので。

オ　財布を落としてしまった。かなり慌てていたので。

○A アとイ　○B アとウ　○C アとエ
○D アとオ　○E イとウ　○F イとエ
○G イとオ　○H ウとエ　○I ウとオ
○J エとオ

後半はどれも前半で述べたことの理由について書かれているが、前半の目的か、原因かによってグループ分けできる。
ア　アメリカの映画を字幕なしで観るために、英語を勉強し始めた。
エ　定期券を購入するために、普段より早めに駅に向かった。
ア・エの後半は目的を表している。
イ・ウ・オの後半は、その状況にいたった原因を述べている。

正解　C

5章

SPI3【性格検査】完全対策

◉SPI3の性格検査は、質問に答えていく自己申告の検査で、対策が可能です。

◉自己申告なので、自分が自分をどう考えるかが結果に大きく影響します。

◉性格検査でのマイナス評価によって、不合格になることもあります。

01 性格検査の概要

◉ SPI 3の性格検査の質問形式、測定される領域、質問例を紹介。

性格検査の質問形式

SPI3の性格検査はパソコンやスマートフォンで行う検査で、画面にあらわれる約300問の質問に、40分弱で回答していきます。

性格検査には、次の2つの質問形式があります。

つぎの質問は、あなたのふだんの行動や考え方にどの程度あてはまるか。最も近い選択肢を1つ選びなさい。

	A	Aに近い	どちらかといえばAに近い	どちらかといえばBに近い	Bに近い	B
1	自分の意見を貫くほうだ	○	○	○	○	人の意見に従う方だ
2	いつも活動的なほうだ	○	○	○	○	いつも落ち着いているほうだ
3	あきらめが悪いほうだ	○	○	○	○	あきらめが早いほうだ
4	行動してから考える	○	○	○	○	考えてから行動する

つぎの質問は、あなたのふだんの行動や考え方にどの程度あてはまるか。最も近い選択肢を1つ選びなさい。

		あてはまらない	どちらかといえばあてはまらない	どちらかといえばあてはまる	あてはまる
1	我が道を行くほうだ	○	○	○	○
2	野心があるほうだ	○	○	○	○
3	物事を深く考えるほうだ	○	○	○	○
4	無力感におそわれることがある	○	○	○	○

6つの測定領域と質問例

SPI3の性格検査には、6つの測定領域があります。下の「質問例」では（近い・あてはまる）を選ぶと「尺度が高い」と判定されます。

❶行動的側面：対人関係、課題への取り組み方など、行動にあらわれやすい性格的な特徴。

社会的内向性「人見知りをするほうだ」（※あてはまるを選ぶと高い）
内省性「物事を考えすぎるきらいがある」
身体活動性「体を動かすことが好きなほうだ」
持続性「何事にもあきらめが悪いほうだ」
慎重性「先のことを考えて慎重に進むほうだ」

❷意欲的側面：仕事や課題に取り組むときの意欲の高さ。

達成意欲「課題に挑戦する仕事がしたい」
活動意欲「いろいろなことに挑戦するほうだ」

❸情緒的側面：感じ方、気持ちの整理の仕方など、内面的特徴。

敏感性「人からの評価が気になる」
自責性「失敗したときは自分に責任があると思うほうだ」
気分性「感情を表にあらわすほうだ」
独自性「常識にとらわれないほうだ」
自信性「自己主張が強いほうだ」
高揚性「調子に乗りやすいほうだ」

❹社会関係的側面：周囲の人との関わり方、人との距離感。

従順性「周囲の人の意見に従うほうだ」
回避性「人と対立するのを避けるほうだ」
批判性「議論をして自分の意見を通すほうだ」
自己尊重性「人よりも自分の考えが大切だと思う」
懐疑思考性「人と打ち解けにくいほうだ」

❺職務適応性：14タイプの職務への適応性。

❻組織適応性：4タイプの組織風土への適応性。

※ここで挙げた質問は、(あてはまる)が尺度が高くなる質問ですが、「人見知りはしないほうだ」のように(あてはまらない)を選ぶと尺度が高くなる質問もあります。

02 回答のポイント

◉ 性格検査の判定方法と回答時に気をつけるポイントを紹介。

性格面の尺度と判定方法

◎はプラス評価、×はマイナス評価。◎×のないものは総合的に評価。

❶行動的側面	低い場合の特徴 ←→ 高い場合の特徴
社会的内向性	◎外向的で交際が広い ←→ 内向的で交際が狭い×
内省性	あまり深くは考えない ←→ 深く難しく考える
身体活動性	×あまり動かず腰が重い ←→ フットワークが軽くてすぐ動く◎
持続性	×見切り、あきらめが早い ←→ 粘り強く頑張る◎
慎重性	×思い切りがよく軽率 ←→ 見通しを立てて慎重◎
❷意欲的側面	
達成意欲	現実を受け入れる。無欲 ←→ 目標達成にこだわる。負けず嫌い
活動意欲	×のんびり屋で意欲が少ない ←→ 判断が機敏で意欲的◎
❸情緒的側面	
敏感性	◎小さなことは気にしない ←→ 心配性で神経質×
自責性	◎楽観的でくよくよしない ←→ 悲観的で落ち込みやすい×
気分性	◎感情、気分の起伏が少ない ←→ 気分にムラがある×
独自性	常識的で周囲と合わせる ←→ 個性的で我が道を行く
自信性	和を重視。穏やかで弱気 ←→ 自分重視。自信過剰で強気
高揚性	落ち着いていて感情を出さない ←→ 明るく、自由で調子が良い
❹社会関係的側面	
従順性	自分の意見を貫く ←→ 人の意見に従いがち
回避性	危険・対立も辞さない ←→ 危険・対立を避ける
批判性	自分と違う意見に受容的 ←→ 自分と違う考えに批判的
自己尊重性	人の意見を気にする ←→ 自分の考えを尊重して動く
懐疑思考性	何事についても疑り深い ←→ 何事についても信じやすい

性格検査の回答心得

SPI3など、「質問紙法」の性格検査は、**自分が自分をどんな性格と考えているかを回答する検査**です。また、回答時期の受検者の状況やその日の気分によって検査結果がかなり異なります。例えば、自分が疑いをかけられていたり、選挙で役職につくかどうかが決まるような時には、誰でも「どう思われているかが気になる」に「あてはまる」と回答しませんか。嫌なことがあって落ち込んでいる時には「落ち込みやすい」に「あてはまる」と回答することは十分ありえます。しかし、そう回答すると、「敏感性」「自責性」が高く、ストレスに弱いというマイナス評価に近づきます（左ページ参照）。

「正直に回答せよ」という対策本もありますが、正直も程度問題であって、自分のその時々の気分で回答してはいけません。

次の注意点を守って回答するようにしましょう。

●社会常識的に考えて「望ましい」と思えるほうを選ぶ

社会常識的には、左ページで◎が付いているほうが「望ましい」と考えられ、逆に×は敬遠されがちになります。この◎×の尺度から浮かび上がる「企業に望ましい人物像」を簡単にまとめると、

- **人と円滑に付き合える**
- **精神的にタフで活動的に行動する**
- **よく考えて、計画を立てて実行する**
- **目標や課題、仕事に対して粘り強く取り組む**

といった人物イメージになります。少なくとも、この自己イメージを持ちながら回答していけば、マイナス判定は受けません。

●全問に回答する

できるだけ、すべての設問に回答します。未回答が多いと、考えた上で作為的に回答したとされることもあります。

なお、◎×がついていない尺度は、職務の特徴や企業の風土、また他の回答との関係性によって評価が分かれるものです。一つ一つに対応しようなどと考えないでOKです。

適応面の尺度と判定方法

職務適応性と組織適応性は、性格面の尺度と能力的側面とを加味して判定されます。(−) の尺度は低いほうが適応している、(+) の尺度は高いほうが適応していると判定されます。

❺職務適応性

タイプ	▼職務の特徴 (−)低いほうが良い尺度の例 (+)高いほうが良い尺度の例
関係構築	人と接することが多い仕事 (−)社会的内向性、敏感性 (+)高揚性
交渉・折衝	人と折衝することが多い仕事 (−)気分性、批判性 (+)身体活動性
リーダーシップ	集団をまとめて率いる仕事 (−)気分性、懐疑思考性 (+)達成意欲
チームワーク	周囲と協調、協力する仕事 (−)自責性、自信性 (+)回避性、高揚性
サポート	人に気を配りサポートする仕事 (−)独自性、批判性 (+)回避性、従順性
フットワーク	フットワークのよい仕事 (−)敏感性 (+)身体活動性、活動意欲
スピード対応	テキパキ素早く進める仕事 (−)内省性 (+)身体活動性、活動意欲
柔軟対応	予定外のことへの対応が多い仕事 (−)内省性、敏感性 (+)活動意欲
自律的遂行	自分の考え、判断で進める仕事 (−)気分性 (+)自信性、自己尊重性
プレッシャー耐性	達成のプレッシャーが大きい仕事 (−)敏感性、自責性 (+)達成意欲
着実遂行	粘り強く着実に進める仕事 (−)高揚性、気分性 (+)持続性、慎重性
発想・チャレンジ	前例のないことに取り組む仕事 (−)自責性 (+)活動意欲、独自性
企画構想	企画、アイデアを生み出す仕事 (−)従順性 (+)独自性、自己尊重性
問題分析	複雑な問題を検討、分析する仕事 (−)高揚性 (+)持続性、内省性

❻組織適応性	▼組織の風土、社風
創造重視	新しいことに挑戦する創造的な風土 (−)敏感性 (+)独自性、自信性
結果重視	成果、結果、自己責任を重視する風土 (−)自責性 (+)達成意欲、自己尊重性
調和重視	チームプレー、協調を重視する風土 (−)自信性、懐疑思考性 (+)回避性
秩序重視	規則、決まりごとを重視する風土 (−)独自性、高揚性 (+)従順性

※SPI3性格検査の判定方法は、公開されていません。ここで挙げたものは、他の性格検査、適性検査での判定基準から類推されるものであることをご了承ください。

自分に適応する職務、風土

職務適応性と組織適応性は、それぞれについて、受検者の適応の程度を１（適応に努力を要する）から５（適応しやすい）までの５段階で判定します。

●職務適応性

この判定は、性格面の尺度の組み合わせによって決められます。例えば「関係構築（人と接することが多い仕事）」に適しているのは、外向的で、人の言うことをあまり気にかけない、敏感ではないタイプの性格が適していると判定されるわけです（左ページ参照）。また、企画構想や問題分析など、思考力を必要とする職務の場合には能力検査の結果も加味されているようです。

回答のコツは、**自分に合った職務、やりたい仕事で活躍している理想的な自分を思い描きながら回答すること**です。

つまり、動き回る意欲が少ない人でも、フットワークよくテキパキ働いている自分をイメージして回答すれば「スピード対応」への適応があるという結果に導くことはある程度できます。しかし、企業は適性のない人材がミスマッチで入社してすぐ離職するようなことを避けるために**この検査を利用しています**。また、自分にとっても最初から自分の性格と能力に見合った仕事を志望するほうが好ましいことは言うまでもないでしょう。

結局のところ、**「自分に合わない仕事を選ばないこと」**が大切。そもそも自分の適性がよくわからないという人は、まずやりたい仕事は何かを見つけることが先決になります。

●組織適応性

企業が自社の風土、社風と合わない人材を避けるための判定です。しかし、「創造」「結果」「調和」「秩序」の４つは、どれも企業にとって非常に大切な要素で、自社が創造重視か秩序重視かなど決められないという採用担当者もかなりいます。この適応性はあまり気にしないで、常識にかなう回答を心がければ十分です。

●編著者プロフィール
リクルートメント・リサーチ&アナライシス
[RRA: Recruitment Research &Analysis]
データ収集・アンケート・面談調査を通して、大学生の就職・採用状況調査を行っているリサーチ機関。SPI 受検者からの情報提供、アンケート調査&面談調査、及び独自調査で得られた情報をもとに本書を制作。

●編集執筆協力…オフィス海
●編集担当…田丸智子(ナツメ出版企画)

本書に関するお問い合わせは、書名・発行日・該当ページを明記の上、下記のいずれかの方法にてお送りください。電話でのお問い合わせはお受けしておりません。
・ナツメ社 web サイトの問い合わせフォーム
https://www.natsume.co.jp/contact
・FAX(03-3291-1305)
・郵送(下記、ナツメ出版企画株式会社宛て)
なお、回答までに日にちをいただく場合があります。正誤のお問い合わせ以外の書籍内容に関する解説・受験指導は、一切行っておりません。あらかじめご了承ください。

ダントツ SPI ホントに出る問題集

編著者 リクルートメント・リサーチ&アナライシス ©Recruitment Research & Analysis
発行者 田村正隆

発行所 株式会社ナツメ社
東京都千代田区神田神保町1-52 ナツメ社ビル1F(〒101-0051)
電話 03(3291)1257(代表) FAX 03(3291)5761
振替 00130-1-58661
制 作 ナツメ出版企画株式会社
東京都千代田区神田神保町1-52 ナツメ社ビル3F(〒101-0051)
電話 03(3295)3921(代表)
印刷所 ラン印刷社